Dieter Nadolski · Zunftzinn

W0281850

17-64

Turniere stehen mit der Einführung der Wappen in engem Zusammenhang.
Außer den Adeligen waren auch die sog. Wappengenossen, d.h. nicht adelige Personen und Geschlechter (Patrizier), zur Wappenführung berechtigt. Ihre Wappenbilder sind häufig aus Monogrammen, Hausmarken und Handelszeichen entstanden . . .
Die heraldischen Wappenbilder werden eingeteilt in Heroldsbilder oder Heroldstücke und in die sog. gemeinen Figuren . . .
Die zweite Art der heraldischen Bilder sind die sog. gemeinen Figuren. Man unterscheidet natürliche, erdichtete und künstliche Figuren, je nachdem dieselben den Naturreichen, Himmelskörpern, Naturerscheinungen, den Phantasiegestalten oder der Kunst, dem Handwerk, der Technik etc. angehören. Im Gegensatz zu den Heroldsbildern, deren Umrisse bis zum Schildrand reichen, stehen die gemeinen Figuren, wenigstens auf 2 oder 3 Seiten offen im Felde, welches sie aber möglichst gut ausfüllen sollen. Die gemeinen Figuren erscheinen alle mehr oder weniger stilisiert und zeigen je nach der Stilzeit konventionelle oder charakteristische Formen . . .

Franz Sales Meyer,
Systematisch geordnetes Handbuch der Ornamentik. Leipzig 1927

DIETER NADOLSKI

Zunftzinn

Formenvielfalt und Gebrauch
bei Fest und Alltag
des Handwerks
Fotos: Sigrid Schmidt

Klinkhardt & Biermann

Mit 335 Abbildungen
und 124 Handwerker-
wappen

CIP-Kurztitelaufnahme der Deutschen Bibliothek

Nadolski, Dieter:
Zunftzinn: Formenvielfalt u. Gebrauch bei Fest u. Alltag d. Handwerks / Dieter Nadolski. Fotos: Sigrid Schmidt. Zeichn. Karl-Heinz Barnekow. – München: Klinkhardt und Biermann, 1986. –
ISBN 3-7814-0250-9

NE: Schmidt, Sigrid:; Barnekow, Karl-Heinz:

Gestaltung: Gert Wunderlich, Leipzig
Zeichnungen:
Karl-Heinz Barnekow, Leipzig
© 1986 by Edition Leipzig
Eine Lizenzausgabe für den Verlag
Klinkhardt & Biermann
für die Bundesrepublik Deutschland,
Berlin (West), Österreich und die Schweiz.
Gesamtherstellung:
Druckerei Fortschritt Erfurt
Printed in the German Democratic
Republic
ISBN: 3-7814-0250-9

Inhaltsverzeichnis

Prolog

Im September 1550 trägt der Schreiber der »Worshipful Company of Pewterers of the City of London« in das sorgfältig geführte »Book of Inventories« folgenden Besitz an Zinngerät ein:

»Itm in Pottel Potte . . . . xij.
Itm in Quarte potte . . . . xiij.
Itm in stope Pynte . . . . xij.
Itm in Nuf half pynte . . . . xiiij.
Itm in Salte Syllers w^{t}owt Couers . . . . vj.
Itm in Salte Sellers w^{t}cou whiche was had of mr blackwall . . . . . . vj.
Itm iij basons 5 iij. yores . . . . iij.
Itm in iiij li Chargers barrelled . . . . xij.
Itm in Platters . . . . ij^{dd}xj.
Itm in dysshes . . . . iij^{dd}ij.
Itm in Sawcers . . . . iij^{dd}ij.
Itm in v lb chargars . . . . vj.«/1/

Was ist das für eine Einrichtung, die Ehrwürdige Zinngießer-Kompagnie Londons, und wozu braucht sie eine solche Menge an Zinngeschirr?

Anno 1550 besteht diese Vereinigung von Zinngießern schon mehr als 200 Jahre. Etwa um die Zeit ihrer ersten urkundlichen Erwähnung haben sich auch auf dem europäischen Festland manche ihrer Berufskollegen zusammengeschlossen. In Frankreich kommen entsprechende Nachrichten 1369 aus Rouen und 1379 aus Arras. Noch ein Jahrhundert früher fixiert Etienne Boileau, seines Zeichens wohlangesehener Vorsteher der Pariser Organisation der Krämer, im »Livre des métiers« (1268 datiert) die bekannten Regeln sämtlicher Handwerkervereinigungen Frankreichs, unter anderem die der Zinngießer seiner Heimatstadt. Aus dem benachbarten Deutschland ist zwar bekannt, daß sich 1099 in Mainz die Weber /2/ und 1106 oder 1107 in Worms die Fischer vereinen, wenig später nur folgen die Müller, Metzger, Bäcker und Brauer, doch die ersten Zinngießer organisieren sich wie auf der britischen Insel erst im 14. Jahrhundert. Aus der Schweiz kann man hören, daß sie sich hier zuweilen sogar mit anderen Handwerkern vereinen, in Zürich z. B. 1336 mit den Schmieden.

Welche Handwerker sich auch immer zusammenschließen – allesamt eint sie zuerst der Wunsch, sich durch die Assoziation vor der wachsen-

Bader

/1/ Welch, Ch.: History of The Worshipful Company of Pewterers of the City of London. Vol. I. – London 1902. – S. 164

/2/ Rumpf, K.: Vom »ehrsamen« Handwerk und den »löblichen« Gesellenbruderschaften. – In: Hessische Blätter für Volkskunde. – Gießen Bd. 55 (1964). – S. 59

den Konkurrenz zu schützen, die von den aus der Leibeigenschaft entlaufenen und in die aufblühenden Städte strömenden Dorfhandwerkern ausgeht. Der Zusammenschluß garantiert gewissermaßen den Mitgliedern der Organisation das Recht auf Ausübung des Gewerbes, während das den Nichtassoziierten innerhalb eines festgelegten Territoriums, der »Bannmeile«, im allgemeinen verboten ist. Um solche Regelungen durchzusetzen, braucht man freilich die Unterstützung der Obrigkeit. So ist es auch 1348 in London bei der Formierung der Zinngießer zu einer Vereinigung, die sich wie andere derartige Einrichtungen im Lande allgemein Company nennt. Allerdings stehen für ein und denselben Zweck verschiedene Bezeichnungen. Zum Beispiel gebraucht man in England noch den Begriff Guild, in Frankreich neben Jurande auch Communauté, am Niederrhein Gilde und Gaffel, in der Schweiz und in Deutschland allgemein Zunft, dazu in Norddeutschland Amt oder Sozietät, in Mitteldeutschland Innung, in Österreich sowie Böhmen und Mähren Zeche und in Schlesien Mittel. Generell ist die Willkür der von den Handwerkerassoziationen selbst gewählten Bezeichnungen groß. Nacheinander nennt sich z. B. die 1352 erstmals erwähnte Vereinigung der Linzer Faßzieher Zeche, Gilde, Zunft, Innung und Faßzieher-Kompagnie./3/ Mit dem für unser Buch gewählten Titel »Zunftzinn« wollen wir Zinngerät umfassen, das zum Bestand alter Handwerkervereinigungen gehörte, unabhängig davon, welcher Begriff für die Assoziation gewählt worden war.

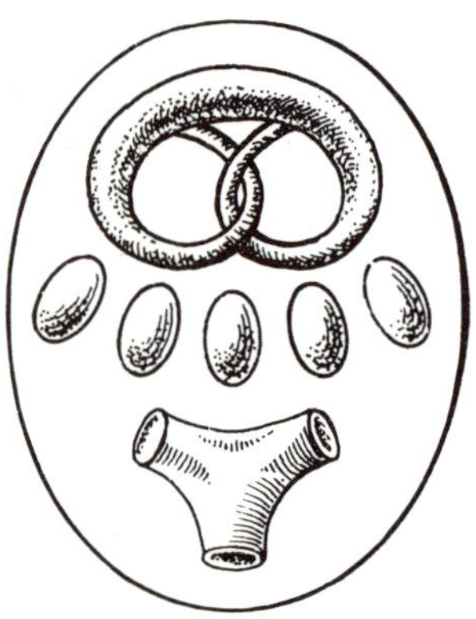

Bäcker

Wozu nun brauchte die Londoner Company die inventarisierten Krüge (»Potte«, »Pynte«), die Salzschalen (»Salte Syllers«), Becken und Wasserkannen (»Basons«, »Yores«), Platten und Schüsseln (»Platters«, »Chargers«, »Dysshes«) sowie die Soßenbehälter (»Sawcers«)? Im 16. Jahrhundert ist es längst üblich geworden, bei Versammlungen und naturgemäß mehr noch bei den Festen der Guilds aus Zinngeschirr zu essen und zu trinken – besonders wohlhabende Vereinigungen verfügen sogar über Silbergerät. Gefeiert wird z. B. von den Londoner Zinngießern seit dem letzten Viertel des 15. Jahrhunderts der St. Peters-Tag (29. Juni), und das mehrere Tage lang. Aber auch die Zünfte jenseits des Kanals haben ihre Feste, in Luzern etwa den »Güdismontag« am Ende der Fastnacht. Die Feier wird jeweils mit einem Abendschmaus in den Zunftstuben beendet. Nicht nur die Zinngießerzünfte bedienen sich dabei des Zinngeschirrs, sondern alle jene Vereinigungen, die sich diesen Luxus leisten können. Mit der zunehmenden Entwicklung des Handwerks kommen mehr und mehr Anträge zur Obrigkeit, Feierlichkeiten zu erlauben. So werden beispielsweise einzelnen Zünften Maienfeste oder Maigrafenfeste (mit der Wahl einer Maikönigin, eines Maikönigs und eines Mai-

/3/ Commenda, H.: Des alten Linzer Handwerks Recht und Gewohnheit. – In: Historisches Jahrbuch der Stadt Linz. – Linz 1959. – S. 94

grafen) gestattet, u. a. den Züricher Schmieden (1412), den Schuhknechten von Aarau, Luzern, Schaffhausen und Winterthur (1421), den Lüneburger und Bremer Schneidern (1480 bzw. 1491), den Hildesheimer Knochenhauern (1506) sowie den Rigaer Schmieden (1512). Das Mottenfest wird in Lichtenberg (nahe Berlin) gefeiert (wohl von den Kürschnern und Wollwebern), die Seidenweber Pankows begehen das Wurmfest, die Kammacher das Läusefest, die Schneider und Leineweber das Fliegenfest usw. – und überall wird herzhaft gegessen und nach Leibeskräften getrunken. Dabei trachten alle Zünfte danach, ihr Ansehen in der Öffentlichkeit auch durch eigenen Zinnbesitz zu steigern und es dazu mit den Insignien ihres Handwerks und oftmals – für Lesekundige – mit Inschriften zu versehen. Zinnbesitz ist umso mehr erstrebenswert, weil es nicht nur während der Festtage benutzt werden kann, sondern auch bei den sich aus dem Reglement ergebenden häufigen Zusammenkünften, quasi bei jenen amtlichen Verrichtungen, die mit dem Alltag des Zunftlebens verbunden sind.

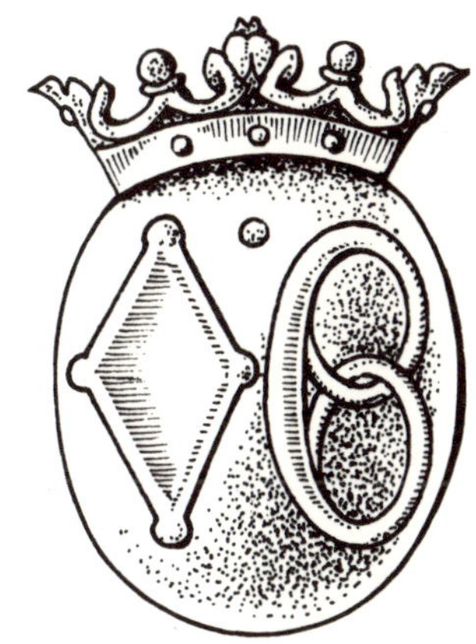

Bäcker

Zu diesem Alltag gehören das Aufnehmen der Lehrlinge und ihr »Freisprechen« zum Gesellen sowie die Meisterpromotionen. Dazu zählen aber auch das Schlichten von Streitfällen oder die Überwachung des sittsamen Verhaltens der Zunftmitglieder. Das alles ist mit Gebühren verbunden, die zum Teil zu Speise und Trank umgesetzt werden. Beispielsweise kosten nach der Zunftverordnung in Chur der erste Ehebruch 20 Pfund und der nochmalige Fehltritt das Doppelte./4/ Selbst in jenen Städten, wo sich besondere Gesellenvereinigungen bilden, wird wie bei den Zunftmeistern nach Zinnbesitz gestrebt, um damit Feste feiern oder Geldeinnahmen zünftig vertrinken zu können. Solche Einnahmen sind u. a. die Trinkgelder, deren Obligatheit nicht selten geregelt ist. So erhalten die »Knechte« (Gesellen) der erst 1720 gebildeten obersteirischen Bierbrauerzunft für die Lieferung des Biers »Pallgeld« – ein Kreuzer je Eimer (etwa 70 Liter)./5/

Daß der Bestand an Zunftzinn in der Gegenwart vergleichsweise beträchtlich ist, hat wohl zumindest zwei Ursachen – die einstige Vielzahl der Zünfte und die sorgfältige Behandlung ihrer Zinne. Die enorm große Spezialisierung der Handwerker bringt im ausgehenden Mittelalter eine Menge von Zünften mit sich, deren Gewerbe uns kaum noch dem Namen nach bekannt sind. Zum Beispiel die Claiber (Lehmwandmacher), die Nestler (Schnuren- oder Schnürsenkelhersteller), die Palestermacher, die zum Schießen mit Kugeln bestimmte Armbrüste fertigen, oder die Kollerwäscher. Unter Koller wird zunächst die Halsbekleidung verstanden, später nennt man den am Hals schließenden Lederharnisch so, und end-

/4/ Vital, D.: Die Churer Zinngießer. – Chur/Bottmingen/Basel 1979. – S. 28

/5/ Pichler, F.: Die obersteirische Bierbrauerzunft, ihre Zunftordnung und ihre Handwerksprotokolle. – In: Mitteilungen des Steiermärkischen Landesarchivs. – Graz 11 (1961). – S. 58

lich wird jedes Männerwams so bezeichnet. Wenn nun die jeweilige Zunft es geschafft hat, sich Zinngerät zuzulegen, wird es zumeist in allen Ehren gehalten, zumal seine Ornamentik zunehmend mehr ein gewisses Traditionsbewußtsein hervorruft. So bleibt das Gerät oft bis in unsere Tage am Leben. Während sich wohlhabende Bürger schon im 17. Jahrhundert dem Steinzeug und im Säkulum darauf dem Porzellan zuwenden, ist also das Zinn für die Zünfte immer ein wertvolles Objekt, von dem man sich nur in Notzeiten trennt, um Schulden begleichen zu können. Armut und Elend sind allerdings oft genug Wegbegleiter des einen oder anderen Handwerks, und zwar nicht erst seit dem Aufkommen der manufakturmäßigen und industriellen Produktion. Schon im 16. Jahrhundert gibt Hans Sachs in seiner »Klagerede dreier Handwerksmänner« ein bezeichnendes Bild der gewöhnlichen Sorgen.

»Ich leid groß Not,
Im Haus hab ich kein Bissen Brot,
Mein Handwerk leit darnieder gar;
Das hat gewähret etlich Jahr,
Und hab eingebüßt Gut und Hab,
Daß ich schier geh am Bettelstab.
So ich jetzt mach mit mein Gesind
Ein Arbeit lustig, rund und gschwind
Und lauf damit zu eim Kaufmann
Der weiß dann, daß ich Geld muß han.
So dringt und zwingt er mich so arg,
Bis er saugt aus dem Bein' das Mark!
Beck, Metzger wölln bezahlet sein,
Desgleichen die Ehhalften mein;
So ich dann rechne den Gewinn,
So geht die Hauptsumm gar dahin,
Daß ich weiß weder ein noch aus
Und muß auch gar lassen von Haus
Deshalb so rat, wo soll ich naus?«

Am Beginn eines Buches, in dem fast alles um überschwengliches Trinken und üppige Mahlzeiten gerankt ist, muß auf die allgemeine Kargheit des handwerklichen Alltags verwiesen werden. Gar zu leicht könnte der ganz und gar falsche Eindruck entstehen, das Handwerkerleben sei »in der guten alten Zeit« in Saus und Braus verlaufen. Das stimmt natürlich nicht. Aber auch wenn auf manche Kümmernisse einzugehen sein wird, stehen notwendigerweise die lustvollen, mit mancherlei Ritualen verbundenen Stunden der Zünfte im Mittelpunkt unseres Werkes. Mit dem Buch wollen wir der großen Schar von Sammlern und Interessenten an altem Zinn ein Werk in die Hand geben, worin sie sich über dessen Rolle in den verschiedensten Zünften informieren können. So mancher wird sich gefragt haben, wenn er einen Teller oder einen Krug vorgefunden hat, dessen Insignien, Inschriften oder Geschichte auf ehemaliges Zunfteigentum verweisen, welche Funktion dieses Stück einstmals zu erfüllen hatte, welchem Brauch und welcher Sitte es diente. Die vorliegende Zinnliteratur liefert auf solche Fragen kaum oder nur wenig befriedigende Antworten. Um welche für unser Buch zu finden, ist es notwendig gewesen, alte Zunfturkunden durchzusehen, Verordnungen aus früher Zeit zu sichten und allgemeine kulturgeschichtliche Dokumente auszuwerten – oft konnte nur noch auf sekundäres Quellenmaterial zurückgegriffen werden. Daraus erklärt sich, daß beim Zitieren mitunter Stil und Rechtschreibung der Vergangenheit, dann aber auch wieder eine bereits modernisierte Schreibweise vorkommen, obwohl der zitierte Sachverhalt aus vergangenen Jahrhunderten stammt. Wo es uns besonders wesentlich erschien, haben wir Quellen unmittelbar angegeben, und wir hoffen, eine Form gefunden zu haben, die den Lesefluß nicht beeinträchtigt und dem umfassender oder gar wissenschaftlich interessierten Leser von Nutzen ist.

Selbst wenn Inschriften vorhanden sind, geht daraus nicht in jedem Fall hervor, welche Zunft einst das Zinn gebrauchte. Insofern ist also die Deutung des eventuell aufgetragenen Handwerkerwappens erforderlich. Deshalb geben wir die am häufigsten vorkommenden Wappenbilder /6/ in alphabetischer Ordnung auf den einzelnen Buchseiten wieder. Wenn ein und dasselbe Handwerk mehrfach vertreten ist, wird zumindest teilweise der lokal bedingte Variantenreichtum der Symbolik deutlich. Dennoch bildet das jeweils typische Arbeitsgerät des Gewerks in der Regel den Mittelpunkt des Wappens, so daß die wiedergegebenen Zeichnungen wohl fast immer beim Entschlüsseln helfen können.

Ohne die vorzügliche Hilfe vieler Museen und einiger privater Sammler wäre es nicht möglich gewesen, das Werk so reichhaltig zu bebildern und dabei überwiegend Zunftzinne zu zeigen, die bisher noch nicht allgemein bekannt gemacht wurden. So hoffen wir, daß unser Buch mit Text und Bildern einen Beitrag zur Kulturgeschichte des Handwerks zu leisten vermag.

D.N.

Barbiere

/6/ In Anlehnung an Grenser, A.: Zunft-Wappen und Handwerker-Insignien. Eine Heraldik der Künste und Gewerbe. – Niederwalluf 1971

ZUNFTWESEN UND ZINNGIESSER-ZÜNFTE

Erörterungen zum Zunftzinn müssen das Zunftwesen im allgemeinen und das Zinngießerhandwerk im besonderen einschließen, um wesentliche Hintergründe und Zusammenhänge deutlich werden zu lassen. Nun ist es schlechthin in dem hier gesetzten Rahmen unmöglich, das Zunftwesen oder das zünftige Zinngießerhandwerk mit allen seinen oft verwirrenden Bestimmungen auch nur annähernd erschöpfend vorzustellen, wohl aber kann jenen Gesichtspunkten ausreichend Rechnung getragen werden, die in unmittelbarem Bezug zum Zunftzinn stehen. Die Entwicklung des Zunftwesens sowie die Organisation der Gesellen- und Meisterwerdung werden dann häufig am Beispiel des Zinngießerhandwerks behandelt werden, wenn die Regelungen relativ allgemeingültig sind. Andererseits darf selbstverständlich nicht auf manche zwar recht spezifische, dafür aber für das Zunftwesen gravierende Details aus vielen anderen Gewerken verzichtet werden. Die Qualitätskontrolle, eine der grundlegenden Aufgaben jeder Zunft, ist für das Zunftzinn insofern wesentlich, als dieses selbst den geltenden Qualitätsvorschriften entsprechen muß. So werden die einst wie heute wichtigen Zinnmarken berührt, auf die also einzugehen sein wird. Universellen Charakter hat schließlich der letzte Teil dieses Abschnitts, der das Zunftbrauchtum generell vorstellt und auf den in allen folgenden Teilen oft konkretisierend zurückgegriffen wird.

Entwicklung des Zunftwesens

Bis weit in das 19. Jahrhundert hinein werden Zünfte gegründet, zu deren Stolz der Besitz von Zinngerät gehört. Wie sehr das Streben nach den »Willkomm« genannten Pokalen, den Bechern, Kannen und Krügen, Tellern und Schüsseln und mannigfachen anderen Zinnen ausgeprägt ist, läßt sich über Hunderte von Jahren zurückverfolgen, auch wenn die Spuren dann immer rarer werden. Für das 12. bis 14. Jahrhundert kann das Vorhandensein von Zunftzinn nur vermutet werden, erst für die Folgezeit ist es schriftlich und körperlich bezeugt. Allerdings spricht für die Vermutung, daß mit dem Erschließen erzgebirgischen Zinngesteins seit dem 12. Jahrhundert der Materialpreis um vieles erschwinglicher wird als er es bisher für das aus dem englischen Cornwall oder gar für das aus Südostasien eingeführte Zinn war. Hinzu kommt, daß es um diese Zeit schon recht wohlhabende Zünfte gibt. Genannt wurden schon die Weber, Fischer, Müller, Bäcker, Metzger und Bierbrauer, die sich im ausgehenden Mittelalter jeweils zusammenschlossen, um sich vor den dörflichen Konkurrenten zu schützen. Stadtluft macht frei – das ist der mobilisierende Satz, der die leibeigenen Dorfhandwerker in die Städte lockt, um hier als nunmehr von der Leibeigenschaft befreite Handwerker ihre Waren zu produzieren und feilzuhalten oder um ihre Dienstleistungen anzubieten. Auch wenn die Alteingesessenen sich teilweise energisch dagegen wehren, wachsen so die bereits bestehenden Zünfte an, und es werden neue gebildet, die oft schnell an Macht und Ansehen gewinnen. Um ihres Amtes walten zu können, geben sie sich Satzungen, in denen mitunter schon das Verabreichen von Speise und Trank während der Zusammenkünfte geregelt wird, ohne daß bereits das dafür benötigte Geschirr genannt ist. Immer aber trifft man auf Vorschriften zur Ausübung des Gewerkes, zur Preiskontrolle, zu Lehrlings- und Gesellenzahlen, zur Arbeitszeit und zu Qualitätsfragen. Entsprechende Nachrichten hat man 1134 von den Quedlinburger Gewandschneidern, um 1147 von den Schuhmachern in Rouen und den Gastwirten in Chartres, 1212 erhalten die Schmiede Osnabrücks einen Gildebrief, 1226 die Baseler Kürschner, 1231 bzw. 1242 etablieren sich als Zünfte die Passauer Bäcker bzw. Loderer (das sind Schafwolle verarbeitende Handwerker, später werden daraus die Tuchmacher), 1264 bekommen die Gärtner Basels ihre Satzung usw. Aus jener Zeit ist über die Zinn- oder »Kannengießer« (wie sie sich

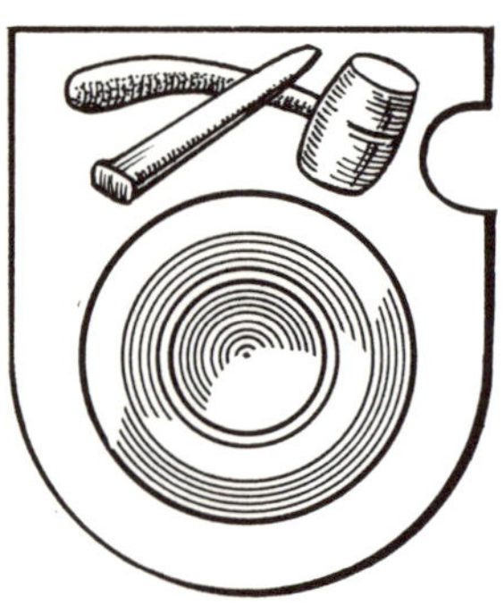

Beckenschlager

bis zur Renaissance bevorzugt bezeichnen) wenig bekannt. Der fabulierfreudige Abraham a Santa Clara teilt 1698 dementsprechend mit:

»Die Arbeit und das Handwerk dieser Leute ist sehr sauber, gut und nutzlich, wann es aber seinen Anfang genommen, wissen sie es selbsten nicht«./7/

Ähnlich ist es mit dem Wissen um den Beginn ihres Zünftigwerdens, das wohl zumeist im Verein mit ähnlichen Handwerkszweigen erfolgt. Allerdings schon 1304 ersuchen die Zinngießer aus Paris die Obrigkeit um die Bestätigung ihrer Zunftbestimmungen. Die Zinngießer Wiens haben möglicherweise bereits 1368 eine Zunftordnung, sicher jedoch 1416; ihr Reglement wird 1430 in das Ordnungsbuch der Wiener Zünfte eingetragen. Die eingangs erwähnte Company der Londoner Zinngießer erhält 1473 von König Edward IV. ihr Privileg, d.h. die selbst ausgearbeitete Ordnung wird vom König als gültig bestätigt. Die Handwerksordnung der Zinngießer Straßburgs wird u.a. dadurch als verbindlich gekennzeichnet, daß sie in der »Policey Ordnung der Stend im Elsasz« erscheint, was erstmals 1471 erfolgt. Sechs Jahre später bekommt man erstmals Kunde von der Prager Zinngießerzunft, und gegen Ende des 15. Jahrhunderts (1496) liegen schließlich auch in Dänemark Statuten einer Zinngießerzunft vor, und zwar der aus Odense.

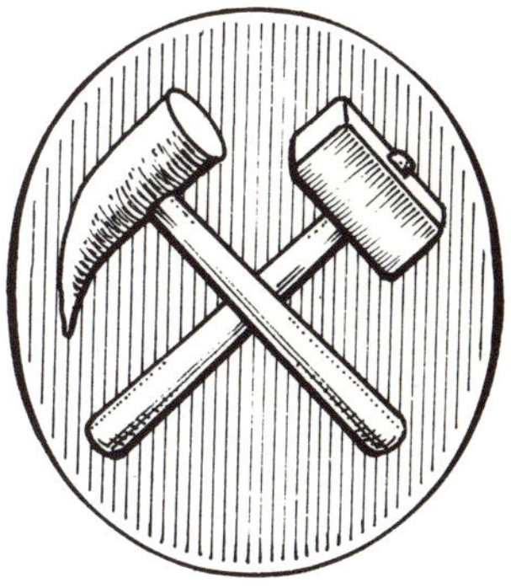

Bergleute

Im folgenden Jahrhundert ist nicht nur der Bedarf an Zunftzinn erheblich gewachsen, sondern Zinngerät wird inzwischen auch für den bürgerlichen Haushalt erschwinglicher. Das bringt ein weiteres Erstarken des Zinngießerhandwerks und neue Zunftgründungen mit sich. Beispielsweise seien die Zinngießerzünfte in Stendal (1504), Torgau (1533), Stockholm (1545), Berlin (1579), Kronstadt (Braşov, 1580) und Erfurt (1596) genannt. Die gestiegene Nachfrage führt mitunter auch zur Loslösung der Zinngießer von einer anderen Zunft; z.B. trennen sich die Amsterdamer Meister Ende des 16. Jahrhunderts von den Schmieden und bilden eine eigene Gilde. Es wird noch darauf einzugehen sein, daß die Korporation von Handwerkern verschiedener Berufe zu einer Zunft aus mancherlei Ursachen heraus allgemein nicht unüblich und bei den Zinngießern im besonderen recht häufig ist. Die Loslösung von anderen Gewerken und die Errichtung einer eigenen Organisation hingegen gehört vom 17. Jahrhundert an zu den Ausnahmen. Freilich kommt das in manchen Gegenden durchaus noch häufiger vor, z.B. in Böhmen und der Slowakei, wo 1672/73 in Karlsbad (Karlovy Vary) und 1695 in Leutschau (Levoča) je eine Zunft der »Zien und Kannengießer« gebildet wird, oder in Schweden, wo 1748 in Göteborg und 1762 in Jönköping Zinngießerzünfte entstehen. Insgesamt gesehen sind zu dieser Zeit die Zünfte schon

/7/ Weigel, Chr.: Abbildung der Gemein-Nützlichen Haupt-Stände. Mit beygedruckter Lehr und mäßiger Vermahnung durch P. Abraham a Santa Clara. – Hall in Sachsen 1698. – S. 103

mehr ein im Niedergang begriffenes traditionelles Relikt als wirtschaftlich fördernde Einrichtungen. Deshalb gibt es in der »neuen Welt«, in Amerika, auch keine derartigen Vereinigungen. Immerhin aber tragen die Zinngießer New Yorks 1788 während der Parade anläßlich der Ratifikation der Konföderationsartikel eine Fahne mit der Aufschrift »Pewterers' Society«./8/ Man darf wohl annehmen, daß schnell eine Fahne geschaffen wurde, um sich in der Parade als Gewerbe zu demonstrieren und das kaum als Anzeichen einer aktiven Organisation werten. Zunftzinn ist jedenfalls in Amerika nicht bekannt.

Bevor über den bereits angedeuteten Niedergang und endlich die Auflösung der Zünfte zu berichten ist, soll auf jene Entwicklungen eingegangen werden, die für das Entstehen von Zunftzinn bedeutsam sind – die Spezialisierung des Handwerks und der Zusammenschluß verschiedener Gewerke zu einer Vereinigung.

Die im 14. und 15. Jahrhundert im gewerblichen Produktionsprozeß um sich greifende Spezialisierung ist Ausdruck der Erfahrung, daß sich damit die handwerklichen Fertigkeiten und die Erzeugnisqualität erhöhen. Selbst als sich im Säkulum darauf eine wirtschaftliche Stagnation abzeichnet, sieht man die Abgrenzung der Arbeitsgebiete als eine wirksame Hilfsmaßnahme an; dazu erschwert man weiter die Aufnahme in die Zunft, erhöht durch Ausdehnung des Wanderzwangs und »Mutjahre« die Wartezeit zur Meisterwerdung, verbietet die Einführung rationalisierender Maschinen usw. Wie erheblich die Spezialisierung ist, mögen einige Zahlenangaben verdeutlichen. In Leipzig gibt es im 14. Jahrhundert etwa 40 Gewerbearten, im 15. Jahrhundert 88 und im 16. Jahrhundert insgesamt 113. In Paris sind gegen Ende des 14. Jahrhunderts sogar schon über 350 selbständige Berufe bekannt, was wohl auch durch die relativ große Einwohnerzahl bedingt ist. Das Linzer Steuerbuch von 1504/05 weist bei nur 189 Wohnhäusern innerhalb und etwa 40 außerhalb der Stadtmauern 56 Handwerke mit 206 Handwerkern aus. Um dieselbe Zeit sind allein in der flandrischen Tuchproduktion 20 verschieden spezialisierte Handwerke tätig./9/

Wie spezialisiert die Gewerke auch immer sind, es wird nach Zunftbildung gestrebt. In Lübeck z. B. bemühen sich darum die Küter (deren Aufgabe das Schlachten und Zerlegen der Tiere ist) und die Garbereiter (die an den Straßen gekochtes und gebratenes Fleisch verkaufen). In Basel haben ausschließlich die Kuttler das Recht zum Verkauf der Füße und Innereien geschlachteter Tiere; wie die Bräter auch dürfen sie Würste herstellen, was den Metzgern verboten ist. Auch in den Reihen der Zinngießer gibt es das Streben nach Spezialisierung. In Paris kann man

/8/ Laughlin, L. I.: Pewter in America. Its Makers and Their Marks. Vol. II. – Barre, Massachusetts 1969. – S. 2

/9/ Rühle, O.: Das Handwerk gestern und heute. – Leipzig/Jena 1955. – S. 10

sich Anfang des 17. Jahrhunderts als »potier rond«, als »maitre de forge« und als »menuisier« spezialisieren, d.h. als nur runde, geschlagene (mit dem Hammer geformte) oder nur kleine und dünnwandige Zinne fertigender Meister ausweisen. Im niederländischen Leyden versuchen sich manche Zinngießer lediglich als Löffel-, andere als Krugdeckelmacher. Offensichtlich sind diese spezialisierten Handwerker zumindest so erfolgreich, daß die weniger spezialisierten Zinngießer ihre Korporation mit den Schmieden aufgeben und eine neue Zunft bilden. 1651 kommt der »Ambachts- of Gildebrief der Tinnegieters, Lepelmaeckers ende Kruykkendeckers, bij dee van de Gerechte der Stadt Leyden verleent« (der Gewerbe- und Gildebrief der Zinngießer, Löffelmacher und Krugdeckelmacher, von der Obrigkeit der Stadt Leyden verliehen) zustande. Nicht nur in diesem Fall, sondern überall will man es nach der »Konfirmation« (Bestätigung) der Statuten den bereits etablierten Zünften in Sitte und Brauch gleichtun. Dazu gehört u.a. Zinngerät, das zumeist flugs in Auftrag gegeben wird, wenn dafür in ausreichendem Maße Geld in der Zunftkasse ist.

Auch der Zusammenschluß verschiedener Handwerkszweige zu einer Organisation bringt zwangsläufig neue Bestellungen von Zunftzinn mit sich, wobei es nicht unerheblich ist, ob die jeweiligen Handwerker schon zünftig waren oder nicht. Hat ein Gewerbezweig die Spezialisierung nicht durchgestanden und muß sich also mit anderen zusammentun, weil es bloß noch einen oder zwei Vertreter im Territorium gibt, wird bei der Neubildung das bisherige Zunftzinn mitgebracht, falls es nicht vorher veräußert werden mußte. Da nun die Zunft auch eine neue Bezeichnung bekommt, wird alles Zinngerät eingeschmolzen, um daraus neues zu erhalten. Davon künden gelegentlich Inschriften auf Kannen und Krügen. Das Umgießen bringt eine vergleichsweise geringe finanzielle Belastung mit sich. Anders aber, wenn die zur Zunftbildung antretenden Zweige überhaupt noch nicht assoziiert waren, denn dann muß das Material voll bezahlt werden, das vor allem den Preis des Zinngeräts bestimmt.

Bierbrauer

Es wurde bereits erwähnt, daß die Korporation allgemein nicht unüblich ist. Im Mittelalter wird das durch Gewerke bedingt, die aus zu wenig Personen bestehen, um eine eigene Zunft bilden zu können. Aber auch religiöse Brüderschaften erhalten allmählich den Charakter von Zünften, und in diesen Brüderschaften sind oft Personen sehr unterschiedlicher Profession versammelt, u.a. schon sehr früh Zinngießer. Genannt sei beispielsweise die St. Elooi Gilde in Mecheln (Belgien), in deren Dokumenten bereits 1254 Zinngießer erwähnt werden./10/ Ursprüng-

/10/ Boucaud, Ph., Frégnac, C.: Zinn. Die ganze Welt des Zinns von den Anfängen bis ins 19. Jahrhundert. – Bern/München 1978. – S. 270

lich ist das Anliegen der Brüderschaften der gemeinsame Kirchgang, die wechselseitige Armen- und Krankenpflege, die Sicherung eines würdigen Begräbnisses und anderes mehr. Die Verweltlichung beginnt meist im 14. Jahrhundert, aber auch später noch werden religiöse Brüderschaften gegründet, die sich zu Zünften umwandeln. So formiert sich beispielsweise 1502 in Altdorf im schweizerischen Kanton Uri die »Gesellschaft zum Regenbogen«, die nach ihrem Schutzpatron auch »Antonius-Brüderschaft« genannt wird und hauptsächlich aus Feuerarbeitern besteht. Die Brüderschaft organisiert sich erst 1762 zur Zunft, die auch die Zinngießer umfaßt. In Zug sind übrigens die Zinngießer immer Mitglieder einer ausschließlich religiösen Brüderschaft oder sind auf verschiedenartige Zünfte verteilt. Aus was für merkwürdigen Ursachen heraus jene Handwerkszweige zusammenkommen können, die eine Brüderschaft bilden, zeigt die 1575 in Dülmen gegründete Lukasgilde. Die Gilde, der Bildweber, Glasmaler, Goldschmiede, Maler, Panzermacher, Perlenstikker, Sattler und Zinngießer angehören, findet sich zusammen, weil Angehörige dieser Gewerbe seit mehr als drei Jahrzehnten eine Theaterspieltruppe bilden.

Merkwürdig ist wohl auch, daß die Baseler »Zunft der Hausgenossen« (»Familia episcopi«) zwar durchaus zu vereinbarende Gewerke umfaßt, nämlich Goldschmiede, Goldschläger, Juweliere, Steinschneider, Wechsler, Münzmeister, Drucker, Gelb-, Glocken-, Erz-, Buchstaben-, Büchsen-, Hafen- und Zinngießer, dazu aber auch die »Müßiggänger«, d.h. die Rentner. Bevorzugte Korporationspartner der Zinngießer sind in der Schweiz wie in den meisten europäischen Ländern die Schmiede, die man auch deshalb schätzt, weil sie artverwandt sind und oft zu den schon alteingesessenen Handwerkern gehören. Als aber am St. Antonstag 1465 in Chur die erste Zunftverfassung entworfen wird, sucht man noch vergeblich nach Zinngießern:

Bierschenken

»Und sind das die fünf zünfften mit namen. Die ain genant die reblütten (Rebleute), darinn gehörend maister und knecht. Die ander der schumacher, darinn gehörend die metzger, die gerwer und die schumacher, maister und knecht. Die dritte genant der schnider, darinn gehörent die wattlut, die tuchscherer, die kürschner, die kramer, die weber, die sailer, maister und knecht. Die vierde genant der schmidzunfft, darinn gehörent die stainmetzel, die murer, die zimberlüt, die maler, die glaser, die sattler, die wagner, die redermacher, die goldschmid und die schmid, maister und knecht. Die fünft, genant der pfister oder der bekenn (Bäcker) zunfft, darinn gehörent die müller, die meitzler, die kornköfer, die würthe, die vischer, die barbierer, die bader, und die pfister, maister und knecht.«/11/

/11/ Vital, D.: Die Churer Zinngießer. – Chur/Bottmingen/Basel 1979. – S. 24

In Chur wird der erste Zinngießer erst ab 1570 tätig. Zuvor beziehen die genannten Zünfte ihr Zinngerät vielleicht aus Zürich, wo die Zinngießer – wie erwähnt – seit 1336 mit den Schmieden vereint sind, allerdings schon 1371 gibt es hier eine Ordnung nur des »Kantengießerhandwerks«. Schmiede sind auch in Neuenburg die Zunftpartner der Zinngießer, doch gehören zu der »Corporation« noch die Maurer und Schreiner. Sind die Schmiede am Ort zahlenmäßig zu gering, schließen sich die Zinngießer freilich auch ohne weiteres wenig verwandten Handwerkerverbindungen an, z. B. in Biel den Wald- und in Zofingen den Ackerleuten. Ähnlich sind die Verhältnisse in Deutschland. In Frankfurt/Main gibt es im 15. Jahrhundert eine Zunft der Feuerhandwerker, die folgende Berufe zusammenfaßt: Hufschmiede, Kleinschmiede, Kannengießer, Hubener (das sind die Eisenhaubenmacher), Plattner (Plattenharnischmacher), Harnischmacher und Kesseler. Auch in Gmünd besteht eine Zunft der Feuerarbeiter, die sich aus Gold- und Silberschmieden, Nagel- und Hufschmieden, Kupfer- und Beilschmieden, Büchsenmachern, Schwertfegern, Uhrmachern, Zinngießern, Flaschnern und Schlossern und erstaunlicherweise noch den Maurern zusammensetzt. Trotz des nach außen hin wohlgeordneten Bildes der Vielhandwerkerzünfte gibt es bis zum 19. Jahrhundert viele innere Reibereien, die manche Schlichtungsversammlungen nötig werden lassen; das gilt auch für die in den Schmiedezünften vereinten Branchen. So beschwert sich 1825 der Vorsteher des Osnabrücker Schmiedeamtes:

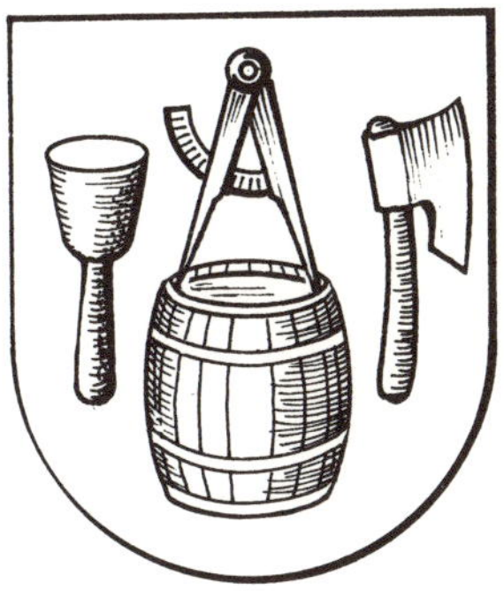

Böttcher

»Die Gilden, welche im Schmiede amte mit ein verleibet sind, besonders die Kupferschmiede, und Zinngießer, welche nunmehr wieder Ihr eigenes Gilde recht bilden, als die Verbunter, und Lehrburschen ein und aus schreiben, jetzt vor sich thun, bey deren nachfragen man die gröbsten antworten zu erwarten hat.«

Die Zinngießer äußern sich dazu:

»Wir Zinngießer bilden allenthalben eine besondere Zunft. Wenn wir nun hier gleich dem Schmiede-Amte einverleibt sind: so haben wir doch von je her unsere Lehrlinge selbst ein- und ausgeschrieben . . . Dis ist nothwendig, weil ein Lehrbrief, von den Vorstehern des Schmiede-Amts ausgestellt, anderswo nicht respectiert würde.« /12/

Solche und ähnliche Streitigkeiten können Ursache dafür sein, daß man die Verbindung wieder löst, aber das ist zumindest in späterer Zeit selten. Es kommt freilich auch vor, daß dem einen oder anderen Zinngießer die Schmiedezunft nicht zusagt. Wenn er sich stark genug fühlt, wechselt er dann in eine andere über. Als beispielsweise der im Rang eines Kunsthandwerkers stehende Zinngießer François Briot ein gewis-

/12/ Kohlmann, Th.: Zinngießerhandwerk und Zinngerät in Oldenburg, Ostfriesland und Osnabrück (1600–1900). – Göttingen 1972. – S. 23

ses Ansehen und Vermögen erworben hat, tritt er 1586 aus der Schmiedezunft in Montbéliard aus und wird Mitglied der angeseheneren »chouffe des marchans de la grand verge«, einer sehr geachteten Kaufmannsgilde, der neben Kaufleuten vornehme Personen aller Stände angehören./13/

Zum Teil über Jahrhunderte hinweg stabile Verbindungen zwischen Zinngießern und Schmieden bestehen in Irland (z. B. in Dublin, Cork und Youghal), in Großbritannien (wo z. B. 1496 in Edinburgh die »Guild of Hammermen« gegründet wird, welche die Zinngießer mit aufnimmt) und in den Niederlanden. Hier gibt es entsprechende Gilden unter anderem in Appingedam, Arnheim, Delft, Hoorn, Kampen, Nymwegen, Venlo und Utrecht.

Nächst den Schmieden sind die Kramer für die Zinngießer geschätzte Korporationspartner. Erwähnt werden sollen entsprechende Gilden in s'Hertogenbosch, Maastricht, Fürstenau und Soest. Alles in allem jedoch ist die Willkür der zueinanderfindenden Partner ziemlich groß, und dabei sind auch die Zinngießer keine Ausnahme. Derart trifft man auf Zunftzinne, die auf die Verbindung mit den Malern (Dordrecht), Brauern (Salzwedel), Tuchmachern (Leipa, heute Česka Lipa), Klempnern (Riga), Glasern (Groningen, Brünn) usw. hinweisen.

Die Entwicklung des Zunftwesens ist nahezu von Anfang an nicht ohne erhebliche soziale Spannungen zwischen den Zünften und der Obrigkeit sowie zwischen den Meistern und Gesellen abgelaufen. Frühe Aktionen der Zünfte gegen die Vormacht der Patrizier gibt es 1292 und 1373 in Braunschweig, 1387 von den Anklamer Bäckern, Fischern und Fleischern und 1396 von den Lübecker Webern. Als ein Instrument gegen die Zünfte werden die sogenannten Freimeister installiert. Das sind unzünftige, dem Rat einer Stadt direkt unterstehende Handwerker, die meist dann eingesetzt werden, wenn nachhaltiger Druck auf die Zünfte ausgeübt werden soll, um deren Forderungen abzuweisen. Als 1547 in Lübeck die Bäcker streiken, werden kurzerhand vier Freimeister zugelassen und mit den nötigen Privilegien ausgestattet./14/ Die Freimeister bleiben dann eine ständige Institution. Natürlich wehren sich die zünftigen Meister dagegen. Nachdem z. B. den Lübecker Zinngießern bekannt wird, daß ihr Berufskollege Gerd Petersen den Rat bittet, altershalber seinen Sohn statt seiner als neuen Freimeister einzusetzen, formulieren sie einen bissigen Brief an die Stadtväter: »Die vorgegebene Not und Armut kann man weder an seinem dicken Bauche, noch in seinem Hause sehen. Sondern den ersten hat derselbe davon zugelegt, weil er bey seiner gedobbelten Nahrung, so er von Krügen und Munsterschreiben hat, und weil er

/13/ Demiani, H.: François Briot, Caspar Enderlein und das Edelzinn. – Leipzig 1897. – S. 5

/14/ Hasse, M.: Zunft und Gewerbe in Lübeck. – In: Lübecker Museumshefte. – Lübeck 1972, H. 10. – S. 16

nichts anders tut, alß daß er täglich in Sauß und Schmauße lebet, es ist auch sein Haus als wie keines von den unsern nemblich mit Schillereyen in vergüldeten Rahmen meubliret, und hat sich daby dieser arme Mann sampt seiner Frauen selbst abschillern lassen.«/15/

In Bremen, wo es unter den Zinngießern seit 1591 Freimeister gibt, bestimmt nach dem Siebenjährigen Krieg der Senat, »das etwan während den Krieg erhöhete Gesellen Lohn und alle sonstige Steigerungen ab- und auf den vorigen Fuß zu stellen und ihre Verfertigten Arbeiten wiederum zu solchen Preisen, wie dieselben vor dem Kriege gewesen, zu geben hätten, widrigenfalls ihnen eine taxa vorgeschrieben, oder Freimeister angestellt werden sollen«./16/

Solche Drohungen vermehren die Sorgen der Zünfte, die um diese Zeit bei den Zinngießern schon recht groß sind, zumal auch bei ihnen die Auseinandersetzungen mit den Gesellen zunehmen. Schon gegen Ende des 13. Jahrhunderts gibt es aus Frankreich Nachricht über einen Streik der Gesellen, obwohl sie als »valets« oder »compagnons« noch an der Leitung einzelner Zünfte beteiligt sind./17/ Aktionen der Breslauer Sattlergesellen gegen die Zunftmeister finden 1329 statt, 1351 streiken die Gürtlergesellen Speyers, in Augsburg registriert man 1397 die »Ungeltunruhen« der Weber – die Aufzählung ließe sich lange fortsetzen.

Zu den vielen Kümmernissen der Gesellen gehören die geschlossenen Zünfte. Das sind solche, die nur dann den ältesten Gesellen Meister werden lassen, wenn eine der bisherigen, zahlenmäßig begrenzten Meisterstellen durch Todesfall, Umsiedlung oder Entsprechendes frei wird. Beispielsweise ist die Kannengießerzunft Stettins (Szczecins) längere Zeit eine geschlossene; 1543 wird die Zahl der Meister auf zehn begrenzt. Da die geschlossenen Zünfte von den Meistern als rettender Anker gegenüber der von den Manufakturen ausgehenden Konkurrenz angesehen werden, nehmen sie allgemein zu. Als Folge sind mehr und mehr Handwerker zu »ewigen Gesellen« verdammt. Daß es für die Aktionen der Gesellen noch mancherlei andere Gründe gibt, sei zumindest erwähnt, z. B. hat sich 1686 der Baseler Zinngießer Rudolf Burkhart wegen Gesellenmißhandlung zu verantworten./18/

Brandweiner

Unter dem Zwang der Verhältnisse ist es ganz natürlich, daß sich allmählich – besonders seit dem 15. Jahrhundert – Gesellenverbände (»Gesellenbruderschaften«) bilden, die bald auch über Zinngerät verfügen. Gebraucht wird es wie das übliche Zunftzinn, nur sind die Gesellen dabei meist unter sich, wenn auch hier und dort auf Betreiben der Obrigkeit ein oder mehrere Zunftmeister bei ihren Versammlungen anwesend sein müssen.

/15/ WARNCKE, J.: Die Zinngießer zu Lübeck. – Lübeck 1922. – S. 167

/16/ WARNCKE, J.: a. a. O. – S. 38

/17/ WANNER, G. A.: Zunftkraft und Zunftstolz. – Basel 1976. – S. 15

/18/ BOSSARD, G.: Die Zinngießer der Schweiz und ihr Werk. Bd. II. – Zug 1934. – S. 168

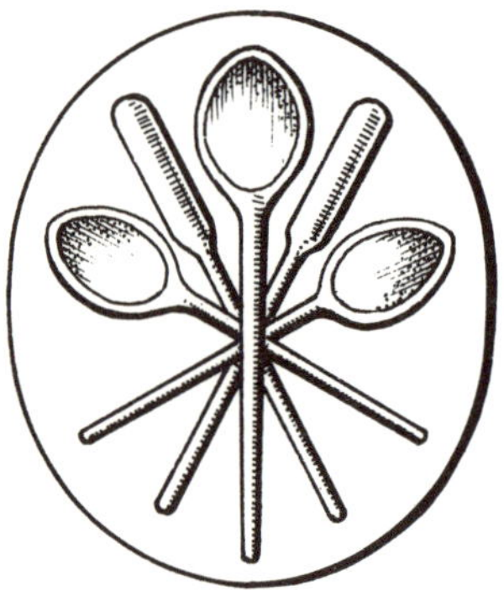

Brauer

Die Spannungen zwischen den Räten der Stadtgemeinden, Zünften, Meistern und Gesellen sind unter anderem Folge der Entwicklung der Produktivkräfte, die im 16./17. Jahrhundert einen beträchtlichen Aufschwung nehmen. Gegenüber den Manufakturen und erst recht der Maschinenindustrie kann das im Feudalsystem verbliebene Zunftwesen nicht mehr mithalten, so daß es nach und nach seinem Niedergang entgegengeht. Ganze Handwerkszweige, z. B. die Gerber, Handschuhmacher, Hutmacher, Strumpfwirker, Tuchmacher und Weber, werden durch die billigere maschinelle Produktion verdrängt. Andere, z. B. die Schneider und Schuhmacher, haben größtenteils lediglich noch Reparaturarbeiten zu leisten./19/ Am frühesten setzt dieser Prozeß in England ein. Schon in der zweiten Hälfte des 17. Jahrhunderts gehen in London Einfluß und Ansehen der Pewterers Company so erheblich zurück, daß viele Meister auf eigene Faust versuchen, mit den Belastungen ihres Handwerks fertig zu werden. Zusätzlich zu der allgemein für das Handwerk nicht ermutigenden Entwicklung haben die Zinngießer aller Länder eine Menge besonderer Belastungsfaktoren zu verkraften. Die Materialkosten steigen zeitweilig enorm, in Frankfurt/Main z. B. vom 16. zum 17. Jahrhundert um etwa das Zweieinhalbfache./20/ Schon bevor das billigere Glas, Steinzeug und Porzellan dem Zinn erfolgreich Konkurrenz machen, ändert sich vielerorts der Zeitgeschmack der Bürger. Darauf verweisen 1672 die Lübecker Meister: Der Zinngebrauch ginge zurück, weil »die Einwohner dieser Stadt theils wegen schlechter Nahrung, und theils weil die Kannenborten, so mit zinnern Kannen und Fässern vor diesen gezieret waren, alhier in den Häusern häufig abgeschaffet und anstatt des Zinnzeuges Gemälde zum Zierrath gebraucht werden«./21/ Ebenso hat man Anlaß, über die »Kleiderseller« (Trödler) zu klagen, die Zinn geschickt von »Ausrufern« (Versteigerern) aufkaufen, es verhökern und mit den Preisen das Handwerk in Verruf bringen. Sicherlich angeregt durch die konkurrierenden Fabrikanten von »Weißgeschirr« (Porzellan und Steinzeug) erklärt man mancherorts, z. B. in Graz, das Zinngeschirr plötzlich als gesundheitsgefährdend und verlangt von allen Zinngießermeistern drastische Strafgebühren, obwohl die nachweisen können, daß schon einige hundert Jahre lang die in Frage gestellte Materialqualität verarbeitet wird./22/ Nicht zuletzt belastet die Zinngießer auch das Ausbleiben der Bestellungen aus den Zünften, deren Auflösung durch den allmählichen Niedergang seit langem angezeigt ist.

Bereits zu einem Zeitpunkt, zu dem das Zunftwesen zwar in seiner Entwicklung zu stagnieren beginnt, aber immer noch ein gewichtiger Einflußfaktor im Leben der Städte ist, wird hier und dort die Aufhebung

/19/ Geismeier, W.: Biedermeier. – Leipzig 1979. – S. 46

/20/ Dietz, A.: Das Frankfurter Zinngießergewerbe und seine Blütezeit im 18. Jahrhundert. Festschrift zur Feier des 25jährigen Bestehens des Städtischen Historischen Museums in Frankfurt/Main. – 1903. – S. 162

/21/ Die Zinngießer zu Lübeck. – Lübeck 1922. – S. 9

/22/ Wolfbauer, G.: Die steirischen Zinngießer und ihre Marken. – Graz 1934. – S. 9

der Zünfte versucht. In Wien weist 1526 und 1527 Ferdinand I. in der »New Pollizey und Ordnung der Handtwercker und Dienstvolck der niederoesterreichischen Lannde« die Auflösung aller Zünfte an. Kurz darauf wird die Anordnung auf Oberösterreich ausgedehnt. Das setzt sich jedoch auf die Dauer ebensowenig durch wie die 1536 in Münster vorgenommene Auflösung aller Handwerksgilden wegen der Beteiligung an einem Aufruhr (1533/35) – gegen den Willen des Magistrats sieht sich 1553 Bischof Franz von Waldeck veranlaßt, die Gilden wieder einzuführen./23/ Als 1791 in Bremen die Gesellen streiken, nimmt das der Rat zum Anlaß, über die Beseitigung der Ämter zu debattieren, zumal aus Frankreich bekannt ist, daß hier Ludwig XVI. bereits 1776 alle Zünfte aufgehoben hat.

In England gibt es ein entsprechendes Verbot nicht, aber mit dem Verschwinden des zur Zeit der frühen Stuarts noch genossenen weitreichenden Schutzes kommt es nach und nach zu einer Art innerer Auflösung, ausgangs des 18. Jahrhunderts sind hier selbst die letzten Reste des Zunftwesens verschwunden.

Wesentlich zählebiger ist es auf dem europäischen Festland. Im Oktober 1798 erläßt z. B. die helvetische Regierung folgende Verordnung:

»In Erwägung, daß der Zunft- und Innungszwang der Handels- und Gewerbefreiheit entgegen sei, sollen alle Gewerbe und Zweige der Industrie gegen dieselben aufgehoben sein.«/24/

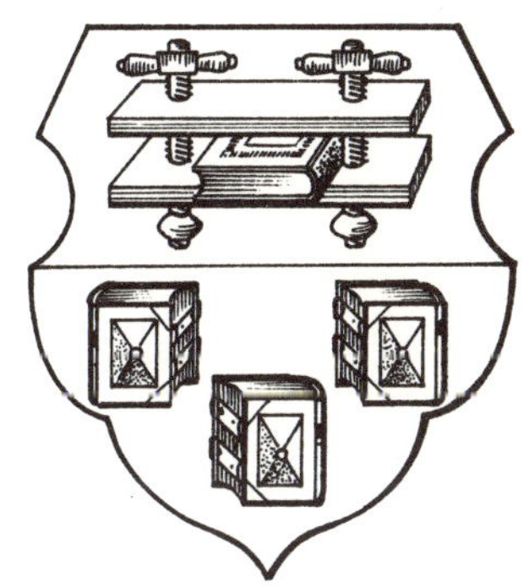

Buchbinder

Dennoch dauert es ein weiteres halbes Jahrhundert, bis sich diese Anordnung überall in der Schweiz durchsetzt. Symptomatisch dafür ist die Tatsache, daß noch 1826 in Chur dem ortsfremden, aus dem thüringischen Altenburg gekommenen Zinngießermeister Heinrich Wilhelm Lange verboten wird, einen Gesellen zu halten. Das Verbot kommt auf Betreiben von Johann Ulrich Bauer zustande, der als Obermeister der Zinngießerzunft fungiert.

In Bayern erscheint 1804 ein Dekret, mit dem jedem Handwerker ermöglicht werden soll, seine Tätigkeit »ungehindert von Zunftbindungen« auszuüben. Im Zusammenhang damit wird das Gewerbewesen neu geregelt; ein Rescript des königlichen Staatsministeriums des Inneren von 1835 geht auf die Gewerbevereine ein, die »auf den Wunsch der beteiligten Gewerbsleute in ebenso viele Gewerbevereine als ehemalige Innungssitze zu zerfallen haben«./25/ Endgültig aufgehoben werden die Zünfte (und Gewerbevereine) in Bayern 1868.

Das 1811 in Preußen herausgegebene »Gesetz über die polizeilichen Verhältnisse der Gewerbe« erlaubt zwar ausdrücklich den Fortbestand der Zünfte, verpflichtet aber andererseits die Handwerker auch nicht,

/23/ Pieper-Lippe, M.: Zinn im nördlichen Westfalen. – Münster 1980. – S. 3

/24/ Vital, D.: Die Churer Zinngießer. – Chur/Bottmingen/Basel 1979. – S. 38

/25/ Freudenberg, E. zu, Mondfeld, W. zu: Altes Zinn aus Niederbayern. Bd. I. – Regensburg 1982. – S. 21

einer Zunft anzugehören./26/ 1869 werden mit der Einführung der Gewerbefreiheit wie zuvor schon in Sachsen (1861), Baden (1862) und Württemberg (1862) die Zunftverfassungen aufgehoben.

Noch später löst man in Ungarn (1872) und in Siebenbürgen (1884) die Zünfte auf. In Ungarn kommt es selbst im 19. Jahrhundert zu zahlreichen Neugründungen. Das berührt auch die Zinngießer, die im Unterschied zu ihren Berufskollegen in anderen Ländern noch manche Aufträge für Zunftzinn erhalten. 1828 schließen sie sich z. B. in Miskolc zu einer Zunft zusammen; die Pester und Ofener (Budaer) Zinngießer bilden nach einem Privilegsedikt Franz I. von 1833 eine gemeinsame Zunft, zuvor waren sie den Preßburger (Bratislavaer) Meistern angeschlossen. Dennoch, trotz mancher weiterer Aktivitäten, auch in den Niederlanden, Dänemark und Schweden, und trotz des nostalgisch gefärbten Festhaltens an Zunfttraditionen bis in unsere Tage – das einstige Zunftwesen ist im 19. Jahrhundert zu Ende gekommen.

Organisation des Zunftlebens

Gemäß den von der Obrigkeit bestätigten Ordnungen führen die Zünfte ein relativ selbständiges Eigenleben. Im allgemeinen stehen an ihrer Spitze ein oder mehrere Obermeister. Es folgen die Meister, Gesellen und Lehrlinge. Dazwischen gibt es noch deutliche Rangabstufungen, die unter anderem nach dem Berufsalter der Zunftmitglieder geregelt sind. In England werden aus den Reihen der Zunftmeister (»Yeoman«) die Obermeister (»Master«) nur für jeweils ein Jahr gewählt, dazu zwei für die Qualitätsprüfung der Erzeugnisse verantwortliche Schaumeister (»Warden«, in den Niederlanden »Wardein«), während in den meisten anderen Ländern die Amtsperioden länger sind. In Deutschland und Österreich werden auf Betreiben der Landesregierungen nicht selten Zünfte größerer Städte ermächtigt, als »Hauptlade« oder »Kreislade« zu wirken, d. h. über andere Zünfte (»Viertelladen« oder »inkorporierte« Zünfte) Kontrollfunktion auszuüben. Eine entsprechende Aufgabe hat die Zinngießer-Kompagnie Londons, und auch von der Organisation der Zinngießerzünfte in anderen Ländern ist Vergleichbares bekannt.

Die regulären Zusammenkünfte der Zünfte – die »Morgensprachen« oder das »Auflage haben« – sind langfristig festgelegt. Dafür benutzt man

/26/ Kuczynski, J.: Geschichte des Alltags des deutschen Volkes. Bd. III. – Berlin 1981. – S. 17

Sattler, Riemer
Innung

2 Urkunde, mit der die eheliche Geburt des Johann Christoph Sporbert zwecks Aufnahme in die Zinngießerzunft Altenburgs bestätigt wird; 1753, 41×34 cm Kreismuseum Burg Gnandstein

2

Des Hochwohlgebohrnen Herrn, Herrn Hanns Abrahams von Einsiedel,
Erb, Lehn und Gerichts Herrn auff Sahlis Kohren und Gnandstein Königlich Pohlnischen und Chur Fürstlich

3 Wanderbuch eines Böttchergesellen; um 1813, 9,5×15 cm Museum für Thüringer Volkskunde, Erfurt

4 Berechtigungsschein für die kurzfristige Beherbergung eines Gesellen in der Wohnung eines Meisters; um 1835, Br. 17,5 cm Museum für Thüringer Volkskunde, Erfurt

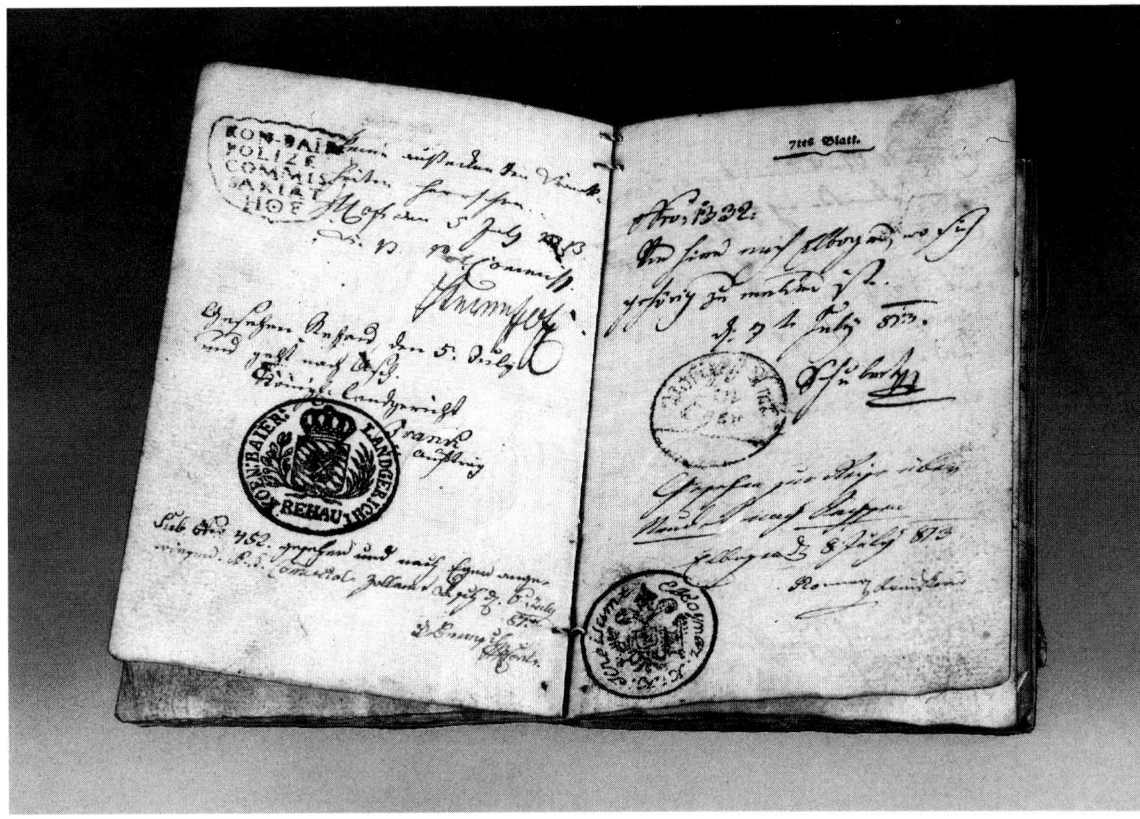

3

4

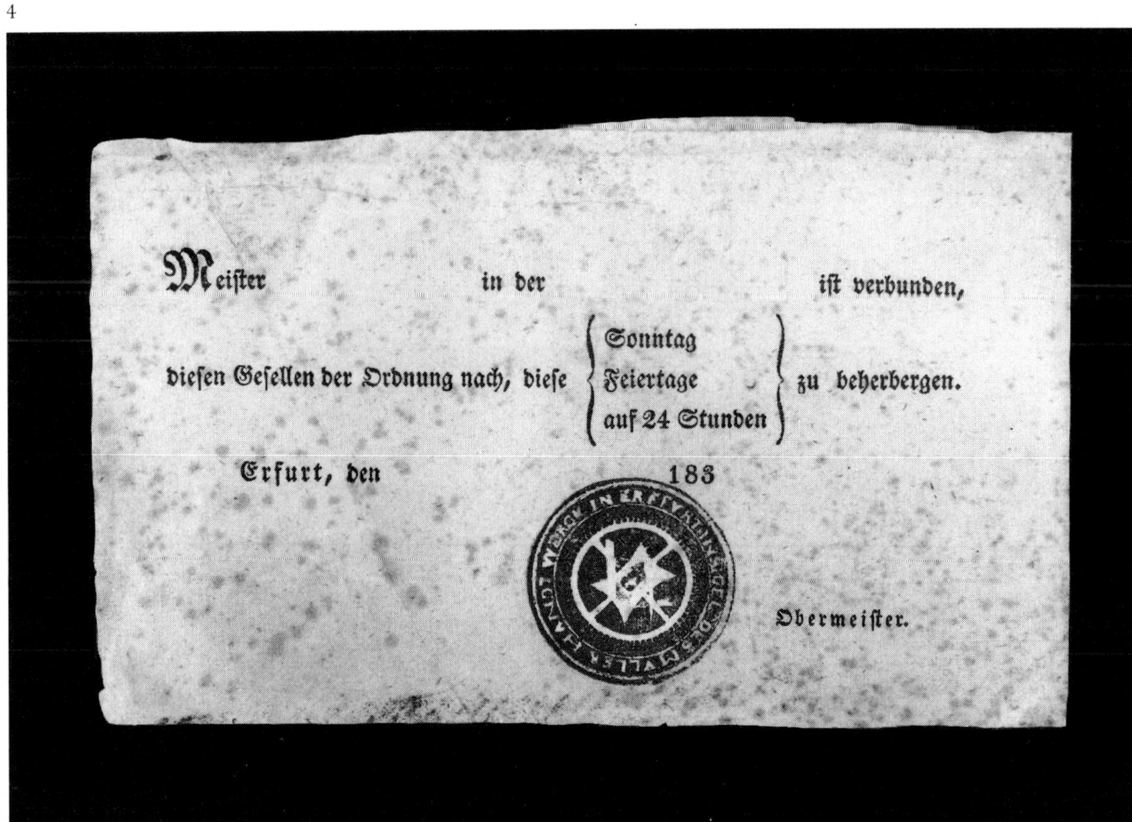

Meister in der ist verbunden,

diesen Gesellen der Ordnung nach, diese { Sonntag / Feiertage / auf 24 Stunden } zu beherbergen.

Erfurt, den 183

Obermeister.

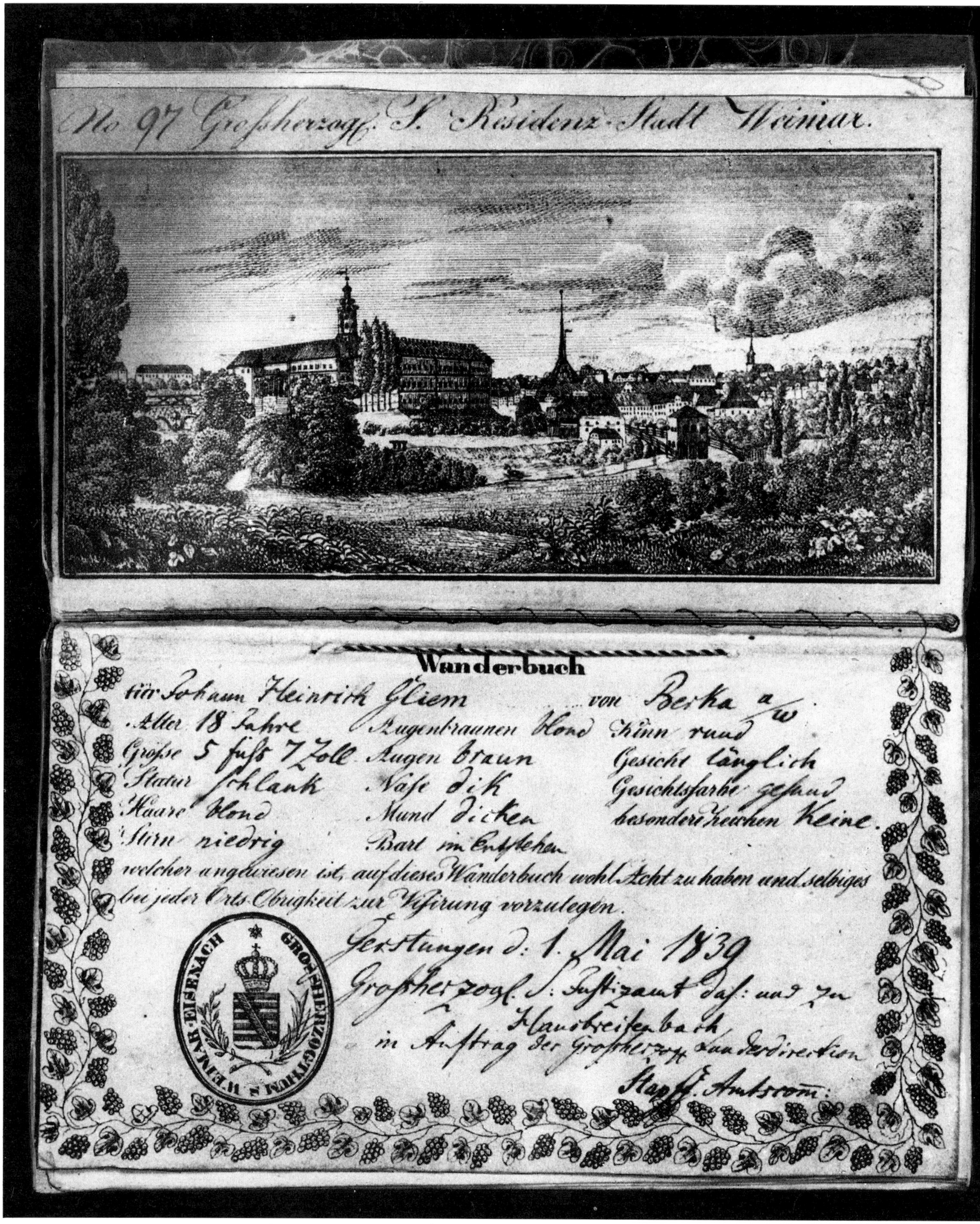
No 97 Großherzogl. S. Residenz-Stadt Weimar.
Wanderbuch
für Johann Heinrich Gliem von Berka a/W
Alter 18 Jahre Augenbraunen blond Kinn rund
Größe 5 Fuß 7 Zoll Augen braun Gesicht länglich
Statur schlank Nase dik Gesichtsfarbe gesund
Haare blond Mund dicken besondere Kennzeichen keine.
Stirn niedrig Bart im Entstehen
welcher angewiesen ist, auf dieses Wanderbuch wohl Acht zu haben und selbiges bei jeder Orts-Obrigkeit zur Visirung vorzulegen.
Gerstungen d. 1. Mai 1839
Großherzogl. S. Justizamt das. und zu Haustreitenbach
im Auftrag der Großherzogl. Landesdirection
GROSSHERZOGTHUM S. WEIMAR-EISENACH

5 Wanderbuch eines Bäckergesellen; um 1839, 10×15,5 cm
Museum für Thüringer Volkskunde, Erfurt

6 Kundschaften von Zinngießergesellen; 18. u. 19. Jh.
Staatsarchiv Bremen

6

Wir geschworne Aeltesten und sämmtliche Meister des Amts der Zinnengiesser, in der Kayserlichen freyen Reichs-Stadt Hamburg, bescheinigen hiemit, daß gegenwärtiger Gesell, Nahmens Friederich Georg Krahnstöver von Rostock gebürtig, so 22 Jahr alt, und von Grosser Statur, auch eigenen Haaren trägt, hat bey Uns allhier ~~Jahre,~~ 2 Wochen, in Arbeit gestanden, und sich solche Zeit über treu, fleißig, stille, friedsam und ehrlich, wie einem jeglichen Handwercks-Gesellen gebühret, verhalten hat, welches Wir also attestiren, und deshalben Unsere sämmtliche Mit-Meister, diesen Gesellen nach Handwercks-Gebrauch überall zu fördern, geziemend ersuchen wollen. Urkündlich unter Unsern eigenhändigen Unterschriften und untergedruckten Amts-Siegel. Hamburg, den 10 Decemb. Anno 1799.

Bernhard Johan Fahrenkrüger

Als Meister, wo obiger Gesell in Arbeit gestanden.

Herman Carl Schultz
Johann Hinrich Plass

Aelteste.

ARCHIVUM BREMENSE

Krahnstöver aus Rostock 1799, Hamburg

7

7 Zinnmarkentafel; 1586,
10× 19 cm
Stadtmuseum Zittau

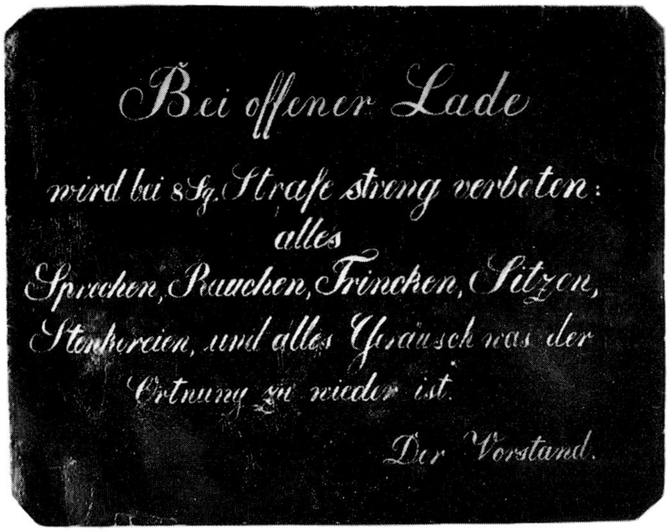

8

9

8 Verbotsschild; 19. Jh., 37×39 cm
Museum für Thüringer Volkskunde, Erfurt

9 Lade der Zinngießerzunft in Rostock; 1795 renoviert, H. 29 cm
Kulturhistorisches Museum, Rostock

10 Lade der Zinngießerzunft in Altenburg; 1661, H. 34 cm
Staatliche Museen zu Berlin, Kunstgewerbemuseum

10

anfangs häufig die Gotteshäuser, seit etwa dem 16. Jahrhundert bestehen Zunfthäuser für die großen Vereinigungen oder zumindest Zunftstuben in den Herbergen für Zünfte in bescheideneren Verhältnissen./27/ Gekennzeichnet sind die Zunfthäuser oder die Herbergstische u.a. mit Zinnschildern, die zumeist die charakteristischen Werkzeuge des jeweiligen Handwerks widerspiegeln. Die Obrigkeit ist bei den Versammlungen durch »Morgensprachsherren«/28/ (oder auch nur »Herren« genannt) präsent. Damit will sie das Geschehen nicht nur quasi vor Ort im Auge behalten, sondern die Herren gelten auch als Vertreter der Zunftinteressen innerhalb des Rates. Die im voraus geplanten Morgensprachen bzw. Auflagen widmen sich bevorzugt der Regelung aufgekommener Probleme. Jene Verrichtungen, die mit dem Einstellen von Lehrlingen, dem Gesellenmachen und der Meisterwerdung verbunden sind, führen die Zunft oder einen Teil davon je nach Bedarf zusammen.

Dachdecker

Kaum eine Versammlung vergeht ohne die notwendige Schlichtung von Streitigkeiten oder die Erörterung von Klagen mit nachfolgender Urteilssprechung. Da diese Dinge für das Zunftzinn ziemlich bedeutsam sind, denn die häufig ausgesprochenen Geldstrafen werden teilweise aus Kannen, Krügen und Bechern unter Einhaltung bestimmter Bräuche vertrunken, seien einige Beispiele für zu behandelnde Streitigkeiten genannt. 1586 wird eine Klage gegen den Zinngießer Bernardi Spitzli aus Wyl notiert, wonach dieser als fauler Handwerker beschimpft wird. Spitzli äußert sich dazu, wenn er als fauler Kannengießer gescholten werde, könne er dem nichts entgegenhalten, denn er stünde morgens wirklich ungern auf./29/ Auch wenn beim heutigen Lesen einer solchen Aussage ein gewisses Amüsement mitschwingt, muß doch auf den ungemein langen Arbeitstag der Handwerker überhaupt aufmerksam gemacht werden, der einschließlich sonnabends etwa von morgens 5 Uhr bis abends 8 Uhr währt. Wegen der Ausnutzung des Tageslichts wird im Sommer noch etwas ausgedehnter, im Winter auch ein wenig kürzer gearbeitet. Vor diesem Hintergrund ist übrigens das Streben der Gesellen nach dem »blauen Montag« (»Biermontag«)/30/, einem arbeitsfreien Montag zu sehen, das bis zum Ende des 19. Jahrhunderts anhält. Doch zurück zu den Streitfällen. Ein Mitglied der Londoner Zinngießer-Kompagnie hat sich 1629 zu verantworten, weil es »unschickliche Haare« trägt./31/ Dieser Verstoß gegen Sitte und Anstand wird als so schlimm angesehen, daß der Sündenbock letztlich deswegen aus der Vereinigung ausgestoßen wird. Die Entscheidung muß im Zusammenhang mit den inzwischen festgefahrenen, verknöcherten Dogmen und Riten gesehen werden, mit denen jede neue Strömung mißtrauisch bekämpft wird. Wegen eines

/27/ Rauers, F.: Kulturgeschichte der Gaststätte. – Berlin 1941. – S. 1017

/28/ Ahnelt, J.: Organisation und Brauchtum des heutigen Bremer Handwerks und seine Geschichte. – In: Heimat und Volkstum. – Bremen 1961. – S. 70

/29/ Bossard, G.: Die Zinngießer der Schweiz und ihr Werk. Bd. II. – Zug 1934. – S. 155

/30/ Potthoff, O.D.: Kulturgeschichte des deutschen Handwerks. – Hamburg 1938. – S. 106

/31/ Welch, Ch.: History of The Worshipful Company of Pewterers of the City of London. Vol. II. – London 1902. – S. VII

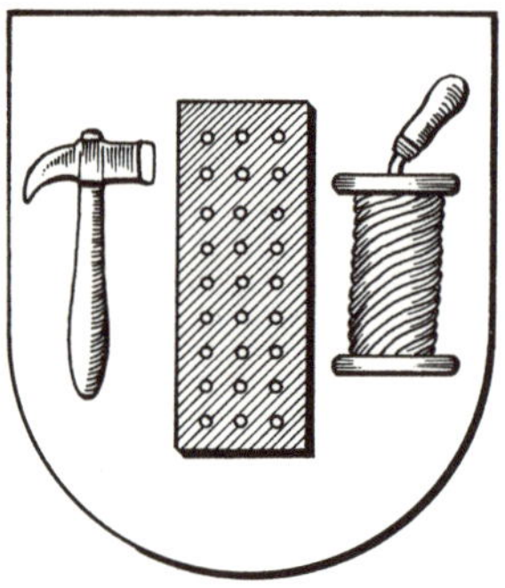

Drahtzieher

»Tumults bei einem Trinkgelage« und »weyl er über die Zeit Biergäste bei sich geduldet hat«, muß 1667 Meister Heinrich Wehnß aus Lissa (Leszno) der Zinngießerzunft 10 Reichstaler Strafe zahlen. Die Zunft sieht das Vergehen wohl durchaus nicht als Mahnung dafür an, ihrerseits den erheblichen Betrag nicht durch die Kehlen rinnen zu lassen. Als sich einige Jahrzehnte später an gleicher Stelle der Zinngießer Stephan Friedrich Elias wegen »mangelhafter Vertretung der Zunftinteressen« zu rechtfertigen hat und von den zechfreudigen Mitmeistern ebenfalls zu einer drastischen Geldstrafe verurteilt wird, protestiert er so energisch, daß die Summe um die Hälfte herabgesetzt wird. Meister Elias fungiert seinerzeit als »Nebenältester« in der Zunft, hat also einen überdurchschnittlichen Einfluß./32/ Prinzipiell haben sich allerdings die Obermeister bei Vergehen genauso zu verantworten wie der jüngste Meister auch. So nützt es dem Daniel Martin Alstorff aus Güstrow nichts, »Ältermann« der Zunft zu sein, als diese ihm um 1715 vorwirft, er habe einem Tischler das Gießen von Sargbeschlägen beigebracht – Alstorff wird zur Kasse, zur zunfteigenen zinnernen »Strafbüchse« gebeten.

Neben den Streitigkeiten sind andere während der Versammlungen zu ordnende Angelegenheiten die Festlegung einheitlicher Arbeitszeiten, die Regelung der Verkaufspreise oder Fragen der Materialbeschaffung. Beispielsweise einigt man sich innerhalb der Pariser Zinngießerzunft bereits im 14. Jahrhundert darauf, Nachtarbeit unter keinen Umständen zuzulassen, um durch das Gehämmere den Schlaf der Bürger nicht zu stören. Die ältesten Zinngießerzunft-Artikel in Siebenbürgen von 1549 fixieren die Vorschrift für alle Meister, die gleichen Produkte zu demselben Preis zu verkaufen. Bezüglich der Materialbeschaffung sollen schließlich die beiden Zinngießerzünfte der Prager Alt- und Neustadt genannt werden, die 1511 vereinbaren, sich gegenseitig zu benachrichtigen, wenn ein Metallhändler in der Stadt eintrifft. Danach will man zwei Meister wählen, die das eingekaufte Material gerecht auf beide Zünfte verteilen./33/

Die Berufsausbildung und die Meisterwerdung sind in den Ordnungen aller Zünfte eingehend festgelegt. Wie bei der überwiegenden Zahl 2
der Gewerke wird auch bei den Zinngießern »ehrliche« Geburt des Jungen vorausgesetzt, der eine Lehre aufnehmen will. Als unehrlich gelten vor allem Kinder von Spielleuten (Gauklern, Seiltänzern usw.), Schäfern, Müllern, Scharfrichtern, Totengräbern, Abdeckern, Webern, Bütteln, Bach- und Gassenkehrern, Kartenmachern, Nachtwächtern und Feldhütern sowie »Vorzeiter«, d.h. außerhalb der Ehe gezeugte Kinder. Zwei Zeugen haben vor den Zunftmeistern durch Eid oder durch einen »Echtheitsbrief«/34/ die »ehrliche Herkunft« zu bestätigen. Gelegentlich

/32/ Stempel, C.: Deutsche Zinngießer im Wartheland. – Posen 1943. – S. 137, 139

/33/ Tischer, F.: Böhmisches Zinn und seine Marken. – Leipzig 1928. – S. 178

/34/ Wiswe, M.: Historische Zinngießerei im südöstlichen Niedersachsen. – Braunschweig 1981. – S. 16

wird ein solcher Echtheitsbrief in Form einer schriftlichen Erklärung über den »ehrlichen Beweiß ihrer ehrlichen Geburt« sogar von den Ehefrauen verlangt, da manche als Witwen das Handwerk weiterführen können. Obwohl die Obrigkeit diesen Ehrenkodex mißbilligt, beharren die Handwerker zäh auf dem Vorurteil gegenüber bestimmten Berufen. Das haben sie auch gegenüber jenen Gesellen unehrlicher Geburt, die durch einen glücklichen Zufall oder weil im jeweiligen Territorium der väterliche Beruf nicht unehrlich war, ein ehrbares Handwerk erlernt haben. Der Rat Nürnbergs teilt z.B. 1644 dem Rat in Lübeck mit, daß der Zinngießergeselle Gregorius Steinmüller aus Eger (Cheb) um Arbeit angesucht habe. Da er aber Sohn eines Müllers sei, hätten die Nürnberger Gesellen erklärt, daß sie »auß bösem Vorsatz lieber allsampt Ihrer Dienste allhier begeben und davongezogen, oder zum Spiel, wie dafür gehalten wird, latitiren«. Mit der Bekanntgabe der Gesellennamen wird gegenüber dem Lübecker Rat die Erwartung ausgesprochen, daß die Gesellen beim Auftauchen »nach Gebühr gestraft werden mögen«./35/

Die Jungen werden mit 14, manchmal auch schon mit 11 oder selbst mit 9 Jahren »aufgedungen«, d.h. in die Lehre gegeben. Es wird noch zu zeigen sein, daß beim Aufdingen wie beim Beenden der Lehre manches Zunftzinn benötigt wird, um das Ereignis dem Brauch entsprechend zu würdigen. Durch den langen Arbeitstag und die selbstverständliche Pflicht, im Haushalt mitzuhelfen, ist die Lehrzeit voller Härten. Gar nicht so selten reißen deshalb die Lehrjungen aus, so daß die Zünfte für die Behandlung solcher Vorkommnisse Regelungen schaffen müssen. Die Lübecker Zinngießer lassen die Aufnahme eines erstmalig entlaufenen Jungen lediglich durch die Älterleute, beim zweiten Mal durch das ganze Amt bestätigen. Wiederholt sich das Ausreißen ein drittes Mal, hat der Junge immer noch eine Chance zur Wiederaufnahme, wenn der Rat dem zustimmt./36/ Am besten haben es die Meistersöhne, die allüberall bevorzugt werden. In der Schweiz passiert es sogar, daß man sie schon im Kindesalter zu Gesellen macht und von den Wanderjahren befreit.

Drechsler

Die Wanderschaft der Gesellen als fester Bestandteil des Zunftlebens ist u.a. Ursache dafür, daß bestimmtes Zinngerät angeschafft wird, um den zwar ungeschriebenen, aber von Generation zu Generation weitergegebenen Bräuchen in den Herbergen entsprechen zu können. Die früheste Vorschrift über das Gesellenwandern bald nach ihrem Freisprechen (dem offiziellen Beenden der Lehrzeit) ist in Deutschland wohl die in den Satzungen der Hamburger Gerber von 1375. In England und Frankreich gibt es den Wanderzwang nicht, in den meisten anderen Ländern Europas finden sich Hinweise darauf etwa seit dem 15. Jahrhundert.

/35/ Warncke, J.: Die Zinngießer zu Lübeck. Lübeck 1922. – S. 13

/36/ Wissel, R.: Des alten Handwerks Recht und Gewohnheit. Bd. I. – Berlin 1929. – S. 147

Auch wenn man sich in einzelnen Zünften von der Wanderschaft freikaufen kann, z. B. bei den Tuchscherern in Eschwege mit fünf Talern je Jahr,/37/ streben das selbst die wenigen begüterten Gesellen nicht an. 3
Erhält man doch so Gelegenheit, sich durch das Kennenlernen vieler Werkstätten und Meister im Beruf zu vervollkommnen. Ermutigend ist dazu, daß das Auskommen auf der Wanderschaft organisatorisch einigermaßen sichergestellt ist. Insbesondere Angehörige der »geschenkten« Handwerke haben das Recht, ein Zehrgeld von der Zunft des Ortes zu erhalten, den sie angesteuert haben. Bei ungeschenkten gibt es zwar im allgemeinen auch eine Reiseunterstützung, doch das ist für die betreffenden Zünfte keine verbriefte Pflicht. Das Zehrgeld bekommt man nicht nur in Form von klingender Münze, sondern ebenso als Speise und mehr noch als Trank. Immer sind die Geschirre dafür Zunfteigentum und häufig aus Zinn.

Nicht nur für die wandernden Gesellen, sondern für das Zunftleben überhaupt, sind ein wesentlicher Dreh- und Angelpunkt die Herbergen. Es ist bereits erwähnt worden, daß jene Zünfte, die sich kein eigenes Haus leisten können, ihre Versammlungen in Herbergsstuben abhalten. Vor allem sind freilich die Herbergen geschaffen worden, um Anlaufpunkte für die wandernden Gesellen zu sein. Von hier aus erfolgt die Arbeitsvermittlung, lediglich in sehr kleinen Städten geht der Geselle direkt zum Meister, der den Gesellen auch kurzzeitig beherbergen darf. Rundherum 4
auf den Wandborten der Herbergsstuben steht u. a. das Zinngerät, das nicht nur für die zünftige Begrüßung des neuen Gesellen (»Einschreiben«), sondern auch während der Zusammenkünfte der Brüderschaften genutzt wird. In bestimmten Orten wird es aller paar Tage erforderlich, das eine oder andere Stück Zunftzinn herbeizuholen, um einen Neuankömmling willkommen zu heißen, beispielsweise im 18. Jahrhundert im »Roten Ochsen« zu Karlsbad (Karlovy Vary), der Herberge der Zinngießergesellen. In Nürnberg heißt die Herberge wohl »Schwarzer Bär«, denn im »Zinngießer-Gesellenbuch« finden sich häufig Eintragungen folgender Art:

»Den 18. ditto (18. August 1630) kam Lorentz von Kulmbach bracht den gruß von schwartzen bern fandt arbeitt bey Caspar Endterla.«/38/

Den Gruß bringen bedeutet, daß Lorentz sich in der Herberge als rechter Zunftgenosse ausweisen konnte und vom »Oertengesellen« (in der Schweiz »Uerten-« und in Österreich »Yrtengeselle«) ordentlich begrüßt wurde – es wird im Folgenden zu berichten sein, daß dazu eine Schenkkanne oder ein Trinkkrug der Zunft vonnöten war. Zumeist macht sich nach der Begrüßung gemäß der Ordnung der Oertengeselle

/37/ Rumpf, K.: Vom »ehrsamen« Handwerk und den »löblichen« Gesellenbruderschaften. – In: Hessische Blätter für Volkskunde. – Gießen Bd. 55 (1964). – S. 75

/38/ Demiani, H.: François Briot, Caspar Enderlein und das Edelzinn. – Leipzig 1897. – S. 39

für den Zugewanderten auf Arbeitssuche. Ist ein Oertengeselle nicht vorhanden, muß diese Aufgabe der jüngste Meister oder der am längsten gelernte Lehrjunge übernehmen.

In der Herberge gibt es natürlich auch Nachtlager, und zwar nicht nur für die Wandergesellen, sondern bei Bedarf auch für die im Ort in Arbeit stehenden Handwerker. 1589 besiegelt z. B. der Rat von Frankfurt/Main den Meistern das Recht, Gesellen in der Herberge unterbringen zu dürfen, wenn Bett und Zehrung bezahlt werden. Die Vergabe dieses Rechts wäre auch deshalb erforderlich, »dieweil die Gesellen manichmal mit allerley Krankheit und Unrath behaftet ihnen zu Haus kamen«./39/ Andererseits kann dem einen oder anderen Meister vom Zunftobermeister das Recht eingeräumt werden, einen wandernden Gesellen über Sonntag, die Feiertage oder allgemein über 24 Stunden in seinem Haus zu beherbergen. Selbst wenn der Arbeitstag lang ist, läßt man zum Feierabend in der Herberge den Humpen voller Bier in der Runde kreisen oder greift zum Becher voll Branntwein, bevor das nicht gerade anheimelnde Nachtlager aufgesucht wird. Nicht immer geht es am Herbergstisch gesellig zu, und es bleibt nicht aus, daß dann manches Stück Zinn arge Beulen bekommt. Eine der Maßnahmen der Zünfte, Schlägereien in Herbergen zu unterbinden, ist die Drohung, randalierenden Gesellen keine
5 »Kundschaft« zu geben. Bevor Anfang des 19. Jahrhunderts das Wanderbuch aufkommt, ist die Kundschaft das Blatt Papier, auf dem beur-
6 kundet wird, daß der Geselle am Ort gearbeitet hat. Weil es auf vielen Herbergen hoch hergeht und dabei die Sitten verrohen, spricht sich der Rat in Chur gegen das Wandern der einheimischen Gesellen aus; während des Dreißigjährigen Krieges verbietet er es ganz und gar. Aber auch wenn nur einheimische Gesellen versammelt sind, kann das »Schenken« in der Herberge Ärgernisse bringen, falls zuviel Kannen geleert werden. Da der Trinklust schwer Einhalt zu gebieten ist, entschließt sich z. B. der Rat in Frankfurt/Main 1465 einfach dazu, das Halten von Gesellen den Meistern völlig zu verbieten. Freilich muß dieses unsinnige Verbot bald wieder aufgehoben werden, denn nur über den Gesellennachwuchs führt der Weg zum Meister.

Um Meister zu werden, reicht es noch lange nicht aus, lediglich auf eine mehrjährige Wanderschaft verweisen zu können. Nachdem der sich um Meisterehren bewerbende Geselle von einem Obermeister der Zunft vorgestellt worden ist, hat er zu »Muten« (»Gesinnen«)./40/ Dahinter verbirgt sich weniger das förmliche Ersuchen um Meisterlorbeer als die Zahlung eines bestimmten Geldbetrages. Meist ist dreimal zur Mutung zu erscheinen, d. h. dreimal zu bezahlen. Dann kann das Meisterstück ge-

Drechsler

/39/ Warncke, J.: Die Zinngießer zu Lübeck. – Lübeck 1922. – S. 24

/40/ Brockpähler, R.: Zinngeschirr und Zinngießerei in Coesfeld. – In: Westfälischer Heimatkalender. – Münster 15 (1961). – S. 176

fertigt werden, dessen Ablegung etwa seit Ausgang des 15. Jahrhunderts allgemein üblich ist. Meistersöhne sind häufig davon befreit oder machen nur ein »kleines Meisterstück«. Während das Muten und das Anfertigen des Meisterstückes an sich durchaus noch durchzustehen sind, sehen sich viele Kandidaten nicht in der Lage, das Geld für weitere Verpflichtungen aufzubringen. Was da alles noch anfällt, soll aus der Zeit um 1645 am Beispiel der Lüneburger Zinngießerzunft gezeigt werden. Man verlangt: Botengeld für das Zusammenrufen der Zunft 8 Schilling, Unkosten für zwei Gastmähler 6 Mark, Aufweisen des Meisterstücks und »Amtskost« 46 Mark, dem Lehrjungen (der beim Meisterstück Handlanger ist) 4 Gute Groschen, für die Frauen 5 Mark, für das Meisterstück (insbesondere für Material) 14 Mark, für die Verlesung der Amtsrolle eine Mark 8 Schilling, zur Amtslade 4 Schilling, für Amtshaken und Schapp (Kleiderhaken und Schrank) 4 Mark, für das Anstreichen der Lade und des Schapps 8 Schilling sowie für den Ledereimer (ein an die Kämmerei zu liefernder Feuereimer) eine Mark 12 Schilling./41/ Und das bei einem Wochenlohn von 5 bis 6 Schilling (16 Schilling sind eine Mark)! Der größte Geldposten ist für jenes Element im Zunftleben, an dem mitunter sogar die Ehefrauen teilnehmen und wozu eine beträchtliche Menge an Zinngeschirr gehört – für die Amtskost. Oft übersteigt der Geschirrbedarf für ein solches Festessen den Vorrat der eigenen Zunft, so daß man sich weiteres Zinn von woanders ausleihen muß. Durch die hohen Kosten ist mancher Meister hoch verschuldet. Nun muß er sich mit Fleiß und qualitätsvoller Arbeit mühen, möglichst bald in einigermaßen geordnete Verhältnisse zu kommen.

Qualitätskontrolle in den Zinngießerzünften

»Die Zinn-Gießer brauchen auch mit dem großen Rad die Dreh-Lade, aber sie seynd zuweilen auch verdrehte Gesellen und sagen, daß ihre Schüsseln und Teller von halb-englischen Zinn, da sie unterdessen von halb teuflischen seynd, dann dort ist ihr meister Gewinn, wann sie das Bley verkaufen für Zinn.«/42/

Gar so unrecht hat Abraham a Santa Clara mit dieser Behauptung sicher nicht. Zinn hat jahrhundertelang immer etwa den sechs- bis siebenfachen Preis des Bleis, so daß die Versuchung besonders für den verschuldeten Meister groß ist, dem in die Formen zu gießenden Material mehr

/41/ Reinecke, W.: Lüneburger Zinn. (Das Amt der Lüneburger Zinngießer). – Lüneburg 1947. – S. 39

/42/ Abraham a Santa Clara: Etwas für alle! – Wien 1699. – S. 68

Blei als zulässig beizumischen. Daß überhaupt eine solche Beimengung erlaubt ist, hat technologische Ursachen. Die allgemein übliche Mischung von 1 Teil Blei auf 10 Teile Zinn (»Nürnberger Probe«) ist besser zu verarbeiten als ganz reines Zinn und ergibt ein haltbareres Produkt. Um aber dem Betrug und auch der Gesundheitsgefährdung bei zu hohem Bleianteil vorzubeugen, sind die Zinngießerzünfte eine der wenigen Handwerkervereinigungen, die in ihren Statuten spezielle Qualitätsvorschriften bezüglich der Materialzusammensetzung haben. Die Zinnkäufer von damals wie die allgemein Interessierten von heute wissen zumindest, daß solche Vorschriften auf die Kennzeichnung jedes Stücks mit dem Zeichen des Meisters und der jeweiligen Stadt hinauslaufen. Nun sind Meister- und Stadtmarken auf alten Zinnen zwar häufig vorhanden, doch es gibt eine Menge weiterer Marken, weil die Markierungsvorschriften ungemein vielfältig sind. Andererseits kann selbst ein hervorragendes Stück, z.B. ein Willkomm-Pokal, überhaupt keine Marke aufweisen, so daß mancher heute meint, schnell das Urteil »Fälschung« fällen zu können. Oder das Schreibzeug einer inschriftlich als altehrwürdig ausgewiesenen Zunft hat vielleicht eine Marke mit dem merkwürdigen Text »Vermiste Probe«, und eine silberhelle, wie neu glänzende Vase kann sogar mit »Alte Probe« gemarkt sein. Schon im 18. Jahrhundert bemüht sich unter anderem der Wolfenbüttler Zinngießer Johann Christian Querner in Zeitungsaufsätzen, die Kenntnisse seiner Zeitgenossen über die Materialqualität und über deren Kennzeichnung zu erweitern. Geschäftstüchtig stellt er vorrangig seine eigenen Marken und Erzeugnisse vor und sieht kaum Anlaß, auf manche aufklärende und dabei schon sehr alte Vorschrift zu verweisen. Das macht aber der Chronist Christoph Gottlieb Murr, der 1778 auf das »uralte Polizeybuche« Nürnbergs Bezug nimmt, in dem bereits vor 1300 geschrieben sei:

»Es ist auch gesetzet. daz kain Kanlgiesser kain kanten noch flaschen noch schüzzeln niht giessen schol vnd swaz er gevsset von Cine vnd von pley denne daz er allezeit niht mehr giessen sol denne ain pfunt pleys vnder cehen pfunt cins wer daz brichet daz gibt ie von dem stücke. lx. haller als of ers brichet des suln sie sweren.«

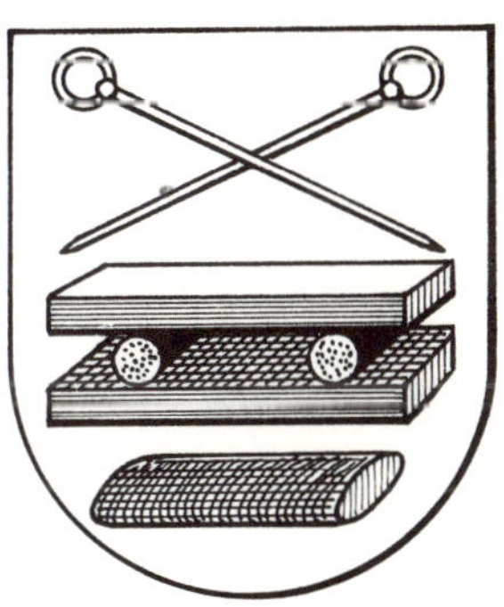

Färber

Von einer Markung ist also noch keine Rede. Selbst als dann nach und nach entsprechende Vorschriften auftauchen, überwiegen anfangs wohl immer noch ungemarkte Zinne. Einige frühe Zinngießerordnungen, in denen bereits die Pflicht zur Markung ausgewiesen ist, seien genannt: In Belgien die von Gent (1355), in den Niederlanden Maastricht (1382), Breda (1447) und Amsterdam (1475), in Frankreich Montpellier (1353) und Bordeaux (1486), in der Schweiz Bern (1413), in Deutsch-

land Hamburg (1375) sowie in England London (1503). Mit der Markung der Zinne wird nicht nur die Einhaltung der Qualitätsvorschriften angezeigt, sondern gleichsam ausgewiesen, wer der Produzent war, denn jeder Meister hat sein spezielles, bei der Zunft registriertes Zeichen. Da- 7
mit kann dieser auch dann noch belangt werden, wenn das Stück längst die Werkstatt verlassen hat und draußen eine Kontrolle den Verstoß gegen die Qualitätsvorschriften ergibt. Hinsichtlich der Durchführung solcher Kontrollen sei zunächst ein Satz eines weiteren Chronisten vom Ende des 17. Jahrhunderts zitiert. Christoph Weigel merkt 1698 an:

Färber

»Weil aber mit dem Zien, wie mit dem Silber, ein großer Betrug vorgehen kan, als wird nicht nur an den meinsten Orten in Teutschland, bevorab in denen Reichs-Städten, deswegen öffentliche Schau gehalten, sondern auch noch über dieses das Stadt- oder Landes-Fürstliche Wappen zum Zeichen richtiger Probe darauf geschlagen.«/43/

»Schau gehalten«, d. h. von besonders Beauftragten die Materialqualität kontrolliert, wird nicht nur in Deutschland. In Österreich setzt Erzherzog Ferdinand schon 1590 staatlich ermächtigte Schaumeister ein, um das »Proben« auf die Bleihaltigkeit vorzunehmen. Meist sind es zwei Personen, in Graz z. B. der Stadtrichter und ein geschworener Meister. In St. Gallen übrigens wirken als »Zinnprobierer« u. a. ein Bader, ein Chirurg, ein Goldschmied und ein Glaser. Auf die Wardene in England ist bereits verwiesen worden. Nicht unerwähnt bleiben darf der gute Ruf des englischen Zinns, der z. B. 1686 die holländischen Zinnhändler Hendrich van den Bergh, Jan Hiddine und Gerardt van Edmezt dazu verführt, ihre Erzeugnisse auf der Messe in Frankfurt/Main als »Englisch Zinn« anzubieten, was ihnen neben der Beschlagnahme eine Geldstrafe einbringt. Da nützt ihr Hinweis nichts, sie hätten ja gutes Amsterdamer Kronenzinn (6 Pfund Blei auf 96 Pfund Zinn) und nicht etwa das mehr landesübliche »Fijn tin« (10 Pfund Blei auf 90 Pfund Zinn) so gezeichnet./44/ In den Niederlanden ist eine der häufigen Qualitätsbezeichnungen »Engels Gepolijst Harttin«. Das Wort Gepolijst verweist auf das Polen, das Einbringen von frischem Holz in die Schmelze, zum Zwecke des Niederschlagens von Eisen und Schwefel. Werden diese Verunreinigungen nicht entfernt, erbringt später selbst das eifrigste Putzen des fertigen Gegenstandes nicht den geschätzten »englischen Glanz«./45/ Unter den Zunftzinnen sind es vor allem die Willkomm-Pokale, für die starker Glanz gewünscht ist, um es solchen aus Silber (die man bei reichen Zünften findet) gleichzutun.

In Rußland weist 1722 Peter der Große an, daß jedes Zinnstück mit einer Meistermarke versehen und dann dem Obermeister der Zunft vor-

/43/ Weigel, Chr.: Abbildung der Gemein-Nützlichen Haupt-Stände. Mit beygedruckter Lehr und mäßiger Vermahnung durch P. Abraham a Santa Clara. – Hall in Sachsen 1698. – S. 104

/44/ Dietz, A.: Das Frankfurter Zinngießergewerbe und seine Blütezeit im 18. Jahrhundert. Festschrift zur Feier des 25jährigen Bestehens des Städtischen Historischen Museums in Frankfurt/Main. – 1903 – S. 171

/45/ Quellmalz, W., Wilsdorf, H., Schlegel, G.: Das erzgebirgische Zinn in Natur, Geschichte und Technik. – O. O. (Altenberg) 1976. – S. 31

gelegt werden muß, der seinerseits eine Qualitätsmarke einschlägt. 1754 wird in Schweden behördlicherseits die Qualitätskontrolle übernommen. Seitdem trägt jedes geprüfte Zinn als Beschauzeichen eine Marke mit drei Kronen. Um die »extraordinäre Mühe und Kosten wegen jährlicher Anschaffung eines neuen Stempels« gegenüber den Schaumeistern begleichen zu können, setzt man 1695 in Deutschland, und zwar im Kurfürstentum Brandenburg, besondere Gebühren fest./46/ Mit dem genannten Stempel ist das Punzeisen gemeint, das zum Einschlagen der Marken gebraucht wird. An einem Ende wird zu diesem Zweck vom »Pitschierstecher« das Negativbild der jeweiligen Marke eingraviert.

Für die eigentliche Durchführung der Beschau gibt es eine Vielzahl von Möglichkeiten. Erfolgt die Kontrolle bereits in der Werkstatt, erkennt der erfahrene Schaumeister schon am Glanz und an der Farbe der Schmelze deren Reinheit. Ist das Material dann in der Gießform erkaltet, kann in das Metall gebissen werden; je nach Menge des Bleizusatzes knirscht es dabei mehr oder weniger, und der Kontrolleur kann sein Urteil fällen./47/ Manchmal hört man von der Verwendung roter Rübenbrühe, die bei zu hohem Bleianteil farblos oder blau werde. Das alles scheinen aber nur Notlösungen zu sein. Die exakte Prüfung erfolgt durch einen Vergleich der Gewichte zwischen einem entnommenen Probestück und einem gleichvolumigen Normstück. Gelegentlich gehört zur Qualitätskontrolle auch das Feststellen hinreichender Metalldicke. Dazu wird ein Spitzhammer gebraucht, der auf eine verdächtige Stelle aufgeschlagen wird und dann den Verdacht bestätigt, wenn ein Loch entsteht. Das zieht die »Peen des Fewers« nach sich, die Strafe des Einschmelzens.

Fischer

Trotz der vielen Regelungen für das Wirksamwerden von Schaumeistern und den damit verbundenen Markungen kann es dennoch völlig legal sein, daß Zunftzinne (wie auch die für sakrale Zwecke oder für den Gebrauch im Haushalt) nicht gemarkt sind. Wenn nämlich die Zunft unmittelbar dem Zinngießer eine Bestellung aufgibt, ist nicht unbedingt ein Grund zum »Punzen« vorhanden. Jeder der Beteiligten kann dem Schaumeister sagen, wo die Arbeit hingeht bzw. aus welcher Werkstatt sie kommt. Da der Zwang zum Marken nicht immer geliebt und nicht selten als Schikane aufgefaßt wird, liegt bei Direktbestellungen, anders als beim Verkauf aus dem Warenlager heraus oder über den Markt, der Verzicht auf das Marken nahe. Ein weiterer Grund für nichtgemarkte Stücke kann die Tatsache sein, daß es sich um einen Umguß aus Altmaterial handelt. Ein solcher Vorgang ist bei dem einfacheren Zunftzinn wie Tellern, Schüsseln, Platten, Bechern, Leuchtern u.ä. zumindest ebenso häufig wie bei dem Gebrauchszinn für den Bürgerhaushalt.

/46/ Pieper-Lippe, M.: Zinn im südlichen Westfalen. – Münster 1974. – S.40

/47/ Zedler, J.H.: Grosses vollständiges Universal-Lexicon Aller Wissenschaften und Künste. – Leipzig u. Halle 1749. – S.884

In den Statuten der Pariser Zinngießer von 1613 ist ein gesonderter Artikel dem Umguß gewidmet. Ausdrücklich wird darin den »Brocanteurs« (Trödlern) und anderen der Verkauf alten Zinns und auch dessen Ankauf verboten. Das solle man den Zinngießern überlassen, die zu aller Nutzen durch das Umgießen wieder schöne Dinge entstehen ließen. Auf jeden Fall ist es selbst für gutsituierte Zünfte lohnend, lädiertes und unansehnlich gewordenes Geschirr nicht an Altflicker zu verkaufen, sondern den Zinngießer zu beauftragen, daraus neue Stücke zu fertigen. Um 1615 herum resultieren in England etwa vier Fünftel des Verkaufspreises einer Zinnware aus Materialkosten,/48/ in anderen Ländern ist der Anteil nur um weniges geringer. Selbst wenn der Zinngießer üblicherweise von dem gelieferten Alt- und Bruchzinn ein Zehntel des Gewichts für die »Schwainung« (Spratz-, Glüh- und Verdampfungsverluste) abziehen kann, bringt das Umschmelzen immer noch vorteilhafte Preise für die Auftraggeber mit sich. Das ist eine Ursache, warum sich relativ alltägliches Gerät nicht allzu lange erhalten hat und heute zu den Raritäten zählt.

Hinsichtlich der Markung umgegossener Zinne ist einleuchtend, daß es sich hier ja auch um Auftragsarbeiten handeln kann, die also nicht zwingend gekennzeichnet werden müssen. In Chur sind die Meister prinzipiell nicht verpflichtet, umgegossene Zinne zu marken, unabhängig davon, wer dann die Neugüsse bezieht. Man hat sich offenbar überlegt, daß man den Zinngießer nicht für jene Materialqualität verantwortlich machen kann, die bereits früher einmal für einen Guß legiert wurde. In Ungarn wird mitunter bei Verarbeitung alten Zinns das Schriftzeichen »Vermischtes Zinn« aufgeschlagen, aus dem zuweilen wohl irrtümlich auch »Vermistes Zinn« wird. Die ebenfalls schon erwähnte Marke »Alte Probe« weist auf den gleichen Sachverhalt hin. Man findet solche Qualitätszeichen auf Zinnen des norddeutschen und schlesischen Raums. Im Kurfürstentum Sachsen wird durch Weglassen einer der gewöhnlich gedoppelten Meistermarken, durch das Einschlagen nur des Stadtzeichens oder auch nur der Meistermarke der Umguß gekennzeichnet. Mit diesen Varianten sind hier wie anderswo die Macharten noch lange nicht erschöpft; in Verbindung mit dem Zunftzinn kann allerdings diese Angelegenheit mit dem Hinweis darauf verlassen werden, daß eine Marke mit einer Rose und später mit einem Engel (der die Justitia symbolisiert) in der Regel für überdurchschnittlich gute Materialqualität steht.

Eine gänzlich andere Art der Qualitätsprüfung – die Beurteilung der Probestücke eines sich um Meisterehren bewerbenden Kandidaten durch die Zunftmeister – ist eng verbunden mit grundsätzlichen Bräuchen und Gewohnheiten der Zünfte.

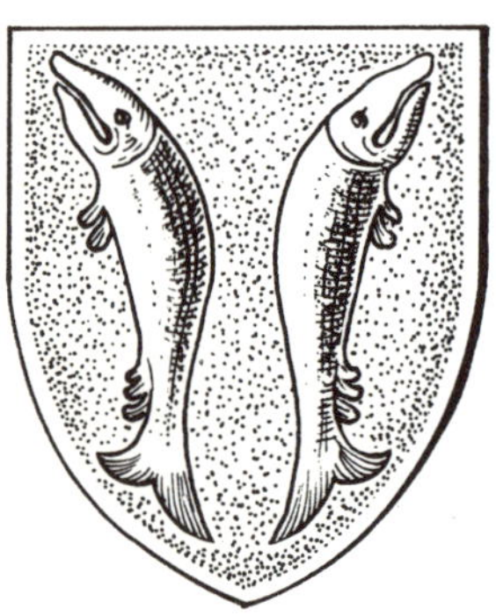

Fischer

/48/ Welch, Ch.: History of The Worshipful Company of Pewterers of the City of London. Vol. II. – London 1902. – S. 68

Brauch und Gewohnheit im Zunftwesen

Eingebunden in die bisherigen Ausführungen ist schon wiederholt die Funktion des Zinns in den Zünften angeklungen. Bevor das weiter verdeutlicht und vertieft wird, sei zunächst auf die Qualität des Meisterstücks zurückgekommen. Selbstverständlich ist es weder ein nennenswerter Brauch noch eine besondere Gewohnheit, daß die Zunftmeister das ihnen vorgelegte Meisterstück beurteilen. Vor allem aber das 18. Jahrhundert bringt eine Erscheinung zutage, die für das Zunftgeschirr von Bedeutung ist, nämlich die nahezu kontinuierliche Kritik an der Qualität der jeweils gefertigten Meisterstücke. Man muß schlußfolgern, daß das von der Zunft keineswegs vorrangig deshalb erfolgt, um die Kandidaten abzuschrecken und um damit die Konkurrenz in den eigenen Reihen nicht größer werden zu lassen, sondern um der Trink- und Eßlust zu frönen. Notizen in den Zunftbüchern wie ». . . und wegen seiner Mängel das Mstr. Stück zum Vergleich hat er Acht Thaler in die Lade gegeben« sind fast die Regel. »In die Lade gegeben« ist mehr symbolisch gemeint, meist wird das Geld wohl am selben Tag noch verfeiert. Es darf vermutet werden, daß es weitere derartige Gewohnheiten in Verbindung mit der Qualitätseinschätzung gibt, doch direkte urkundliche Belege dafür kennt man kaum. Überhaupt bringt erst das 18. Jahrhundert dank der Lockerung des Zunftzwangs einiges schriftliche Material zu den Handwerksbräuchen mit sich. Die »Heimlichkeiten« des Handwerks bekanntzumachen oder »Aus der Schenke zu schwatzen«, d. h. die Bräuche zu verraten, gehört zu den schlimmsten Sünden./49/ So ist mancher Brauch bestenfalls nur noch dem Namen nach bekannt, und anderes kann nur hypothetisch gedeutet werden.

Recht umfassend sind allerdings die Nachrichten über die Begleitumstände, die generell mit den Morgensprachen der Zünfte, der Gesellen- und Meisterwerdung und der Umschau nach Arbeit verbunden sind. Die Anzahl der Morgensprachen nimmt mit steigendem Wohlstand zu; als »Quartalstage« werden sie oft am 3. Osterfeiertag, zu Johanni (24. Juni), Michaeli (29. September) und am 3. Weihnachtsfeiertag begangen. Zum Ritus dieser Versammlungen wie auch aller anderen Zunftveranstaltungen gehört die »offene Lade«. Das Aufklappen des Deckels der meist
8 gen gehört die »offene Lade«. Das Aufklappen des Deckels der meist
9 kunstvoll gearbeiteten Truhe signalisiert den Beginn, das Schließen im
10 allgemeinen das Ende der Zusammenkunft. Bei offener Lade erhält nicht

/49/ Fuhse, F.: Handwerksaltertümer. – In: Werkstücke aus Museum und Archiv der Stadt Braunschweig. – Braunschweig VII, 1935. – S. 8

nur jede Entscheidung Rechtskraft, sondern jedes Detail der Veranstaltung ist in seinem Ablauf und in seiner Form streng geregelt. Ob beispielsweise ein Krug, aus dem gemeinschaftlich getrunken wird, nach seiner Benutzung durch den Einzelnen nach rechts oder nach links abzusetzen, der Deckel zuzuklappen oder nicht oder ob er weiterzureichen oder auf dem Tisch weiterzuschieben ist, alles das bleibt nicht der Willkür überlassen, sondern ist durch ungeschriebenes Brauchtum bestimmt. Die offene Lade setzt Normen für den Grad des Zorns, den man bei Beschwerden oder Auseinandersetzungen walten lassen darf. Zwingen die Umstände dazu, mit großer Vehemenz zu debattieren, begibt man sich gleichsam dadurch »außerhalb des Protokolls«, daß ein Geldstück in die Lade geworfen oder ein Kleidungsstück darüber gedeckt wird, was als Zeichen zum Schließen der Lade gilt – nun darf man etwas heftiger werden./50/ Den Morgensprachen der Meister entsprechend haben die Gesellen ihre »abendlichen Auflagen« (Schenken). Dafür ist Zinngeschirr erwünscht, das dann stolz als genossenschaftliches Eigentum gekennzeichnet wird; die Lüneburger Zinngießergesellen haben z. B. 1734 einen gemeinsamen Zinnbesitz von etwa 80 Pfund. Auch während der Schenke kann die Lade zeremonieller Mittelpunkt sein, falls der Gesellenbruderschaft eine Lade genehmigt worden ist. Trotz aller Förmlichkeit und manchem gewichtigen Grund für die Zusammenkünfte ist nun mal das kräftige Zechen dabei ein fest verwurzelter Brauch, so daß es sich in den Augen der Obrigkeit um »liederliche und nur zum leidigen Gesöff angesehene Gelage«/51/ handelt. Sicher ist ein solch absolutes Urteil unrichtig. Gelegentlich gehört freilich selbst ein Wettrinken zur Schenke, was deren Verruf gewaltig fördert. Auf welche Art während der Auflagen getrunken werden kann, mag ein Zitat aus dem »Jus potandi« oder »Gemeinen Zechrecht« vom Jahr 1669 zeigen:

Fischer
und Schiffer

»Das Trinken an sich selbst geschieht nun auf viel und mancherlei Weise. Ich aber will nur etliche wenig Umstände diesfalls erzählen und anmelden. Etliche, wenn sie trinken, fassen und heben das Glas mit dem Munde auf; etliche fassen die eine Lippe, damit sie allso mit zur Erde gestürztem Kopf trinken können; andere nehmen zwei Gläser zusammen und trinken sie miteinander zugleich aus. Andere fassen das Glas nicht mit der Hand, sondern zwischen den Arm; andere stürzens an die Stirn, damit also das liebe Getränk allgemachsam an der Nase als in einer Rinne zum Munde zu herabfließe; und bedünket mich, daß bei solcher seltsamen Saufzeremonie diejenigen mit einer sonderlichen praerogativ und Vorteil begabt sind, die da feine große und hereinwärts gekrümmte Nasen, wie ein Habichtschnabel zu haben pflegen.«/52/

/50/ Wissel, R.: Des alten Handwerks Recht und Gewohnheit. Bd. II. – Berlin 1929. – S. 27

/51/ Reinecke, W.: Lüneburger Zinn. (Das Amt der Lüneburger Zinngießer). – Lüneburg 1947. – S. 40

/52/ Kämpfer, F.: Becher, Humpen, Pokale. – Leipzig 1977. – S. 61

Der Ausdruck Glas steht üblicherweise für das Trinkgefäß allgemein. Wie auch von den Meistern wird von jedem Gesellen die Teilnahme an der Schenke erwartet. Bereits 1489 heißt es in der Gesellenordnung der Züricher Messerschmiede:

»welicher och trynkgelt nimpt, der sol an der schencke sin, und er sye daran oder nyt, nichesz dest mynder gancze ürten geben, und die gsellen strafen umb iiij kopf wyn, so oft er sich des wydert«./53/

Hier ist mit »ürte« die Zechgemeinschaft oder das Zechgeld gemeint. Alles in allem stehen die Meister in ihrer Trinkfreudigkeit den Gesellen nicht nach. Mancher setzt sich über seinen Tod hinaus ein kleines Denkmal, indem er testamentarisch die Zunft mit einem gehörigen Quantum Bier und einem kräftigen Schmaus bedenkt, damit der schöne Brauch des fröhlichen Zechens und deftigen Speisens weiterleben möge./54/ Übrigens sind auch die Begräbnisfeierlichkeiten mit einem Festessen verbunden, andererseits ist jedes Zunftmitglied verpflichtet, dem Verstorbenen die letzte Ehre zu erweisen. Wenn die Meister zusammenkommen, hat zwar der Ältermann das Recht, als erster nach der Kanne zu greifen oder den Krug anzusetzen, doch im Mittelpunkt der allgemeinen Aufmerksamkeit steht zunächst der »Germeister«. Das ist jener, der alle Anwesenden mit Getränken und Essen zu versorgen und sich dazu auch beim »Herbergsvater«, dem Herbergswirt, zu versichern hat, daß es an Geschirr nicht mangelt. Schon im 16. Jahrhundert sind wohl für jeden Zunftmeister ein Teller und ein Becher vorhanden. Aus dem Krug wird wegen daran gebundenen Spielen oder Schabernack gern gemeinsam getrunken. »Kannen-Glück« – das ist in alter Zeit ein geläufiger Ausdruck für »großes Glück haben«, der sich von dem Glücksfall ableitet, in einer herumgehenden Kanne gerade noch so viel Getränk zu finden, um seinen Durst zu löschen./55/

Wie Ablauf und Form der Zusammenkünfte sind auch die Tischsitten streng geregelt. Nach einer Tischordnung aus der Mitte des 16. Jahrhunderts ist es untersagt, »mit Würfeln herumzuwerfen, die Zinnteller abzuschaben und zu durchstechen, Messer und Gabeln zu stehlen, sich in die Haarlocken des Nachbarn zu schneuzen, auf den Tisch zu übergeben, den Wirt zu mißhandeln oder gar jemand zu erstechen«./56/

Das Würfeln ist ein recht weitverbreiteter Brauch während des geselligen Teils der Versammlungen. Es wird noch davon zu berichten sein, daß dafür u. a. spezielle Krüge (»Glücksrörken«) benutzt werden. Bezüglich des Sichübergebens heißt es im Statut der Berlin-Cöllner Woll- und Leineweber 1331:

/53/ Lutz, A.: Jünglings- und Gesellenverbände im alten Zürich und im alten Winterthur. – Affoltern 1957. – S. 115

/54/ Hähnsen, F.: Geschichte der Kieler Handwerksämter. – In: Mitteilungen der Gesellschaft für Kieler Stadtgeschichte. – Kiel, Nr. 30, 1920. – S. 60

/55/ Krünitz, J. G.: Ökonomisch-technologische Enzyklopädie, oder allgemeines System der Staats-, Stadt-, Haus-und Land-Wirthschaft. – Berlin 1785. – S. 164

/56/ Vital, D.: Die Churer Zinngießer. – Chur/Bottmingen/Basel 1979. – S. 34

»... wenn einer von ihnen so viel in einer Schenke trinkt, daß er das Getrunkene ausbricht, so gibt er ein kleines Viertel Bier, ein sogenanntes Trageviertel«./57/

Bei derartigen Strafen wundert es nicht, daß die Obrigkeit hinsichtlich des Essens und Trinkens den Zünften Begrenzungen auferlegt.

Der Rat Berlins gestattet 1565 bei Versammlungen der Zunftmeister jedem Anwesenden vier Pfund Fleisch, ein Huhn und eine Schüssel gekochten Essens – und das wird als einschränkende Anweisung deklariert und von den Meistern auch so verstanden! Es versteht sich, daß die Zünfte kaum von sich aus die Gewohnheit zu reichhaltigen Gelagen einschränken, wenn das nicht die fehlenden Mittel erforderlich machen. Eine Reduktion der Kosten für Festlichkeiten, wie sie z. B. 1670 von der Londoner Zinngießer-Kompagnie verfügt wird, muß im Zusammenhang mit der sich bereits andeutenden Auflösung gesehen werden.

Als Kurfürst Georg Wilhelm 1636 in Berlin den blauen Montag verbietet, fügt er dem Erlaß hinzu:

»... Andere gewöhnliche und ehrliche Zusammenkünfte aber können Wir ihnen wohl gönnen, nur daß sie bei denselben gute Bescheidenheit gebrauchen, Ordnung halten und keinen Überfluß in Fressen und Saufen vorgehen lassen, auch sich ein jeder in Zeiten und in der Stille wieder nach Hause an seinen Ort verfüge.«/58/

Die Sorge des Kurfürsten um Stille auf den Straßen wird sicher dann besonders groß sein müssen, wenn einem Brauch gefolgt wird, der im 17. und 18. Jahrhundert einen gewissen Höhepunkt erreicht, nämlich das Feiern beim Verlegen der Herberge. Dabei wird der Zug der Handwerker dermaßen fröhlich »über die Gasse gegeigt«,/59/ daß der Vorgang als bedeutendes Ereignis in den Ortschroniken festgehalten wird. So sind aus dem 18. Jahrhundert entsprechende Feierlichkeiten z. B. bekannt von den Nürnberger Drechslern (1700) und Schuhmachern (1799), den Lübecker und Bamberger Schreinern (1725 bzw. 1732), den Zittauer Bäkkern (1752) und Tischlern (1754) sowie den Altonaer Bäckern (1761). Ein Zug der Zunftangehörigen formiert sich übrigens auch, wenn nach der Wahl eines neuen Obermeisters die Lade feierlich in dessen Haus überbracht wird.

Nicht nur die jeweilige Zunft, sondern die ganze Stadt bewegt es, wenn jährlich jene Feste begangen werden, die mit einem bestimmten Datum verbunden sind, z. B. mit dem Neujahrs- oder dem Johannistag. Den Weg in das »nüw ingend Jor« treten die Baseler Zünfte gemeinsam an, entweder direkt am »achtesten Tag« nach Weihnachten oder am »St. Bechtentag«, dem Tag des heiligen Bechtold (2. Januar)./60/ Der

/57/ Schneider, W.: Berlin. Eine Kulturgeschichte in Bildern und Dokumenten. – Leipzig/Weimar 1980. – S. 62, 118

/58/ Schneider, W.: Ebenda.

/59/ Pichler, F.: Die obersteirische Bierbrauerzunft, ihre Zunftordnung und ihre Handwerksprotokolle. – In: Mitteilungen des Steiermärkischen Landesarchivs. – Graz 11 (1961). – S. 58

/60/ Wanner, G. A.: Zunftkraft und Zunftstolz. – Basel 1976. – S. 40

24. Juni, der Geburtstag Johannes des Täufers, wird als Sonnenwendefest schon in vorchristlicher Zeit gefeiert und bringt schon von daher Bräuche mit sich (z. B. die Johannisfeuer), die auch von den Zünften aufgegriffen werden. Bis in die Neuzeit feiern die Züricher Zünfte das »Sechseläuten«, was auf alte, mit der Musterung wehrfähiger Bürger verbundene Zunftbräuche zurückgeht /61/ und am Montag nach dem 16. April stattfindet. Nachdem abends sechs Uhr die Feierabendglocken über der Stadt ertönen, versammelt man sich auf allen Zunftstuben zur Festmahlzeit. Feste und Umzüge bringen zumindest immer einen Teil des Zunftzinns zur Geltung; manches davon wird feierlich an der Spitze des Zuges getragen. Weil sich die Feierlichkeiten dermaßen häufen, macht es die kurfürstliche Regierung in Bayern 1782 den Zünften zur Pflicht, die Anlässe zu nutzen, »wo ohnehin ein Handwerk gehalten zu werden pflegt«,/62/ also das Aufdingen der Lehrlinge, das Freisprechen der Gesellen, die Meisterpromotionen usw.

Fleischhauer

Es ist bereits wiederholt darauf verwiesen worden, daß auch bei sehr amtlichen Verrichtungen herzhaftes Essen und Trinken gebräuchlich ist. »Bergelt« (Biergeld) heißt vielsagend in Norddeutschland jene Gebühr, die beim Einschreiben eines Lehrjungen an die Zunft zu zahlen ist. Wenn nach einigen Jahren die Lehre beendet ist, schließt sich dem offiziellen Freisprechen das »Gesellenmachen« an. Das ist ein Brauch, der wohl nirgends im Sinne einer Vorschrift fixiert ist, der aber im Verständnis der meisten Handwerker erst richtig den Übergang des Lehrlings zum Gesellen besiegelt. Was unter dem Gesellenmachen zu verstehen ist, drückt sich u. a. in den grollenden Sätzen des Pastors Christian Gerber in seinen »Unerkannten Sünden der Welt« (1609) aus:

»Bedenkt doch ihr Kinder, was das vor schreckliche Dinge sein! ... Zu geschweigen sie diese Art Gesellen zu machen auch wider christliche Liebe und Ehrbarkeit ist, in dem sie den Gesellen als einen Narren traktieren, sehr übel vexieren, stoßen, zerren, werfen, naß machen, mit einem schimpflichen Namen belegen, endlich vollsäufen und an seiner Gesundheit Schaden zufügen.«/63/

Für das Traktieren der jungen Gesellen gibt es die unterschiedlichsten Namen. So wird z. B. bei den Hammerschmieden »geweiht«, bei den Tuchmachern »getauft«, bei den Buchdruckern »deponiert« bzw. seit dem 19. Jahrhundert »gegautscht«, bei den Bindern »geschliffen« usw. Es wird noch darauf zurückzukommen sein, daß besonders große Zunftkannen als »Schleifkannen« bezeichnet werden und manche diese Bezeichnung vom »Schleifen« ableiten. Entsprechendes gilt für die »Hänselbecher« – auch der Ausdruck »Hänseln« ist für das Traktieren

/61/ Isenberg, H.: Altes Brauchtum im Handwerk. – Münster (o. J., 1936). – S. 51

/62/ Freudenberg, E. zu, Mondfeld, W. zu: Altes Zinn aus Niederbayern. Bd. I – Regensburg 1982. – S. 56

/63/ Gröber, K.: Alte deutsche Zunftherrlichkeit. – München 1936. – S. 18

geläufig. Es sei jedoch betont, daß es wie schon bezüglich der Schleifkannen verschiedene Deutungen der Bezeichnung gibt, worüber an anderer Stelle zu berichten sein wird.

Das von Pastor Gerber geschmähte Naßmachen muß durchaus nicht mit Wasser erfolgen, auch edler Wein ist dafür nicht zu schade. Beispielsweise heißt es 1769 in einer Verordnung des Linzer Landes-Hauptmanns Christoph Graf und Herr von Thürheim:

»Es haben Ihre Keiserl. Königl. Apostol. Majestät unterm 7ten Octobris anhero rescribiren zu lassen allergnädigst geruhet, wasmassen hervorgekommen seye, daß die Zinngießer-Gesellen bey Freysprechung eines Zinngießer-Jungs denselben untereinander auch erst freyzusprechen und ihres Orts zu einem Gesellen mit der Ungebührlichkeit zu machen pflegten, daß sie nemlich demselben Wein über den Kopf gießen, und, da er über einen Stuhl springen muß, ihme einen Backenstreich versetzen, endlichen aber nach bezahlter auf 10 und 12 fl. sich erstreckenden Unkösten ein Attestatum, daß er ein tüchtiger Gesell seye, zu seinem weiteren Fortkommen ertheilen, ohne welchen derselbe in der Fremde nicht fortkommen könne . . .«./64/

Formschneider

Wenn auch die Flüssigkeiten beim Gesellenmachen die Hauptsache sind, so wird doch auf gutes und reichliches Essen nicht verzichtet. Die Gewohnheit, den »Gesellenbraten zu verschenken«, zahlt die Brüderschaft sogar aus der eigenen Kasse, falls der Kandidat sich bei den geistigen Getränken großzügig gezeigt hat.

Besonders strenge Bräuche sind mit der Ankunft eines arbeitssuchenden Gesellen verbunden. Nicht nur bereits während der Begrüßung in der Herberge und der anschließenden Umschau des Altgesellen, sondern vor allem bei der mit dem Einschreiben verbundenen abendlichen »Zech«/65/ hat der Neuankömmling vor den zusammengerufenen Berufskollegen zu beweisen, daß er der entsprechenden Zunft entstammt und sich in Handwerkssitte und -gewohnheit auskennt. Wehe, wenn er während des sich entwickelnden Frage-und-Antwort-Spiels einen Fehler begeht – das kostet manche Runde und verlängert die Prozedur. Daß mitunter nicht die gebräuchliche Formulierung gefunden wird, liegt wohl am wenigsten an den zwischendurch nach komplizierten Vorschriften zu leerenden Krügen und Bechern oder an zu kräftigen Schlucken aus dem Willkomm-Pokal, sondern mehr an der Gedächtniskraft des Wandergesellen.

Die Stadt Zürich sieht sich im 17. Jahrhundert veranlaßt, das Zurückweisen einfältiger Gesellen, die bei der Arbeitssuche die Handwerkersprache nicht beherrschen, zu verbieten./66/ In Zürich wird übrigens

/64/ Vetter, R. M., Wacha, G.: Linzer Zinngießer. – Wien/München 1967. – S. 70

/65/ Schmidt, L.: Zunftzeichen. – Salzburg 1973. – S. 244

/66/ Lutz, A.: Jünglings- und Gesellenverbände im alten Zürich und im alten Winterthur. – Affoltern 1957. – S. 117

die Anstellung eines Gesellen bei einem Meister durch den »Weinkauf«, durch das gemeinsame Trinken von Bier oder Wein, rechtskräftig – eine Sitte, die verbreitet zum Besiegeln eines Geschäftsabschlusses genutzt wird.

In Verbindung mit der Meisterwerdung der Gesellen ist von einem Brauch zu berichten, der zu den ungeschriebenen Gewohnheiten gehört, das »Unschenk machen lassen«. Dahinter verbirgt sich die Verabschiedung von der Gesellenbrüderschaft. Wie wichtig das genommen wird, zeigt folgende Begebenheit:

Der Gmünder Zinngießer Christoph Müller beschwert sich 1740 über seinen Berufskollegen Caspar Emer, weil dieser einen Lehrjungen genommen habe, jedoch den Gesellenstand nicht aufgegeben hätte, »als ein Schenkgesell sich nicht Unschenk machen lassen« und auch nicht zwei Jahre »stille gestanden« habe. Der Gmünder Rat wendet sich an die Reichsstadt Augsburg, um zu erfahren, wie zu entscheiden sei. In Gmünd erfährt man nun, man habe sich mit den Geschworenen der Augsburger Zinngießer beraten, und danach wäre keine Wartezeit vorgeschrieben, bis ein Meister einen Lehrjungen haben dürfe. »Was aber die Aufgebung des Gesellenstandes anlange, so werde einem angehenden Meister der Meisterschein nicht erteilt, bevor er sich nicht Unschenk machen lassen und seinen Gesellenstand aufgegeben, so mit Erlegung eines Talers an die Gesellschaft geschehen und seit undenklichen Jahren hier üblich sei.«/67/

Um sich Unschenk machen zu lassen, wird natürlich mehr Geld benötigt als der amtlich eingestandene Taler. Man muß bei solchen Mitteilungen bedenken, daß kurze Zeit vorher, am 16. August 1731, von Kaiser Karl VI. ein Reichsabschied wegen »Abstellung deren bey denen Handwercken Eingeschlichenen Mißbräuche« unterschrieben worden war, in dem es im Artikel VII heißt:

»Ingleichen und weilen man befunden, daß mehrmahlen bey dem Aufdingen und Ledigzehlung der Lehr-Jungen, wie auch bey den Schenken der Handwercks-Gesellen, als welche bey theils Handwerckern mit keinem freiwilligen Geschenck zufrieden, sondern nach ihrem Gefallen mit kostbaren und gewissen Speisen von den Meistern versehen seyn wollen, sodann bei der Meister und Gesellen Auflags-Geldern und Bestrafungen, auch in andere Wege große und beschwerliche Übermaße gebraucht werde: Als sollen dergleichen Exzesse gäntzlich abgeschafft seyn, die unentbehrliche Aufding- Lehr- und Loszsprech- nicht minder Meister- Rechts- Kosten aller Orten von der Obrigkeit so viel möglich auf ein gewisses gesetzet, und zu jedermanns Nachricht publiciret . . .«./68/

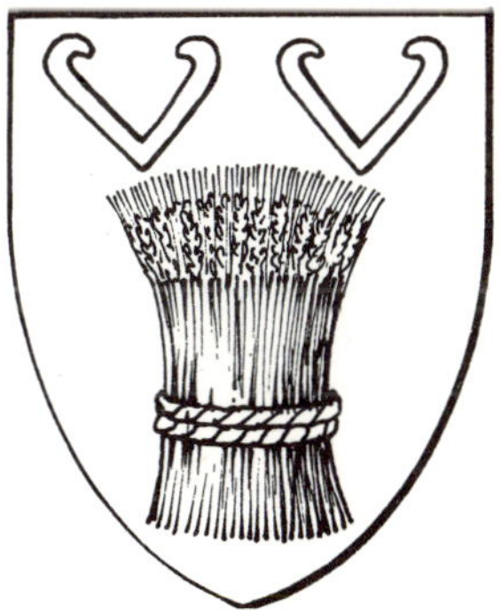

Futterer

/67/ Klein, W.: Gmünder Kunst. Bd. II. – Stuttgart 1922. – S. 27

/68/ Wissel, R.: Des alten Handwerks Recht und Gewohnheit. Bd. I. – Berlin 1929. – S. 561

Der Reichsabschied, 1732 um die »Handwerkssatzung« für Wien, Nieder- und Oberösterreich ergänzt, ändert zwar kaum etwas an den Gewohnheiten in den Zünften, doch vor diesem Hintergrund muß man die Stellungnahmen der Stadträte gegenüber allen Festgelagen sehen.

Was die Amtskost dem jungen Meister für Aufwendungen abverlangt, ist schon angeklungen. Hier sei nochmals auf diesen Brauch lediglich mit einem Satz aus der Amtsrolle der Wismarer Zinngießer von 1585 verwiesen, der die Unmäßigkeit des Trinkens anzeigt:

»Wenn er das Meisterstück aufweiset, so soll vndt muß er geben Ein Stübcken Wein vndt drei Gerichte, vndt an Biere so viele alß an demselben Abendt gedruncken wird.«/69/

Das wichtigste Zunftgefäß für das Trinken während des Schmauses zur Meisterpromotion ist der Willkomm, der in den meisten Fällen als Pokal geformt ist. Es versteht sich, daß an der Tafel noch vielerlei anderes Zinngeschirr benötigt wird. Wie noch deutlich werden wird, ist davon aber nichts so sehr hinsichtlich seiner Handhabung durch Brauchtum bestimmt wie der Willkomm-Pokal. Vor allem in den Gesellenbruderschaften gibt es eine Fülle strenger Regelungen für seine Verwendung, angefangen von der Lossprechung über die Einschreibung neuer oder fremder Gesellen bis hin zum Brauch des »Namen verschenken«. Das Verschenken des Gesellennamens ist die Gewohnheit z. B. der Tischler-, Kupferschmiede- oder auch Nagelschmiedezünfte, dem neu in die Bruderschaft aufgenommenen Gesellen scherzhaft einen neuen Namen zu geben und das mit allerlei Zeremoniell zu verbinden.

Gärtner

/69/ Warncke, J.: Die Zinngießer zu Lübeck. – Lübeck 1922. – S. 31

ORNAMENTIK UND HERALDIK AUF ZUNFTZINN

Manches Zinngerät zeigt bereits durch seine Formgebung, daß es hauptsächlich oder sogar ausschließlich für den Gebrauch innerhalb des Zunftwesens bestimmt ist, z. B. die Willkomm-Pokale, die spezifischem Handwerkszeug nachgebildeten Trinkgefäße, die Schleifkannen oder auch die Zunftzeichen. Das sind jene Schilde, die vor der Herberge oder über dem Stammtisch hängen und davon künden, welche Zunft hier ihre Heimstatt hat. Trotz der schon durch die Form ausgedrückten Bindung an den Zunftbrauch haben meist selbst diese Zinne ornamentale oder heraldische Verzierungen, die nicht bloß zum Schmuck des jeweiligen Gegenstandes dienen, sondern dessen zünftige Funktion bekräftigen. Teller, Schüsseln, Krüge, Becher, Leuchter usw. geben sich überhaupt nur durch ihre Ornamentik bzw. Heraldik als Zunftzinn zu erkennen. Wegen dieser besonderen Bedeutung der Verzierungen sollen sie in einem gesonderten Abschnitt erörtert werden. Die Thematik ist freilich nicht einmal annähernd erschließbar, wenn der Rahmen des Buches beibehalten werden soll. So ist hier von vornherein eine gewisse Auswahl zu treffen. Es kann wohl nicht darauf verzichtet werden, zunächst knapp über allgemeine Techniken zu berichten, die bei der Bearbeitung und Gestaltung der Oberflächen des Zinngerätes üblich sind. Danach werden Inschriften und Handwerkerwappen auf Zunftzinn unter generellen Gesichtspunkten betrachtet – besonders informative oder mitunter auch kuriose Texte auf einzelnen Zinnen werden in den entsprechenden Abschnitten vorgestellt. Schließlich sollen die figürlichen und reliefierten Verzierungen interessieren, die gelegentlich wenigstens teilweise auch heraldischer Natur sind. Zu jenen Figuren, die häufig auf Zunftzinn vorkommen, wird die Deutung ihres Symbolgehaltes versucht. Freilich ist dabei zu bedenken, daß wahrscheinlich oft nur eine zufällige Vorliebe für ein Motiv, das ästhetische Empfinden oder ähnliches für die Nutzung ausschlaggebend gewesen ist, allegorische Absichten also nicht immer bestimmend waren.

Arten und Techniken der Verzierung

Die mattglänzende, unverzierte Oberfläche eines Zinngeräts hat zwar zu allen Zeiten gefallen, aber auch zum Auftragen von Ornamenten verlockt. Bis weit in das 15. Jahrhundert hinein wird jedoch das Metall als so wertvolles Material empfunden, daß kaum jemand versucht, das Wohlgefallen durch besondere Verzierungen weiter zu erhöhen. Von nun an gehen allerdings künstlerisch begabte Zinngießer daran, mit aufwendigen Verfahren »Edelzinn« zu schaffen, das sich gegenüber dem Gebrauchszinn durch Häufung von schmückenden Elementen auszeichnet und vorrangig eine Prunkfunktion zu erfüllen hat. Doch auch das Gebrauchszinn bleibt von der allgemeinen Entwicklung nicht unberührt. Mit der generell einsetzenden Verbürgerlichung des Ornaments wird eine Technik eingeführt, die relativ leicht erlernbar ist – das Gravieren – und die auch durchaus zinngemäß erscheint. Als z. B. in etwas späterer Zeit in Genf ein Gesetz zu kostbare Dekoration für alle zinnernen Geschirre verbietet, werden Gravuren nicht ausdrücklich mißbilligt. /1/ Daß allerdings selbst durch das Gravieren kostbare, d. h. künstlerisch hochwertige Arbeiten geschaffen werden können, zeigt sich an den schlesischen Schleifkannen, auf die an anderer Stelle noch näher einzugehen sein wird.

In der Umgangssprache der Zinngießer wird das Gravieren als »Stechen« bezeichnet. Die gängigen Ornamente haben die Meister als Zeichnungen oder gedruckte Ornamentvorlagen in ihren Werkstätten vorliegen, ansonsten zeichnen sie das gewünschte Muster oder die vereinbarte Inschrift auf Papier vor. Nachdem nun das Gebilde auf dem zu stechenden Gegenstand probeweise aufgelegt worden ist, um die gefälligste Plazierung für die Gravur zu finden, wird die entsprechende Stelle mit einer dünnen Schicht Wachs oder Firnis versehen. Anschließend bringt man das Papier mit der Zeichnung auf den präparierten Bereich und zieht mit einem stumpfen Griffel die Linien der Zeichnung nach. Damit dieses Durchpausen einen möglichst deutlichen Abdruck auf dem Zinn hinterläßt, wird die Papierrückseite gern mit Rötelstein eingefärbt. Den Abdruck vertieft der Meister mit einem spitzen Reißstift so weit, daß die Zeichnung bereits leicht im Zinn eingeritzt ist. Selbst wenn sich bei der nun folgenden Arbeit mit dem Grabstichel Wachs oder Firnis lösen, liegt so eine brauchbare, originalgetreue Skizze vor. Mit steigender Hand-

/1/ Brown, J. R.: Das Zinngießerhandwerk der Schweiz. – Solothurn 1930. – S. 84

fertigkeit kann das Verfahren auch durch unmittelbares Aufskizzieren des Ornaments auf das Zinngerät mittels Blei- oder Rötelstift oder auch mit dem Reißstift verkürzt werden.

Das Gravieren in Form durchgezogener Linien verlangt eine sichere und gefühlvolle Hand. Da manches Zunftzinn (z.B. die Zunftzeichen oder die Willkomme) nicht als Massenware gefertigt, ja sogar ein Unikat ist, kann eine mißratene Gravur nicht einfach auf einem vorrätigen anderen Stück erneuert werden. Wenn die Konzentration fehlt oder die Handfertigkeit noch nicht groß ist, kann der scharfe Grabstichel schnell einmal über das Ziel hinausschießen und eine tiefe unpassende Linie hinterlassen. Deshalb bemühen die Zinngießer mitunter spezielle Graveure oder Goldschmiede mit der Arbeit. Wohler ist ihnen aber, als sich allmählich vom 16. Jahrhundert an eine etwas andersartige Technik, das »Flecheln« (»Fleckeln«, »Wackeln«) entwickelt.

Arbeitsvorbereitend gilt für das Flecheln dasselbe wie für die Strichgravur. Die bedeutende Erleichterung für den Ausführenden besteht aber darin, daß ein Flachstichel mit leicht wackelnden Bewegungen über das Zinn geführt, der bisher scharf begrenzte Strich also in eine etwas breitere Zickzacklinie aufgelöst wird. Da so jeweils nur sehr kurze Späne abgehoben werden müssen, ist diese Technik auch von weniger Geübten gut zu meistern. Ähnlich verhält es sich mit dem »Körnen« (»Sticheln«), das eine punktierende Strichführung ergibt, die aber weniger wohlgefällig wirkt.

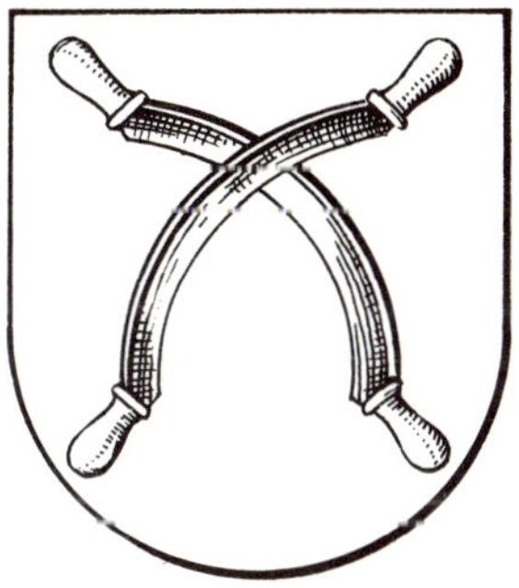

Gerber

Schon während der Renaissance bedienen sich die Zinngießer der Punzeisen, um bestimmte Muster zu erzeugen. Die stabförmigen Eisen werden vom Pitschierstecher geliefert, der das Negativbild eines bestimmten Ornaments in das Eisen eingräbt. Die gewünschte Verzierung kommt dann durch fortlaufendes Punzen, d.h. durch Einschlagen des Musters auf dem Zinn zustande. Manche Werkstatt verfügt über annähernd hundert solcher Punzeisen mit den unterschiedlichsten Gebilden. So werden selbst Pferde, Löwen und Adler oder Kronen und Helme eingepunzt./2/ Am beliebtesten jedoch nicht nur zur Verzierung der Zunftzinne sind Halbkugeln, Rosetten, Lilien, Akanthusblätter und Palmetten. Halbkugeln zieren oft die umlaufenden Friese der Tellerfüße von Leuchtern oder auch der Willkomme des 19. Jahrhunderts. Den halbkugeligen Punzierungen entspricht bei der Schnitzornamentik auf Holz der »Nagelstich«; selbst hier wird übrigens die Technik mittels eines Hohleisens praktiziert. Rosetten, Lilien und Akanthusblätter schmücken u.a. den Rand von Krug- und Kannendeckeln. Insbesondere das Akanthusblatt (ein Blatt ohne Stiel mit gebuchtetem Rand) findet sich etwa um

/2/ Jesse, W.: Eine alte brandenburgische Zinngießerwerkstatt im Städtischen Museum. – In: Niederdeutsche Zeitschrift für Volkskunde. – Bremen 20 (1942). – S. 63

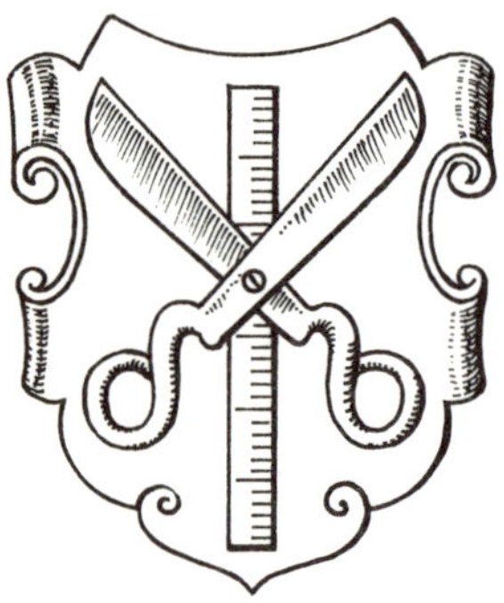

Gewandschneider

1550 als reliefbildendes Ornament, im 17. Jahrhundert ist es häufig mit Barockblumen (Anemonen, Tulpen, Nelken, Narzissen) kombiniert. Die Palmette, ein fächerförmiges pflanzliches Ornament, taucht um 1800 herum oft als Reliefborte auf Trinkgerät der Zünfte auf.

Im Unterschied zu Messing oder Kupfer ist das Zinn zu weich und reißt zu leicht, um es durch Treiben verzieren zu können. Gelegentlich verfügt freilich die eine oder andere Zunft über einen »Krapfenteller«, der durch Treibarbeit gewonnen wird. Es handelt sich dabei um einen Teller, dessen Mittelteil (»Spiegel«) über einen Amboß halbkugelartig zu einem »Gupf« herausgetrieben worden ist. Häufiger vorkommend und deutlicher auf ornamentale Wirkung ausgerichtet ist das Repoussieren, das auf eine gewisse Weise als Treibarbeit angesehen werden kann. Beim Repoussieren wird danach gestrebt, auf dem gewölbten Gefäßkörper z. B. eines Kruges, einer Kanne oder auch auf einem Leuchterschaft eine Art Rippen aufzuhämmern. Dazu nutzt der Zinngießer Hohl- und Gradmeißel. Die Verzierungstechnik wird schon seit Anfang des 17. Jahrhunderts praktiziert, ihren Höhepunkt hat sie während des Rokoko.

Nicht zu verwechseln mit dem Treiben über einem Amboß oder mit dem Hohl- und Gradmeißel ist die Technik des geschlagenen Zinns. Dabei geht es darum, eine bestimmte Fläche mit Hammerschlägen so zu bearbeiten, daß durch die Abdrücke eine Ornamentik gebildet wird. Obwohl derart durchaus reizvolle Muster entstehen können, ist das Schlagen von Zinn mehr auf die Erhöhung der Gebrauchstüchtigkeit (durch das Hämmern vergrößert sich die Festigkeit) als auf die Verzierung ausgerichtet. Weil die französischen Zinngießer es zeitweilig besonders gut verstehen, beide Effekte zu verbinden, werden sie gelegentlich auch als »batteurs d'etain« (»Zinn-Schlager«) bezeichnet. /3/ Die Technik des geschlagenen Zinns wird außer in Frankreich noch in den Niederlanden häufiger ausgeübt. Nicht allzu große Bedeutung für das Zunftzinn haben jene Verzierungsarten, die im 16. Jahrhundert zu den reliefierten Edelzinnen führen – das Gravieren oder Ätzen des Negativbildes der Ornamentik in die messingne Gießform bzw. das Ätzen des aus der Gießform kommenden Stücks. Vor allem das Aufätzen eines Dekors auf das Zinn ist wegen seines unikalen Charakters kostspielig und für die Zünfte im allgemeinen nicht erschwinglich. Die beliebtesten der in die Gießform mit dem Grabstichel eingeschnittenen Ornamente sind neben dem bereits erwähnten Akanthusblatt die Arabeske, die Groteske, die Maureske und das Maskaron sowie Figurenbilder mit Szenen aus der Bibel, der antiken Mythologie oder zeitgenössischen Allegorien. Im Umgang mit der Arabeske (einem symmetrischen Flächenornament aus sti-

/3/ Massé, H. J. L. J.: Chats on Old Pewter. – New York 1971. – S. 80

lisierten Ranken und Blättern, die zuweilen mit Köpfen, Tieren und Bändern gekoppelt sind) beweisen die Lyoner Zinngießer, an ihrer Spitze Rollin Greffet, hervorragende Meisterschaft. Das gilt annähernd auch für die Groteske (ein ähnlich der Arabeske gestaltetes Ornament, dessen Elemente »grotesk« verbunden sind), die u.a. durch den als Kunsthandwerker berühmten Meister François Briot aus Montbéliard aufgegriffen wird. An der Maureske (ein abstraktes Rankenwerk) und dem Maskaron (eine ornamental umrahmte Maske) versuchen sich des öfteren deutsche Zinngießer. Insbesondere die sächsischen bedienen sich darüber hinaus im 16. und 17. Jahrhundert der Reliefplaketten des Nürnberger Ornamentzeichners und Formstechers Peter Flötner, um sie durch Abguß über eine Gipsform in Zinn zu fertigen und anschließend auf Krüge und Kannen aufzulöten. Als herausragendes Beispiel für die überzeugende
148 Brauchbarkeit dieser Methode sei die im Bild wiedergegebene prächtige Zunftkanne aus der Werkstatt des Zittauer Meisters Paul Weise erwähnt.

Die Technik des An- und Auflötens wird in nicht unbeträchtlichem Ausmaß beim Anbringen von Messingverzierungen verwendet. Ausgußröhren und Hähne, Griffe und Füße fertigt man zur Zierde gern aus Messing und lötet sie an das Zinngerät an. Messingstreifen dekorieren viele Zunftzinne, vor allem natürlich die der Gelbgießer. Sie werden zuweilen so geschickt aufgelötet und sind so hauchdünn, daß sie wie Einlegearbeiten wirken. Natürlich ist das Geschick der meisten Zinngießer groß genug, auch echte Einlegearbeiten herzustellen; sogar Zunftkrüge mit entsprechenden Ornamenten aus Kupfer kommen aus mancher Werkstatt. Einer Art Zinn-Intarsia auf Holz begegnet man bei den »Lichtenhainer Krügen«. Es wird noch darauf einzugehen sein, daß auch derart verzierte Krüge zum Besitz mancher Zünfte gehören.

Schließlich soll erwähnt werden, daß Zinn zur Zierde lackiert und sogar vergoldet wird; unter den Zunftzinnen finden sich jedoch kaum solche Arbeiten, die wohl auch nicht sonderlich ansprechend sind. Die Pewterers Company in London hat im 16. Jahrhundert das Vergolden von Zinn mit Ausnahme kleiner, als repräsentative Geschenke vorgesehener Stücke ihren Mitgliedern sogar ausdrücklich verboten./4/

Glaser

/4/ Massé, H.J.L.J.: a.a.O. S. 127

Inschriften und Wappen

Die Inschriften auf Zunftzinn tragen nicht allein nur informativen Charakter, sondern haben zugleich auch eine meist gewollte dekorative Wirkung. Damit sind sie gleichsam ein sprechendes Ornament. So wie allgemein in der Schriftornamentik zwei Richtungen eingeschlagen werden können, um die Wirkung auszuprägen, gilt das auch für Inschriften auf Zunftzinn – entweder das Verbinden mit dekorativen Zutaten oder die Ornamentierung von Buchstabenteilen./5/ Die erstgenannte Variante findet sich auf Zunftzinn am häufigsten, und zwar indem die Schrift von einer Kartusche oder einem Medaillon umrahmt wird. Aus dem 15. und 14
16. Jahrhundert ist andererseits eine nicht unbeträchtliche Anzahl von Kannen und Krügen bekannt, wo die Schrift nicht nur durch die Einordnung in ein ornamentales Gesamtgefüge betont wird, sondern vor allem ornamental geprägt ist. Hervorragendes Zeugnis dafür geben die Inschriften in Minuskeln (Kleinbuchstaben) auf den böhmisch-mährischen Zunftkannen und -krügen jener Jahrhunderte.

Die Entschlüsselung der in Minuskeln fixierten Textbotschaften ist nicht immer einfach. Das mag durch lokale Besonderheiten der Sprache oder auch durch Fehler des Graveurs bedingt sein, der ja häufig genug schreibunkundig ist. Vorstellbar ist aber auch, daß man bewußt bestimmte Aussagen in der Schriftsprache veränderte (z.B. Abkürzungen festlegte oder formelhafte Wendungen vereinbarte), um sich vor Kenntnisnahme durch Außenstehende zu schützen. Völlig unüblich ist jedenfalls ein Phänomen, mit dem eine 1549 datierte Schleifkanne einer Tuchmacherzunft versehen ist – die Übersetzung der sich in kreuzenden Bändern aufgetragenen gotischen (gebrochenen) Minuskelschrift »verbum / dom / in manet in aeter« in die deutsche Sprache und das Einschlagen des übersetzten Textes auf den Deckelrand. Auch wenn hier nichts Geheimnisvolles im Spiel ist, hat man die Übersetzung sicher erst in späterer Zeit von fremder Hand hinzugefügt: »Gottes Wort bleibt in Ewigkeit Amen.«

Natürlich sind die Zünfte um göttlichen Segen sehr bemüht. Das in ihrer Vorstellung segenbringende und schützende Jesus- (IHS) und Maria- (MARIA) Monogramm gehört deshalb zu den häufigen Inschriften. Für die Buchstabenfolge IHS ist übrigens wie für manche andere sinnbildhafte Symbolik die mehrfache Umdeutung bezeichnend, z.B. als »Jesus Hominum Salvator« (Jesus, der Menschen Heiland), »Jesus

/5/ MEYER, F.S.: Systematisch geordnetes Handbuch der Ornamentik. – Leipzig 1927. – S. 577

GOTFRIT MENTZEL
Von GÖRLITZ

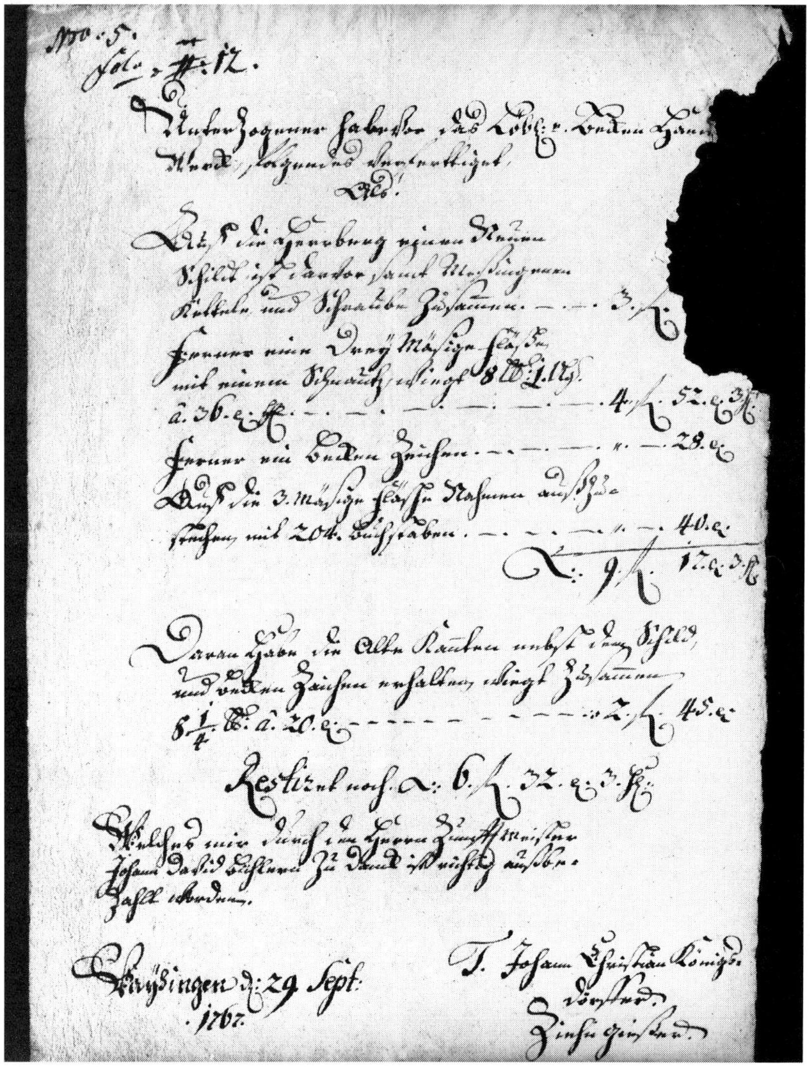
No. 5.

Vayhingen d: 29 Sept. 1767.

12

13

12 Rechnung für eine »Drey mäßige Flasche«, in der u. a. das Aufstechen von Namen besonders ausgewiesen ist; 1767 Städtisches Museum, Vaihingen/Enz

13 Kachel mit der Darstellung eines Zinngießers und eines Töpfers;
2. Hälfte 15. Jh., 21,5×22 cm
Městské muzeum a galerie, Čáslav

14 Charakteristische ornamentale Inschrift auf der Kartusche eines Kruges; 1695
Victoria and Albert Museum, London

Eines Ersamen
Handwerckhs der
Maurer Und Zimerleith
In Marckh Schnaittach
Anno.
1695

15

15 Kreuzmotiv auf dem Innenboden eines Doppelbechers (s. Abb. 39); D. 3,5 cm

16 Löwe als Wappentier von Vaihingen/Enz auf einer Rohrkanne der einheimischen Bäckerzunft; 1767, H. der Kanne 36,7 cm
Städtisches Museum, Vaihingen/Enz

17 Adam-und-Eva-Motiv auf der Kartusche eines Willkomm-Pokals der Töpfer; 1708
Museum für Geschichte der Stadt Leipzig

16

17

18 Aus fünf Zinntafeln bestehendes Buch mit Namen der Bürgermeister, Zunftmeister, Ratsherren und städtischen Beamten Zürichs; 1654, H. 14,3 cm Schweizerisches Landesmuseum, Zürich

19 Wappen der Lüneburger Zinngießerzunft; 1770, 35,5×43 cm Museumsverein für das Fürstentum Lüneburg

18

19

20

21

20 Löwe als Schildhalter auf dem Deckel eines Willkomm-Pokals (s. Abb. 22)

21 Löwe als Fußfigur an der Vorderseite eines Facettenkruges (s. Abb. 220)

22 Willkomm-Pokal mit charakteristischem Kartuscheschild auf dem Deckel, das von einem Löwen als Schildhalter gestützt wird; 1628, H. der Kartusche 9 cm
Privatbesitz

DER FISCHER
16 78
MEISTER IHREN GESELLEN
ZUR ZEID
ALLES
MIT
BEDACHT
1793
Handwerck
hat
goldenen
Boden
1790

23 Löwe als Schildhalter auf einem Gestaltgefäß, der eine Kartusche mit einer Löwengravur hält; um 1700
Severočeské muzeum, Liberec

24 Krug einer Schneiderzunft mit bekrönender Löwenfigur und eingravierten Personen in zeitgenössischer Tracht; 1587,
H. 45 cm
Vogtlandmuseum Plauen

25 Puttenfüße an einer Schleifkanne der Tuchmacher; 1738,
H. der Füße 6 cm
Museum des Kunsthandwerks, Leipzig

24

23

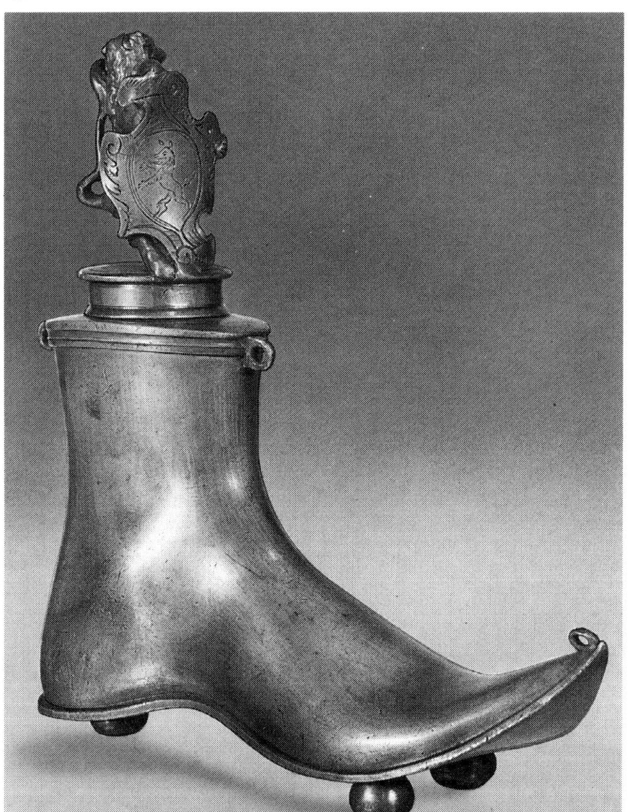

25

26

27

26 Delphinartige Ösen am Leib und Pinienzapfen als Deckelfigur auf einem Willkomm-Pokal der Schreiner und Schlosser; 1777, H. des Willkomms 37,5 cm Museum des Kunsthandwerks, Leipzig

27 Delphinartige Ösen an einem Willkomm-Pokal der Tuchmacher; 18. Jh., H. des Willkomms 44,5 cm Gedenkstätte Crimmitschauer Textilarbeiterstreik, Crimmitschau

28/29 Putten als figürliche Ornamentik in Verbindung mit Kartuschen (Abb. 151)

28

29

30 Zur Figur eines Hundes verlängerte Deckelkrügge auf einer Kanne der Küferzunft in Sitten/Schweiz; um 1680, H. der Kanne 41,7 cm
Staatliche Museen zu Berlin, Kunstgewerbemuseum

31 Figürliche Ornamentik in Form von Drachen auf der Schleifkanne der Schuhmacherzunft von Göllnitz (Gölnicbanya); 1524, H. der Kanne 54 cm
Magyar Nemzeti múzeum, Budapest

31

32 Hahnküken in Lilienform an einem Weinkühlgefäß; 1. Hälfte 18. Jh., H. des Gefäßes 58 cm
Stadtamt Rottenmann

33 Gestaltgefäß einer Hutmacherzunft mit entsprechender figürlicher Ornamentik; 1853, H. 19 cm
Kulturhistorisches Museum, Rostock

33

32

34 Deckelkrügge in Form eines Zylinders auf dem Walzenkrug einer Hutmacherzunft; 1832, H. des Kruges 27 cm
Österreichisches Museum für Volkskunde, Wien
Den Deckel des Kruges ziert die Gravur eines napoleonischen Dreispitzes.

35 Figur eines trinkenden Gesellen auf dem Krug der Gelbgießer zu Wolfenbüttel; um 1850, H. des Kruges 39,4 cm
Stadt- und Kreis-Heimatmuseum Wolfenbüttel

Folgende Seite

36 Unterer Henkelansatz in Drachenform an einem Facettenkrug (Abb. 220)

34

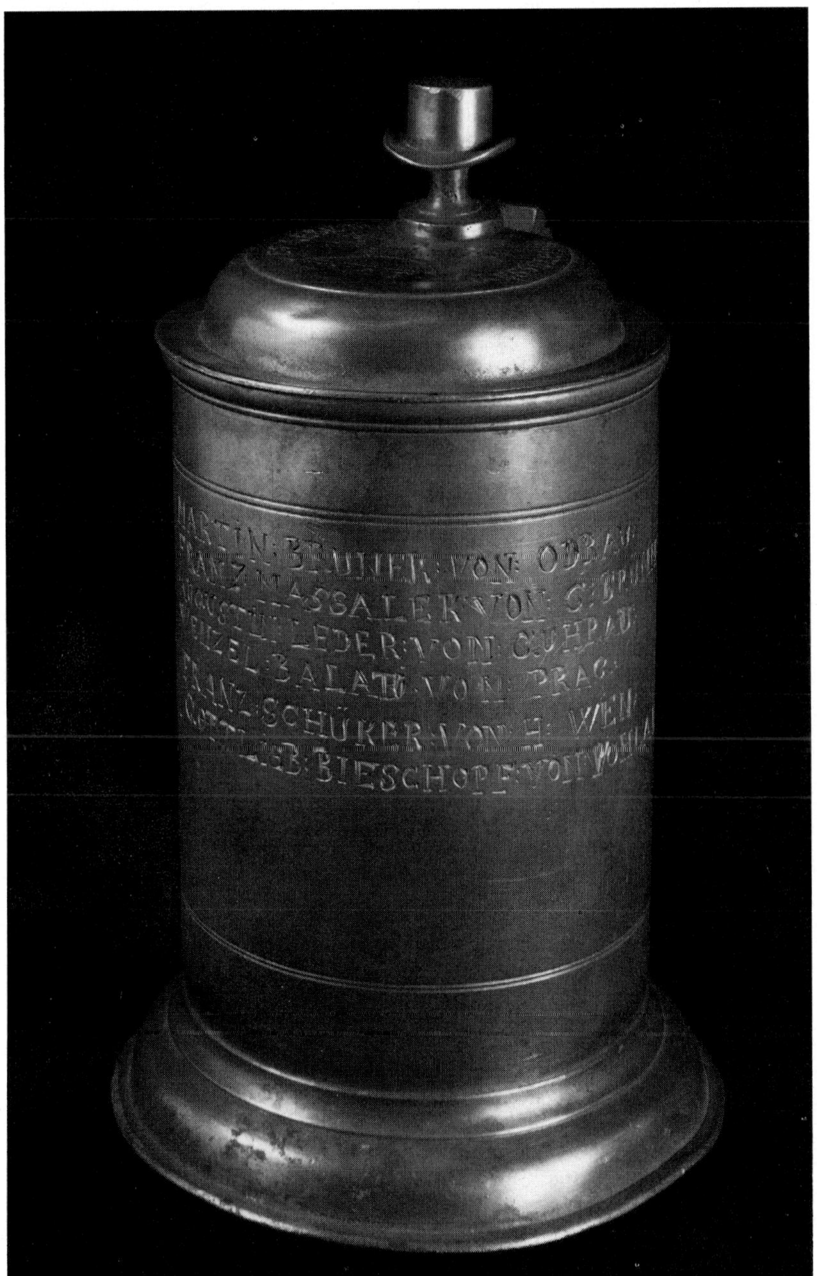

35

Hortator Sanctorum« (Jesus, Ermahner der Heiligen) oder »In Hoc Salus« (In Ihm ist Heil).

Insgesamt gesehen sind die gebrochenen Schriften auf Zunftzinn in der Minderzahl. Es überwiegen die geradlinigen Versalien (Großbuchstaben), die man wesentlich leichter auftragen kann. Üblicherweise spiegeln die Inschriften, im 19. Jahrhundert dann auch oft mit Kleinbuchstaben kombiniert, dreierlei wider: Das von den Zunftmitgliedern ausgeübte Handwerk, Namen von Zunftangehörigen und einen Segenswunsch, Wahlspruch oder ähnliches. Freilich kommt nicht auf jedem Stück immer alles zugleich vor. Darüber hinaus gibt es noch viele andere Möglichkeiten für die von den Inschriften getragenen Aussagen. Gelegentlich ist nur die Mitteilung gegeben, dies sei (z. B.) der löblichen Zunft der Schmiede ihre Kanne, des öfteren wird das überhaupt nur durch das entsprechende Wappen angezeigt und es fehlt die Inschrift völlig. Selten wird bei der Nennung von Namen der Zunftangehörigen deren Funktion vorenthalten, also beispielsweise Obermeister, Ältermann oder Altgeselle. Ortsangaben sind inschriftlich vergleichsweise rar, weil von den Zünften kaum ein Grund gesehen wird, das auszuweisen, denn den angestammten Ort verläßt ein Zunftzinn so gut wie niemals. Das Fehlen der Ortsangabe erleichtert jenen die Arbeit, die sich in unserem Jahrhundert der Anfertigung von Falsifikaten attraktiver Zunftzinne widmen./6/ Die Wirkungsstätte einer Zunft muß nicht unbedingt genannt sein, damit ein Stück als alt, als »aus der Zeit« stammend gelten kann. Wäre das prinzipiell erforderlich, dann hätten die Fälscher die beträchtliche Mühe, für die Übereinstimmung von Handwerkernamen, Wirkungszeit und Wirkungsort zu sorgen. Der erforderliche Aufwand würde sich nur bei besonders teurem Zinn lohnen.

Glaser

Im Unterschied zur Ortsangabe fehlt eine Jahreszahl bei Falsifikaten kaum einmal, denn immerhin wird damit »das hohe Alter Schwarz auf Weiß« angezeigt. Wenn ungefälschtes Zunftzinn mit einem Datum beschriftet ist, dann bezieht es sich auf die Anschaffung bzw. Stiftung des Gegenstandes, die Gründung der Zunft oder sonst ein denkwürdiges Ereignis im Leben der Vereinigung. Ist die Jahreszahl mit einem bestimmten Tag gekoppelt, z. B. »Anno 1760 d. 10. November«, kann das auf den Schutzheiligen der jeweiligen Zunft hinweisen; der Brauch der Zünfte, sich einen Schutzheiligen zuzulegen, stammt schon aus dem Mittelalter. Das Beispiel bezieht sich auf eine Zunft der Fuhrleute, die sich den St. Martinus erkoren hat – der 10. November ist der Martinstag./7/ Die von den Handwerkern beanspruchten Heiligen sind häufig regional verschieden. In größerem Maße besteht Übereinstimmung z. B. bei

/6/ Baer, I., Haedeke, H.-U., Kohlmann, Th., Schneider, H.: Zinn. Kopie – Imitation – Fälschung – Verfälschung. – Hannover 1981. – S. 25

/7/ Gahlnbäck, J.: Das Amt der »Estnischen Fuhrleute« in Dorpat und ihre Zinnkannen. – In: Sitzungsberichte der Gelehrten Estnischen Gesellschaft. – Dorpat 1927. – S. 52

den Büchsenmachern (Sebastian, 20. Januar), Hufschmieden (Eulogius, 1. Dezember), Webern (Severus, 8. Januar), Berg- und Hüttenleuten (Barbara, 4. Dezember), Bäckern und Rauchfangkehrern (Florian, 4. August) sowie Zimmerleuten und Tischlern (Joseph, 19. März). Wie groß aber die Palette sein kann, zeigt sich z. B. bei den Fischern, die als Patrone Crispin und Crispina (25. Oktober), Petrus (29. Juni) und Nikolaus (6. Dezember) haben, die zu Zeiten von Reformation und Gegenreformation schnell einmal gewechselt werden – im Barock von Nikolaus zu Johann von Nepomuk (16. Mai) oder bei den Schneidern von Bartholomäus (24. August) zu Bonifatius (5. Juni). Trotz der genannten Einschränkungen kann die Überprüfung entsprechender Inschriften bei der Beurteilung der Echtheit eines Zunftzinns mitwirken.

Segenswünsche, Wahlsprüche, scherzhafte Reime oder auch andere Verse werden in den folgenden Abschnitten zu nennen sein. Vor allem bei Schenk- und Trinkgefäßen der Zünfte sind viele Inschriften darauf ausgerichtet, das jeweilige Stück in das Trinkritual einzubeziehen. Erreicht wird das insofern, als z. B. der Krug im Sinn von »Nimb mich auf und trinck aus mir« graviert und damit als Spender des Trunks personifiziert wird. Aber auch wenn die Inschriften wie im genannten Beispiel aus dem Zunftbrauchtum resultieren oder wenn sich ihre dekorativen Wirkungen in den Vordergrund schieben, so verbirgt sich dahinter doch meist noch ein nüchterner praktischer Zweck, nämlich einen gewissen Schutz vor Diebstahl zu schaffen. In Frankreich wird deswegen am 27. März 1529 ein »Ordonnanzstatut« in Kraft gesetzt, das zur Anbringung unverwechselbarer Zeichen auf Zinn verpflichtet. Selbstverständlich wird der Verkauf gestohlenen Zinns erschwert und die Wiederauffindung erleichtert, wenn die bestohlene Zunft ein charakteristisches ornamentales oder heraldisches Merkmal angeben kann.

Gürtler

Es spricht also eine Reihe von Beweggründen dafür, nicht auf die verhältnismäßig teuren Gravuren zu verzichten. Welche Kosten diese immer extra berechnete Arbeit mit sich bringt, sollen zwei Beispiele zeigen. 1687 erhält der Berner Zinngießer Adam Schärer für zwei Paar zinnerne Flaschen 10 Kronen Arbeitslohn. Knapp ein Drittel davon geht an den »Petschiergraber« Hans Jacob Huber, der für die Besitzer das Wappen aufgestochen hatte. In der Schweiz kommt es übrigens recht selten vor, daß der Zinngießer zugleich auch Graveur ist; in Chur erledigen das prinzipiell alle Zeit die Goldschmiede. Um eine »Drey mäßige Fläsche« 12
(Gewicht 3760 g) geht es in dem anderen Beispiel. Die Flasche wird 1767 der Vaihinger Bäckerzunft in Rechnung gestellt. Der Zinngießer verlangt 36 Kreuzer je Pfund für Material und Herstellung (Zinngießerarbeit wird

im allgemeinen nach dem Gewicht der Stücke bezahlt) und 40 Kreuzer für das Aufstechen von Namen mit 204 Buchstaben. Wappen und Siegel sind im 15. Jahrhundert bei den Zünften allgemein üblich geworden. Dominierend am Wappen ist sein Symbolgehalt, der von Anfang an darauf ausgerichtet ist, auch der großen Schar Leseunkundiger verständlich zu sein. Man beschränkt sich deshalb auf die möglichst deutliche, auch aus gewisser Entfernung erkennbare, aber nicht unbedingt aufwendige Wiedergabe wenigen, mitunter sogar nur eines typischen Arbeitsgeräts oder -gegenstandes./8/ Zumeist ist das mit erhöhendem sowie schmückendem Beiwerk und gelegentlich mit dem Schutzpatron oder einer Jahreszahl verbunden. Trotz der sich notwendigerweise ergebenden lokalen Unterschiede im Symbolgehalt der Wappen reden sie immer eine deutliche Sprache, zwar nicht in jedem Fall für jedermann, aber immer für den Mann vom Fach, für den Zunftangehörigen. Während z. B. das Getreidemaß und das Abstreichholz im Wappen der Pfragner (Mehl-Kleinhändler) jeder Zeitgenosse zu deuten weiß, ist das mit den zwei gekreuzten Brettern im Wappen der Mälzer sicher anders. Hier weiß nur der besonders Eingeweihte, daß damit das Malz während des Trocknens auf der Malzdarre umgegraben und je nach Feuchtigkeit der Bretter beurteilt wird, ob der Trockenvorgang beendet ist.

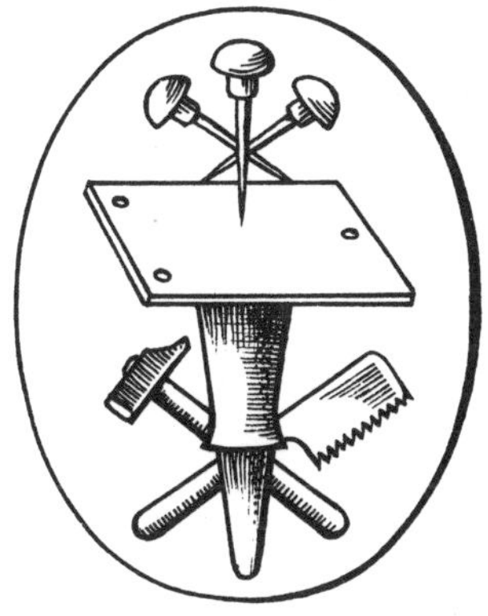

Gürtler

Viele der auf Zunftzinn gravierten Wappen drücken die Gewichtigkeit solcher Elemente aus, die zur Erhöhung des allgemeinen Ansehens beitragen sollen. Entsprechende Bestrebungen sind schon frühzeitig do-
13 kumentiert. Aus der zweiten Hälfte des 15. Jahrhunderts ist z. B. eine Kachel erhalten, die aus der Burg Lichnice bei Čáslav (Ostböhmen) stammt. Auf der Kachel sind ein Zinngießer und ein Töpfer dargestellt. Mit dieser Allianz wird nicht nur die Tatsache ausgedrückt, daß von beiden Handwerkern Gefäße gefertigt werden, sondern es wird dazu auf die gemeinsamen Schutzpatrone Adam und Eva hingedeutet. Hat doch König Vladislaus II. soeben (1488) den nicht sonderlich geachteten Töpfern erlaubt, Adam und Eva als Hauptmotiv ihres Wappens verwenden zu dürfen. Damit ist eine über Jahrhunderte wirksame Verbindung zur Heiligen Schrift geknüpft, die das Ansehen der Töpferzunft dem der Zinngießerzunft (die in Böhmen um diese Zeit hochgeachtet ist) gleichstellt.
17 Noch Anfang des 18. Jahrhunderts läßt z. B. die Zunft der Töpfer zu Leipzig das Adam-und-Eva-Motiv auf die Deckelkartusche ihres Willkomm-Pokals gravieren. Eine den Töpfern ähnliche Absicht verbirgt sich hinter dem ziemlich einheitlich verwendeten Wappen der Nagelschmiede, das man häufig auf fast allen Arten von Zunftzinn findet – ein mit drei Nägeln versehenes Herz, erinnernd an die drei Kreuzesnägel und das Herz Jesu.

/8/ Henze, W.: Ornament, Dekor und Zeichen. – Dresden 1958. – S. 80

Schließlich sei auf den im Wappen mancher Fischerzunft enthaltenen Schlüssel verwiesen. Er soll auf St. Petrus als einen ihrer Schutzheiligen aufmerksam machen, dem nach Matthäus 16,19 die Schlüsselgewalt übertragen worden war: »Und ich will dir des Himmelreichs Schlüssel geben . . .«.

Schon fast eine Massenerscheinung ist die Nutzung der Krone und des Löwen zur Rangerhöhung. Die Krone als wohl symbolkräftigstes Zeichen weltlicher Macht steht im Wappen immer über dem Arbeitsgerät, die Löwen flankieren es. Die sinnbildliche Bedeutung der Löwen ist in eine Tiersymbolik verwoben, die über Jahrtausende hinweg entstanden ist./9/ Auf Zunftzinn des 15. bis 17. Jahrhunderts ist sie nicht nur im heraldischen Zusammenhang, sondern mehr noch im ornamentalen Sinn ausgeprägt. Natürlich sind die Grenzen zwischen heraldischem und ornamentalem Charakter nicht nur bei der Verwendung des Löwen, sondern generell fließend. Der dekorative ein- oder zweischwänzige Löwe auf böhmischen Barockkannen entstammt beispielsweise dem böhmischen Landeswappen, auf den Kannen ist er aber meistens ornamental verwendet. Denn nicht nur durch den Hinweis auf die landesherrliche Macht trägt der Löwe zur Rangerhöhung der Zunft bei, sondern eben durch die an ihn gebundenen Eigenschaften wie Kraft, Tapferkeit, Kampfeslust und Klugheit. Noch im 18. Jahrhundert werden die wundersamen Wirkungen z. B. seines Fettes, Fleisches, Blutes, ja selbst seiner Exkremente etwa so beschrieben: Das Fett des Löwen stärkt die Nerven, vertreibt Schmerzen und das Sausen und Brausen der Ohren, das Schmalz eröffnet und erweicht die starken Geschwüre, mit Rosenöl vermischt heilt es den Brand. Das Unschlitt der Nieren, an den Leib geschmiert, erschreckt die Wölfe, sein Herz getrocknet und zu Pulver gestoßen ist gut wider die schwere Not und das viertägige Fieber. Des Löwen Fleisch stärkt das Gehirn und zerteilt die Dünste, sein getrocknetes und zerstoßenes Blut treibt den Schweiß und widersteht der Gicht, Löwenzahn um den Hals gehangen verhütet, daß Zähne weh tun, sein Mist mit Rosensalbe vermischt vertreibt die Flecken im Gesicht usw./10/

Nahezu zwangsläufig muß bei dem unerschütterlichen Glauben an die Kraft von Symbolen danach gestrebt werden, einen Löwen in das Wappen zu bekommen oder ihn wenigstens auf wichtiges Zinngerät wie den Willkomm aufzutragen. Mit welchem bewußten Stolz der heraldische Löwe gehandhabt wird und in das Brauchtum der Zünfte einzieht, zeigt u. a. die Grußformel der wandernden Bäckergesellen. Begegnen sich zwei Gesellen, ruft der eine: »Hui, Schütz«, der andere antwortet: »Löwenschütz«, weil die Zunft im allgemeinen einen doppelten Löwen im

/9/ Becker, W.: Von Kardinalstugenden, Todsünden und etlichen Lastern. – Leipzig 1975. – S. 57/58

/10/ Zedler, J. H.: Grosses vollständiges Universal-Lexicon Aller Wissenschaften und Künste. – Leipzig u. Halle 1738. – S. 212

Wappen führt./11/ Wenn also ein Löwe auf Zunftzinn der Bäcker auftaucht, steckt dahinter wohl mehr heraldische als ornamentale Absicht.
16 Die abgebildete Kanne aus dem Besitz der Bäckerzunft in Vaihingen/ Enz, auf deren Schulter die Skulptur eines sitzenden Löwen angebracht ist, deutet darüber hinaus noch auf das Wappentier der Stadt hin.

Der Greif als Fabeltier mit Löwenkörper, Adlerkopf und Flügeln ist zwar nicht so gefragt wie der Löwe, aber als Symbol der Weisheit und Aufmerksamkeit für manche Zünfte doch recht willkommen. So ist er z. B. das Wahrzeichen der Baseler »Zunft zu Webern«. Als Sinnbild der Wachsamkeit umklammert er mit seinen Pranken die Elle und deutet damit an, wie sorgfältig die Baseler Weber auf die Bemessung richtiger Breite und Länge achten. Wie der Greif und der Löwe findet sich auch der Adler auf Zunftzinn nicht nur als heraldisches Gebilde, sondern ebenso als Ornament, z. B. in Form von Skulpturen zur Deckelbekrönung auf Kannen und Krügen oder auch als Füße für solche Gefäße. Der heraldische Adler schmückt nicht selten den Spiegel von Tellern und Schüsseln und den Leib von Kannen, Krügen und Bechern. Besonders in Mitteleuropa wird er durch die Einführung und Verbreitung der sog. Reichsmünzen bekannt. Die Münzen müssen den »Reichsadler« tragen, der seit der Krönung Kaiser Sigismund I. (1434) als Wappen des Heiligen Römischen Reiches Deutscher Nation gilt./12/Damit ist für die Zünfte der Anreiz gegeben, den Adler als Symbol ihrer Würde zu gebrauchen.

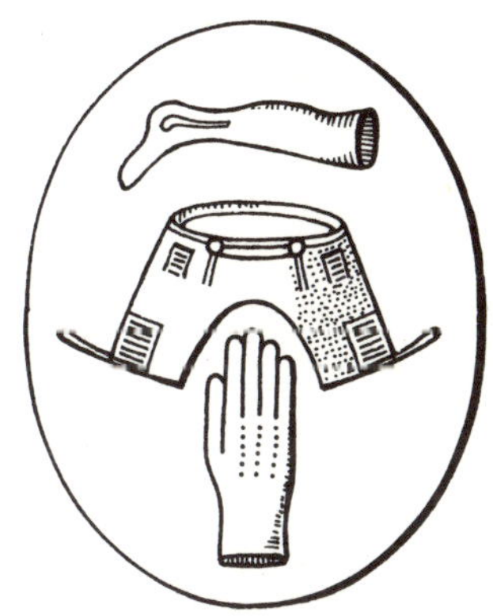

Handschuhmacher

Auf besondere Art und Weise sind jene Handwerkerwappen interessant, die Zinngerät enthalten. Eine große Zinnkanne haben die wackeren Branntweiner zu Wien in ihrem Wappen; Zunftzinn mit entsprechender Gravur scheint freilich nicht mehr erhalten geblieben zu sein. Auch die noch existierenden Zinne der Lebzelter, so z. B. ein prächtig verzierter Krug der gemeinsamen Zunft der Lebzelter mit den Bäckern und Müllern in Schlan (Slany), lassen kaum noch erkennen, daß manche dieser Zünfte in ihrem Wappen neben einem Zinnbecher eine zinnerne Metkanne führen. Am häufigsten finden sich natürlich Wappen mit Zinngerät auf dem Geschirr der Zinngießerzünfte, oder auch von Korporationen mit anderen Handwerkern. Prinzipiell handhabt man es so, daß bei Vielhandwerkerzünften zumindest von jedem Gewerk ein Element im gemeinsamen Wappen auftaucht./13/ Bei den Zinngießern ist das dominierende Gerät die Kanne. Beispiele dafür bieten die Wappen der Zünfte in Breslau (Wrocław; Kanne, Kanonenlauf, Glocke), Kopenhagen (zwei gefußte Kannen, Kanonenlauf, Glocke), Nürnberg (Kanne, bauchige Flasche mit Kette, Kanonenlauf, Glocke), Wien (Kanne, Flasche, Kano-
19 nenrohr, Glocke) und Lüneburg (s. Abbildung). Anfang des 18. Jahrhun-

/11/ Rauers, F.: Kulturgeschichte der Gaststätte. – Berlin 1941. – S. 121

/12/ Peesch, R.: Ornamentik der Volkskunst in Europa. – Leipzig 1981. – S. 189

/13/ Grenser, A.: Zunft-Wappen und Handwerker-Insignien. Eine Heraldik der Künste und Gewerbe. – Niederwalluf 1971. – S. 7

derts führt die Zunft der Wiener Zinngießer dazu noch eine Klistierspritze (ein zu jener Zeit häufig angefertigtes Erzeugnis) im Wappen. Ein solches Gerät ist wohl selbst kaum jemals Eigentum einer Zunft gewesen. Dennoch taucht die Klistierspritze als heraldisches Gebilde gelegentlich nicht nur auf dem Geschirr der Zinngießerzünfte auf; sogar im Wappen der brandenburgischen Stadt Ketzin kommt sie (neben Schlächterstahl und Schlüssel) vor. Das ist deshalb hier erwähnenswert, weil die Heraldik den zeitweiligen Einfluß der Zünfte auf das Ratsregiment ausdrückt. Schon Ende des 13. Jahrhunderts hat allgemein der Kampf der Zünfte um die Mitherrschaft in den Stadtregierungen begonnen und einige Erfolge gebracht (z. B. 1368 in Augsburg oder 1396 in Köln), und zur Zeit der Wappenentstehung in Ketzin haben wahrscheinlich die Zinngießer, Schlächter und Schlosser eine Machtposition inne. In Zürich kündigt übrigens 18
die Gravur auf einem Buch mit fünf zinnernen Tafeln, das in den Helm auf dem Karlsturm des Großmünsters eingelegt worden war, von einer gewissen Eintracht zwischen Bürgermeister, Ratsherren, Zunftmeistern und städtischen Beamten.

Figürliche Ornamentik

Nicht nur das Zunftzinn, sondern eine Vielzahl der aus den Zinngießerwerkstätten kommenden Erzeugnisse ist mit linearer Ornamentik versehen, die im einfachsten Fall lediglich aus Drehrillen besteht. Da prinzipiell alle aus der Gießform entnommenen Stücke auf einer Drehlade geglättet werden, bietet es sich an, bei dieser Gelegenheit durch Rillen bestimmte Zonen zu bilden. Damit werden zwar einzelne Bereiche optisch wahrnehmbar voneinander abgesetzt, aber dennoch wirkt sich das fördernd auf den ästhetischen Gesamteindruck aus. Das gilt selbst für die profilierenden Wulstringe an Trinkgefäßen, die bei sehr großen Zinnen eine gewisse festigkeitserhöhende Aufgabe zu erfüllen haben und dabei durchaus das wohlgefällige Aussehen erhöhen.

Hufschmiede

Profilierungen sind vor allem bei den mächtigen Schleifkannen vonnöten. Die sich daraus ergebenden großen abgesetzten Flächen laden geradezu ein, weitere Ornamentik aufzutragen. Selbstverständlich wird davon rege Gebrauch gemacht, wobei sich auch hier das bereits erwähnte eifrige Bemühen der Zünfte um göttlichen Segen ausdrückt. Am deutlichsten und beeindruckendsten zugleich bezeugen das die gravierten

Heiligenfiguren auf den Schleifkannen des 15. und 16. Jahrhunderts, wo-
bei der schmückende Charakter natürlich in den Hintergrund tritt. Mit
der künstlerischen Qualität der Bilder und ihrer ornamentalen Gesamt-
komposition wird eine Meisterschaft demonstriert, die auf das Mitwirken
von begabten Kupferstechern und Holzschnittmeistern schließen läßt.
Tatsächlich sind einige solcher »Kleinmeister« bekannt, z. B. Hans Se-
bald Beham und Virgil Solis aus Nürnberg, die über die Landesgrenzen
hinaus auch den Zinngießerwerkstätten spezielle Vorlagen liefern. Je
nach Wunsch und Geldbeutel der Zünfte schlagen sich die Motive ganz
oder teilweise auf den Zinnen nieder. Freilich wird erwartet, daß die
handwerkliche Umsetzung der künstlerischen Qualität ebenbürtig ist.
Obwohl damit ein schönes Stück Geld zu verdienen wäre, überlassen die
Zinngießer das lieber einem Spezialisten. Es sind aber auch Beispiele da-
für bekannt, daß man sich solche Arbeiten selbst zutraut und sogar Ge-
sellen damit betraut werden. So weist eine Inschrift auf dem Henkelrük-
109 ken der 1511 datierten, reich und präzis gravierten Kanne der Seilerzunft
zu Breslau (Wrocław) als Graveur Urban Grove aus, der zu diesem Zeit-
punkt noch als Geselle bei seinem Vater Hans Grove arbeitet. Allerdings
gehört so etwas zu den besonderen Ausnahmen – es ist schon berichtet
worden, daß erst die Ablösung der Strichgravur durch das Flecheln die
Zinngießer mehr zum Stichel greifen läßt. Dem bis dahin bemühten Part-
ner, dem Goldschmied, wird auch nahezu ausnahmslos die Anfertigung
von Matrizen für Medaillons überlassen, die sich bereits in mittelalterli-
chen Kannen auf dem Innenboden finden, sich durch eine vielfältige Re-
liefornamentik auszeichnen und auch in Zunftkannen und -krügen häufig
15 vorkommen. Bis in das 19. Jahrhundert wiederholt sich ein Motiv – Chri-
stus mit Kreuz, Gottvater und Heiliger Geist –, dessen Symbolgehalt für
die trinkfreudigen Zunftangehörigen eine zweifache Deutung zuläßt: Das
Bildnis Gottes soll zur Mäßigung beitragen oder aber daran erinnern,
daß die lustvollen Stunden nur durch himmlischen Segen möglich wer-
den. Wenn die Kreuzgruppe mit Johannes und Maria dargestellt ist,
wird wohl auf die Johannis-Minne hingedeutet, die z. B. von der Schiffer-
zunft im österreichischen Hall den Fahrensleuten gereicht wird, bevor sie
sich mit ihren Booten dem Inn anvertrauen. Der Evangelist Johannes
hatte einstmals einen Giftbecher getrunken, ohne an Leib und Seele
Schaden zu nehmen; nun soll der Trunk aus dem mit seinem Bildnis ver-
sehenen Krug vor Schaden bewahren. /14/

Auf die Verwendung von Plaketten zum äußeren Schmuck der Zunftzinne ist schon verwiesen worden. Daß es die Meister unbedenklich finden, sogar aus geschnittenen Gießformen gewonnene Reliefzinne talen-

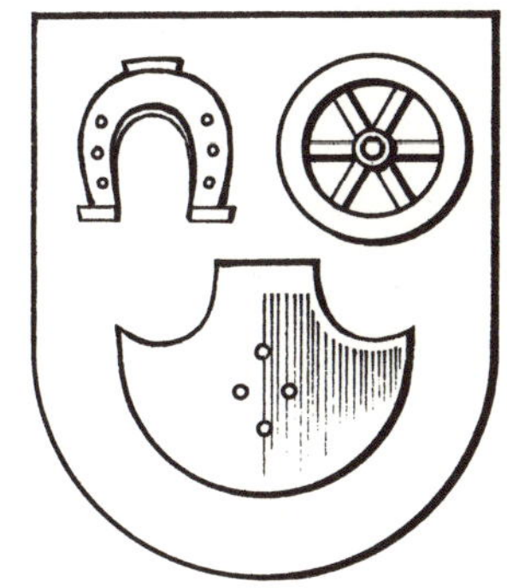

Huf- und Hackenschmiede

/14/ Hochenegg, H.: Die Kreuzgruppen am Grunde alter Zinnkrüge. – In: Tiroler Heimatblätter. – Innsbruck 35 (1960), 7/9. – S. 95

tierter Kunsthandwerker einfach abzugießen und in eigene Arbeiten einzubeziehen, ist durch einige Zunftkrüge belegt. Alles in allem produziert man jedoch Zunftzinne sowohl mit außen aufgelöteten Plaketten als auch mit zusammenhängenden Friesen aus Reliefzinn nicht allzu häufig. Anders ist es hingegen mit der Verwendung für das Reliefzinn typischer ornamentaler Einzelelemente wie Knorpelwerk, Voluten und Rollwerk. Das etwa seit Anfang des 17. Jahrhunderts auftretende Knorpelwerk, ein ohrmuschelartiges Gebilde mit knorpelig verdickten Zonen, ist meist am Henkel und um die Ausgußröhre entsprechender Geräte angeordnet. So etwas findet nicht nur bei den Zünften Gefallen, sondern die findigen Zinngießer kaschieren damit auch Lötstellen. Eine solche Aufgabe kommt übrigens auch manchen Messingreifen der aus mehreren Teilen zusammengelöteten Krüge, Kannen und Willkomme zu. Die auf den Reliefzinnen auftretenden spiralförmig eingerollten Endungen (Voluten) übernimmt man beim Zunftzinn als figürliches Ornament für die Deckeldrücker oder für die Füße, auch der untere Henkelansatz an Trinkgefäßen ist zuweilen entsprechend verziert.

Am weitesten kommt den Wünschen der Zünfte nach hervorstechender Wiedergabe ihres Wappens oder der Inschriften die Einführung der Kartusche entgegen. Mit diesem im 16. Jahrhundert entstandenen Ornament kann eine fast beliebig große Fläche einrahmend umschlossen werden. Als um 1590 einer der wenigen Künstler unter den Zinngießern, der schon in Verbindung mit der Groteske genannte François Briot, auf der von ihm gefertigten Temperantia-Platte (eine Prunkplatte mit der relifierend dargestellten Tugend der Mäßigkeit) Kartuschen mittels Rollwerk bildet, wird in vielen einfachen Werkstätten versucht, zumindest diese Ornamentform zu übernehmen. Indem bandartige Streifen oder auch nur Linien sich an den Rändern oder Enden rollen, stellen sich plastische Wirkungen ein, die den Blick fast zwangsläufig auf die so umrahmten Namen der Zunftangehörigen oder was auch immer ziehen. Schon seit dem
15. Jahrhundert werden die den Kartuschen entsprechenden wappen- 20
förmigen Schilder gegossen und auf Zinngeräte aufgelötet bzw. mit figür- 22
lichen Schildhaltern gestützt. Auch für diesen Zweck wird der Löwe 23
allerseits bevorzugt verwendet; zuweilen wird sogar noch auf die Kartu- 24
sche ein Löwe aufgetragen. Es ist durchaus denkbar, daß die Bevorzugung des Löwen auf die bereits beschriebene Sinnbildlichkeit der Kraft, des Mutes usw. und die damit verbundene Rangerhöhung zurückzuführen ist. Im Laufe der Zeit bestimmen aber wohl mehr die Gewohnheiten und das Gefallen an der dekorativen Figur deren Gebrauch. Zur Gewohnheit und zum Gefallen kommen gewisse praktische Gesichtspunkte

hinzu. So scheint die plastische Löwenmaske am besten geeignet zu sein,
im Maul einen Ring zu tragen, an den, dem Brauch entsprechend, ein
Silberschild gehängt werden kann. Löwenmasken zieren allgemein vom
17. bis 19. Jahrhundert den Leib der Willkomm-Pokale, aber auch auf
zylindrischen Krügen trifft man sie manchmal an. In den allermeisten
Fällen sind sie aus Zinn, doch auch welche aus Messing oder sogar vergol-
dete Löwenmasken kommen vor. Nicht nur wegen der ornamentalen Wir-
21 kung, sondern mitunter auch zur Erhöhung der Standfestigkeit der Kan-
nen und Krüge werden drei oder vier kauernde Löwen an die Bodenzone
der Gefäße angegossen oder angelötet. Weniger häufig verwendet man
25 als Füße auf Kugeln gesetzte Putten, die in funktioneller Hinsicht bei wei-
tem nicht so brauchbar wie die hockenden Löwen sind. Während sich
aber im 18. Jahrhundert die sinnbildliche Bedeutung der Löwen schon
sehr verkleinert hat, ist der Symbolgehalt der Kinderengel noch groß.
Zuweilen verleiht man ihnen durch farbige Bemalung sehr viel Aus-
28 druckskraft – so auf dem Krug der Zinngießer in Preßburg (Bratislava),
29 wo u. a. die Deckelkartusche mit einem Engelskopf geschmückt ist.

Die allmähliche Verflachung des Symbolgehaltes der figürlichen Or-
namente tritt sicherlich auch für andere gebräuchliche Skulpturen ein
wie den Delphin, den Hund, den Drachen, die Schlange oder den Hahn.
Der Delphin, im Altertum Sinnbild und Attribut des Neptun, gilt ge-
meinhin wie der Krebs als Glücksbringer. Gelegentlich formt der eine
oder andere Meister möglicherweise deshalb einen Trinkkrug ganz
und gar in der Gestalt eines Delphins, viel öfter aber dient der Delphin
als Schildhalter auf dem Deckel eines Schenk- oder Trinkgefäßes, als
Schraubverschluß einer Flasche, als Aufhängeöse eines Tischzeichens
27 oder Willkommschildes oder bar jeder praktischen Funktion nur als
26 dekoratives Ornament, z. B. als Deckelfigur. Bei der allgemeinen Beliebt-
heit des Delphins kann sein Vorkommen auf Zinngerät selbstverständ-
lich nicht auf Zunftzinn der Fischer hindeuten, wenn sonst kein Anhalts-
punkt dafür da ist. Ebenso gilt das für Geschirr mit dem dekorativen
»Fischwirbel«, einem Motiv aus drei verschlungenen Fischen. Teller,
Schüsseln und Platten mit den dreischwänzigen Fischfiguren kommen in
Europa überall vor, weil zu entsprechender Zeit der Fisch als Fastenspeise
bevorzugt auf solchem Geschirr serviert wird. Wenn eine Fischerzunft
graviertes Zinn bestellt, schärft sie dem Zinngießer ein, nicht etwa einen
Phantasiefisch zu stechen, so wie die Handwerker ja auch nicht ihr Werk-
zeug verunstaltet dargestellt sehen wollen. /15/

Huf- und Waffenschmiede

Der Hund als Symbol für Treue und Wachsamkeit kann als Kannen-
fuß gebraucht sein oder auf dem Gefäßdeckel hocken. Zuweilen ist wie

/15/ PEESCH, R.: Ornamentik der Volkskunst in Europa. – Leipzig 1981. – S. 138

auf der abgebildeten Kanne der Küferzunft in Sitten sein langgestreckter 30
Leib die Fortsetzung der Deckelkrügge – so sind also ornamentale Wirkung und praktischer Zweck gekoppelt. Bei manchen Fußfiguren oder Schildhaltern mag es sich auch um einen mißratenen Löwen statt eines Hundes handeln. Für den Zinngießer ist es eine nicht alltägliche Aufgabe, die Gießform für eine Tierskulptur zu fertigen; so kann durchaus manches merkwürdige Gebilde entstehen.

Hutmacher

Auch Greif und Drachen sind nicht immer deutlich unterschieden. Das mythische Umfeld beider Wesen ist besonders ausgangs des Mittelalters angetan, die monströsen Skulpturen mit dem Zunftzinn zu verbinden. Der Drachen, von dem man sich schaudernd erzählt, er fahre in feuriger Gestalt durch den Schornstein und lege als heimlicher Bringer des
Reichtums ein Geschenk auf den Herd, ist nicht nur wie der Greif Wap- 31
penstütze bzw. Schildhalter oder Fußfigur, sondern auch Henkelansatz 36
an mancher Schleifkanne. Ein weiteres etwas unheimliches Tier, die in den Legenden fast aller Völker als Glücksbringer angesehene Schlange, taucht auf Zunftzinn in Form von Klappgriffen der Schraubverschlüsse auf. Es erscheint allerdings mehr als fraglich, ob hier jemals sinnbildliche Absicht mitspielt, denn die Schlangenform der Griffe ist die funktionell zweckmäßigste. Der gleich dem Hund als Symbol für Wachsamkeit stehende Hahn wird von den Zinngießern gern dem Verschlußstück von Ausgußröhren aufgesetzt. Bei der Auswahl gerade eines solchen ornamentalen Gebildes dürfte das Wortspiel mitschwingen – der Gockelhahn wird zum Ablaßhahn gemacht. Vermutlich im Hinblick auf das nasse Element im Innern des Gefäßes zieren auch der Delphin oder das Meerweibchen das Verschlußstück. /16/ Eine weitere Machart der Verzierung
des Ablaßhahns ist schließlich das streng symmetrische Lilienornament, 32
das mit seinen breiten Blütenblättern Gebrauchstüchtigkeit gewährleistet. Meistens findet sich solche Hahnzier unter den Zunftzinnen an großen Kannen und Krügen. Es gibt aber auch hin und wieder zur Verwendung beim Händewaschen bestimmte Wasserspeicher (»Gießfässer«) oder in noch viel selteneren Fällen Weinkühlbehälter in Zunftbesitz, deren Hähne mit dem Blütenornament geschmückt sind.

Blumen und Blütenwerk drücken zu allen Zeiten den Wunsch und die Hoffnung auf Blühen und Gedeihen aus. Eingebettet in diese allgemeine Symbolik sind freilich noch viele spezielle Deutungen möglich. So ist in der figürlichen Ornamentik des Zunftzinns eine Reihe von Krügen bekannt, die in reliefartiger Verzierung auf dem Henkelrücken eine Traubenranke tragen oder aber es rankt sich eine Rebe um eine Kreuzgruppe im Bodeninnern. Das Ornament deutet nun vermutlich nicht bloß auf

/16/ Kleineburg, G.: Eine private Zinnsammlung. – In: Westfalen. Hefte für Geschichte, Kunst und Volkskunde. – Münster, Bd. 29 (1951). – S. 99

den Brauch hin, aus solchen Krügen Wein zu trinken, sondern es wird der Trunk aus den Gefäßen sinnbildlich mit dem Blut Christi verbunden: Ähnlich Gottes Sohn muß der Weinstock sein Blut lassen, um den Menschen labenden Trank zu spenden. Ein anderes, auf Zunftzinn des öfteren vertretenes Ornament ist die Eichel. Es muß dahingestellt bleiben, ob ihr von manchen Zünften bewußt sinnbildliche Bedeutung zugemessen wird. Sie steht wegen ihrer angeblich Verjüngung bewirkenden Heilkraft als allgemeines Zeichen der Fruchtbarkeit. Von Schweizer Zinngießern werden übrigens bestimmte, heutzutage als Glockenkannen bezeichnete Gefäße der Eichelform nachgebildet.

Bei den Deutungsversuchen ornamentaler und ebenso heraldischer Verzierungen muß immer wieder einmal daran erinnert werden, daß die Freude am schönen Aussehen häufig genug die wichtigste oder sogar die ausschließliche Triebkraft ist, das Zinn besonders auszustatten. Ein dementsprechendes Ornament ist beispielsweise der seit der Renaissance bekannte Vasensproß. Das sind drei aus einer beiderseits gehenkelten Vase (oder später einem Herz) herausragende Blumen. Das Motiv ist so ansprechend, daß es viele Zinngießer sogar als Zeichen in ihre Meistermarke aufnehmen; die Preßburger (Bratislavaer) Zunft trägt das Ornament in vielfarbiger Auszeichnung schmückend in ihr »Buch der Meister der Zinngießer-Zunft 1643–1710« ein. Natürlich gibt es auch Verzierungen, die umgekehrt nur wegen ihres Symbolgehaltes da zu sein scheinen.
34 So etwa, wenn eine Hutmacherzunft die Deckelkrügge eines ihrer Krüge
33 als Zylinder bzw. den ganzen Krug als Zylinder gestalten oder wenn eine
35 andere Zunft die Figur eines sitzenden Zechers auf einen Krugdeckel aufbringen läßt. Im allgemeinen sind menschliche Figuren besonders oft als Schild- oder Fahnenhalter oder auch völlig ohne Zutat auf den Deckeln der Willkomm-Pokale angebracht. Am zahlreichsten sind darunter Männer in Ritterrüstungen vertreten. Für die Gestaltung der Willkomm-Deckelfiguren sind offensichtlich eine Reihe von Besonderheiten bestimmend, auf die im folgenden Abschnitt einzugehen sein wird.

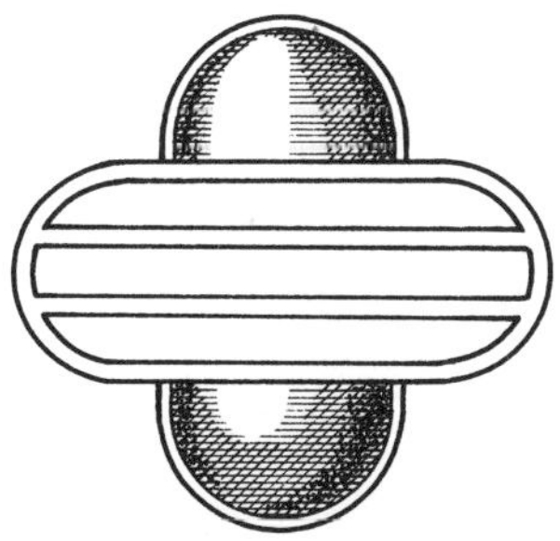

Hutmacher

3 WILLKOMM-GEFÄSSE

Der Enzyklopädist Johann Heinrich Zedler umschreibt 1748 einen Willkomm als großen Becher, Glas, Krug oder dergleichen Trinkgeschirr, welches schon von altersher einem sich zum erstenmal einfindenden Gast zugetrunken werde. Und dabei, so fügt er hinzu, müsse der Gast den Willkomm ungeachtet seines großen Inhalts ganz und gar austrinken. Tatsächlich werden vielfältigste Gefäße inschriftlich als Willkomm benannt, doch das sind Ausnahmen. Die typische Form des als Willkomm bezeichneten Trinkgeschirrs ist der überwiegend doppelt gebauchte Pokal, dessen Gebrauch in den Zünften durch ungeschriebene, aber dennoch recht starre Vorschriften geregelt ist. Analog dazu werden Gefäße verwendet, deren Form auf einen für das Handwerk typischen Gegenstand aus der Arbeitsumwelt hinweist und die gewöhnlich als Gestaltgefäße benannt sind. Die Pokale wie die Gestaltgefäße sind zwar charakteristische, an das Zeremoniell der Willkomm-Sprechung gebundene Zunftgefäße und dementsprechend auch nahezu ausschließlich hier zu finden, doch hin und wieder gibt es (vorrangig im 17. Jahrhundert) Nachricht darüber, daß auch einzelne Bürger zinnerne Willkomm-Gefäße besitzen und diese wohl gemäß der von Zedler genannten Funktion benutzen. Bevor im folgenden auf die Verwendung bei den Zünften eingegangen wird, soll zunächst ein Blick auf Entstehung und Verbreitung der Pokale geworfen werden. Dann aber wird eingehender die Frage interessieren, wie eine Zunft im Rahmen der üblichen Verrichtungen die Pokale oder auch die Gestaltgefäße benutzt, was es mit dem Deckel (»Haupt«) der Pokale auf sich hat, was einzelne Inschriften besagen und was zu den angehängten Schildern bekannt ist. Schließlich werden besondere Feste der Zünfte vorgestellt, bei denen Willkomm-Gefäße eine Rolle spielen. Während einigermaßen wohlhabende Zünfte des öfteren neben dem Zinn-Pokal für besonders festliche Anlässe noch einen silbernen haben, kommt das bezüglich der Gestaltgefäße nur in weniger Fällen vor. Sie sind auch hinsichtlich ihrer brauchtümlichen Verwendung gegenüber den Pokalen nachgeordnet, so daß hier vor allem die Gefäßvielfalt vorzustellen sein wird.

Etwa seit dem 16. Jahrhundert kann man diesen meist repräsentativ wirkenden Gefäßen begegnen, und zwar am häufigsten in Deutschland, Polen, Böhmen und Mähren sowie – in etwas geringerer Anzahl – in den skandinavischen Ländern. Auch wenn die Pokale außerhalb des deutschsprachigen Raumes ziemlich frühzeitig vorkommen, darf man vermuten, daß das Willkomm-Trinken eine deutsche Sitte ist, die sich allmählich auf eine Reihe anderer Länder überträgt. Aber selbst als im 17. und 18. Jahrhundert die Anfertigung der Zinn-Pokale einen gewissen Höhepunkt erfährt, gibt es auch in Deutschland regional erhebliche Unterschiede ihrer Verbreitung. Während die Häufigkeit im Norden beträchtlich ist, bleiben sie allezeit in Süddeutschland selten. Immerhin gibt es aber ein beeindruckendes Zeugnis dafür, daß sich in diesem Raum selbst ein schon zu seiner Zeit recht angesehener kunsthandwerklich arbeitender Zinngießer wie Nicolaus Horchhaimer (gest. 1583) der Anfertigung eines Willkomm-Pokals widmet. Der aus Koblenz stammende und 1561 in Nürnberg Meister gewordene Horchhaimer genießt den Ruf, hervorragende Arbeiten aus geätzter Form gießen zu können. Schon bald nach seiner Meisterpromotion wendet sich die Schuhmacherzunft an ihn und gibt einen Pokal in Auftrag, den der Überlieferung nach Hans Sachs zum
38 75. Geburtstag geschenkt bekommt. Das Gefäß beeindruckt nicht nur durch seine imposante Größe, sondern auch durch die Kombination mit Teilen aus Bronze und Messing – aus Bronze sind die den Fuß tragenden Widder sowie die Deckelfigur, während die insgesamt 29 Ringe um Leib und Deckel aus Messing bestehen. Es sei an dieser Stelle angemerkt, daß die Anfertigung eines Willkomms als ehrenvolle Angelegenheit gilt und aus der Sicht der Zünfte keineswegs schlechthin jeder Zinngießer dafür in Frage kommt; notfalls wendet man sich auch an einen Meister außerhalb, wenn sich innerhalb der eigenen Stadtmauern keiner dafür zu eignen scheint.

Hutmacher

In Frankreich spürt man den Einfluß der deutschen Sitte des Willkomm-Trinkens nicht nur an der Übernahme der Gefäßform, sondern auch an der Namensgebung. Die Bezeichnung »Widrecome« ist vom deutschen »wiederkommen«/1/ hergeleitet und deutet auf den Brauch, den sich auf Wanderschaft begebenden Gesellen offiziell mit dem Ehrentrunk aus dem Willkomm zu verabschieden. In England werden die Gefäße im 17. und 18. Jahrhundert gelegentlich gegossen und als »hanap«

/1/ Sterner, G.: Zinn. Vom Mittelalter bis zur Gegenwart. – München 1979. – S. 48

oder »Guild cup« bezeichnet. In den meisten Fällen weist auch hier die Ornamentik auf die entsprechende Zunft hin./2/ Wie sehr übrigens allgemein die Willkomm-Pokale aus Zinn an das Vorhandensein von Zünften gebunden sind, zeigt ihr völliges Fehlen in Amerika. Selbst einfache gefußte und gedeckelte Becher gibt es fast nicht. Das bisher bekannt gewordene einzige Stück stammt bezeichnenderweise aus der Werkstatt des im 18. Jahrhundert aus Deutschland eingewanderten Johann Christoph Heyne, Lancaster. Wo auch immer Willkomm-Pokale gegossen werden, hinsichtlich ihrer Formgebung wird der Einfluß fürstlichen Prunk- und Repräsentationsgeräts sichtbar. Während allerdings die Formentwicklung des Gold-Pokals körperlich nachvollziehbar ist, sind zinnerne Belegstücke nur noch sehr spärlich vorhanden. Der im Bild wiedergegebene, 39
wohl aus einer norddeutschen Werkstatt stammende Doppelbecher gehört zu den wenigen Sachzeugen. In der Gotik bildet sich der Pokal aus dem Zusammenfließen zweier Gefäßformen heraus, und zwar des Ziboriums (eines zum Aufbewahren der Hostien bestimmten Gefäßes) und des Kelches, was zunächst zu der für die Spätgotik charakteristischen Gestalt des Akelei-Pokals führt. Diese Pokalform ist u. a. durch eine von dem in Nürnberg ansässigen Goldschmied Wenzel Jamnitzer geschaffene Arbeit belegt, die ihrerseits an die als »Köpfe« (»köphen«) bezeichneten Trinkgefäße des 12. und 13. Jahrhunderts erinnert. Das Aussehen der Köpfe wird z. B. veranschaulicht im »Hortus deliciarum«, dem »Lustgarten« der Äbtissin Herrad von Landsberg, und zwar als gefußte halbkugelige Schale mit einem ebenso geformten Deckel. Von diesem sowohl im sakralen als auch im profanen Bereich als Doppelpokal genutzten Trinkgefäßen ist es nicht mehr weit bis zur Herausbildung des typischen Willkomms, bei dessen Formgebung der eine Pokal um die Kuppa des zweiten vergrößert wird, der verbleibende Fuß ausschließlich die Funktion des Deckels hat und der Schaft als Deckelfigur erscheint.

Das aus Edelmetall gefertigte Vorbild des zinnernen Pokals hat zwar immer einen höheren künstlerischen und selbstverständlich auch größeren Materialwert, doch für jeden Zunftangehörigen ist der Willkomm zumindest ideell ein kostbares Stück, gleichsam wie die Lade eine Art Heiligtum. Obwohl beide Gegenstände doch deutlich verschiedenartige Funktionen haben, kommt es wegen der gleichgroßen Ehrerbietung sogar vor, daß sie miteinander identifiziert werden, z. B. indem auf einem Pokal die Bezeichnung »Lade« eingraviert ist./3/ Mit wieviel ehrfürchtiger Förmlichkeit der Willkomm beispielsweise dann gehandhabt wird, wenn die Zunft eine neue Herberge bezieht, zeigt eine Bemerkung Johann Heinrich Zedlers in seiner großen Enzyklopädie (1748): Man trage

/2/ Massé, H. J. L. J.: Chats on Old Pewter. – New York 1971. – S. 94

/3/ Drescher, H.: Einige Arbeiten Harburger Zinngießer im Helms-Museum und im Privatbesitz. – In: Harburger Jahrbuch 12 (1965/67). – S. 63

neben Lade und Handwerksschild den Willkomm solcherart fort, daß ihn manche Reisende für ein Wahrzeichen der Stadt hielten!

Auch seitens der Obrigkeit wird nicht selten durch entsprechende Festlegungen versucht, den ideellen Wert des Willkomms bzw. des an ihn gebundenen Zeremoniells zu beeinflussen. Als z.B. 1682 die Schleizer Zinngießer vom Landesherrn Heinrich I. Reuß die Bestätigung ihrer Ordnung erhalten, wird die Zunft zugleich in den Rang einer Kreisinnung erhoben, die alle Lande der jüngeren Linie Reuß umfaßt. Während zugestimmt wird, die Handwerkslade abwechselnd je drei Jahre in Schleiz und Gera (wo sich zahlreiche Zinngießer befinden) zu stationieren, wird ausdrücklich darauf beharrt, den Willkomm nur in Schleiz zu reichen. Natürlich gibt das Streit, bis es 1711 die Geraer durchsetzen, eine eigene Zunft mit eigenem Willkomm gründen zu dürfen./4/

Kannengießer

Hinsichtlich der Beziehung der Zünfte zum Willkomm muß nun freilich nochmals daran erinnert werden, daß der Pokal für viele Handwerkervereinigungen lange Zeit auch als nicht unerheblicher materieller Wertgegenstand von Gewicht ist und sein Fehlen geradezu als Indiz für die Armut des einen oder anderen Handwerks gilt. Wenn es notgedrungen sein muß, verkauft man ihn auch. Die so erhaltene Geldsumme ist durchaus beachtlich, z.B. erhalten die Braunschweiger Zinngießergesellen 1731 dafür 11 Taler und 29 Groschen. Dieser Verkauf ist die überhastete Reaktion auf den einschüchternden Text des schon erwähnten Reichsabschieds bezüglich der »Abstellung deren bey denen Handwercken Eingeschlichenen Mißbräuche« – die meisten Zünfte sind freilich deswegen ihrem Willkomm nicht untreu geworden, und es gibt sehr viele Beispiele dafür, daß sogar noch weit bis in das 19. Jahrhundert hinein Willkomme »aufgerichtet«, d.h. in eine Zunft eingeführt werden.

Es ist wahrscheinlich, daß ein im Leben der Zunft so wichtiger Vorgang wie das Aufrichten eines Willkomms auch mit zeremoniellen Regelungen für sein erstmaliges Auffüllen verbunden ist. Doch das ist bisher Vermutung, so wie auch nur angenommen werden kann, daß der Pokal im späteren Gebrauch u.a. mittels der Schleifkannen gefüllt wird. Getrunken wird alles, was Alkohol enthält, natürlich vorrangig Wein und Bier. Aber auch Branntwein verschmäht man nicht. Findige Zinngießer liefern dazu einen Einsatz, mit dem das Volumen des Pokals verkleinert werden kann. So kann selbst bei hochprozentigen Getränken der Willkomm vorschriftsmäßig voll gefüllt werden. Über ein entsprechendes Gefäß verfügt beispielweise gegen Ende des 17. Jahrhunderts die vereinigte Zunft der Schmiede, Schlosser, Uhrmacher und Klempner im damaligen Rügenwalde./5/ Aus dem Besitz der Glaserzunft in Bielefeld ist ein 1683

/4/ Hänsel, R.: Die Zinngießer in Schleiz und ihre Marken. – In: Das Thüringer Fähnlein. – Jena 11/12 (1942/43). – S. 103

/5/ Hardow, R.: Stolper Zinngießer und ihre nachweisbaren Arbeiten. – Stolp 1931. – S. 13

datierter Willkomm mit einer am Boden durchlöcherten Halbkugel mit Schraubgewinde (um eine zweite Halbkugel aufschrauben zu können) bekannt./6/ Durch darin untergebrachte Gewürze und Kräuter gibt man insbesondere dem Bier einen bestimmten Geschmack und regt den Durst an. Das wird u.a. in einem Schreiben deutlich, das 1736 die hannoversche Regierung an den Bremer Senat richtet: Bei den meisten Handwerkern sei der Mißbrauch im Schwange, »daß sowohl ein ankommender Geselle als auch ein Lehrknabe, wenn er ausgeschrieben und zum Gesellen gemacht wird, bey der Zusammenkunft deren Gesellen einen sogenannten Schauer, welcher ein großer Becher von Zinnen oder Silber ist, und mit zwey Quartier Bier nebst Pfeffer und anderen Gewürzen angefüllt wird, in dreyen Ansätzen mit Zuziehung eines anderen Gesellen zum Willkommen austrinken, oder, wenn er solchen nicht ausleeret, eine Geldstrafe dafür in die Gesellenlade geben muß.«

Der Ausdruck Schauer steht hier für den Willkomm-Pokal, allgemein findet er zur Bezeichnung einer gefußten Schale Verwendung. Auf das Trinken von Würzbier wird in Verbindung mit den Zunftkannen noch einzugehen sein.

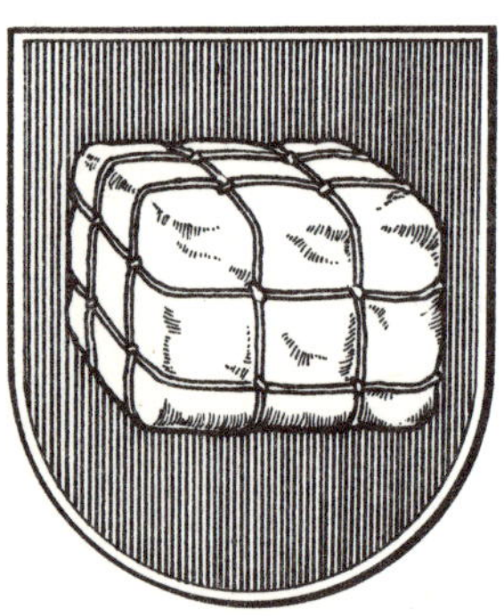

Kaufleute

Bei zeremoniellen Handlungen wird zwar immer unmittelbar aus dem Pokal getrunken, doch offensichtlich verwendet man ihn auch als Schenkgefäß. Das wird wohl meist dann geschehen, wenn es hoch hergeht und man darauf aus ist, Strafen für das Verschütten des Inhalts zu kassieren. Von seiner Konstruktion her und mit den angehängten Schildern ist der Willkomm-Pokal als Schenkgefäß recht untauglich. Daß er aber dennoch dazu verwendet wird, bezeugen Inschriften auf Bechern, die ihre Zugehörigkeit zu einem Willkomm ausweisen. Das Umfunktionieren des Pokals zum Schenkgefäß kann nicht allein durch die Lockerung der Bräuche erklärt werden, denn schon aus dem 17. Jahrhundert
sind entsprechende Beispiele bekannt (etwa der abgebildete Willkomm 42
der Zimmerer aus Schweidnitz/Swidnica von 1662 mit acht zugehörigen 43
Bechern), zu einer Zeit also, zu der die Zünfte besonders kleinlich auf die Einhaltung ihrer Sitten achten.

Als sich um 1810 die Töpfer in Rostock entschließen, sich nochmals 40
einen neuen Willkomm-Pokal zuzulegen, redet ihnen die Obrigkeit nicht 41
mehr in diese Angelegenheit hinein. Zuvor freilich ist es ihnen ähnlich ergangen wie beispielsweise ihren Zunftgenossen in Aschersleben, denen von Bürgermeister und Rat vorgeschrieben wird, wann der Willkomm zu benutzen ist, und zwar dreimal im Jahr (Ostern, Johanni und Martini), »jedoch kann solches auch wohl außer Zeiten, als, wann einen Jungen die Lehre bekannt wurde, oder ein fremder Meister anher käme, zugelassen

/6/ Pieper-Lippe, M.: Zinn im nördlichen Westfalen. – Münster 1980. – S. 73

1768

38

38 Willkomm-Pokal einer Schusterzunft, sog. Hans-Sachs-Pokal; 1561, H. 70,5 cm
Staatliche Museen zu Berlin, Kunstgewerbemuseum

39 Doppelbecher mit Reliefplakette auf dem Innenboden (Abb. 15); 14. Jh., H. 12,2 cm
Kulturhistorisches Museum, Stralsund
Becher dieses Typs gelten als Vorgänger des Willkomm-Pokals.

39

40 Willkomm-Pokal einer Töpferzunft; 1812, H. 39 cm
Kulturhistorisches Museum, Rostock
Die Deckelfigur fehlt.

41 Willkomm-Pokal einer Töpferzunft mit insgesamt 20 Löwenmasken; 1698, H. 57 cm
Töpfermuseum Kohren-Sahlis
Die ungewöhnlich große Anzahl der Löwenmasken ergibt sich aus der Nutzung des Willkomms über zwei Jahrhunderte hinweg und den sich dabei reichhaltig angehäuften Silberschildern, die alle ihren Platz am Pokal erhalten sollen.

40

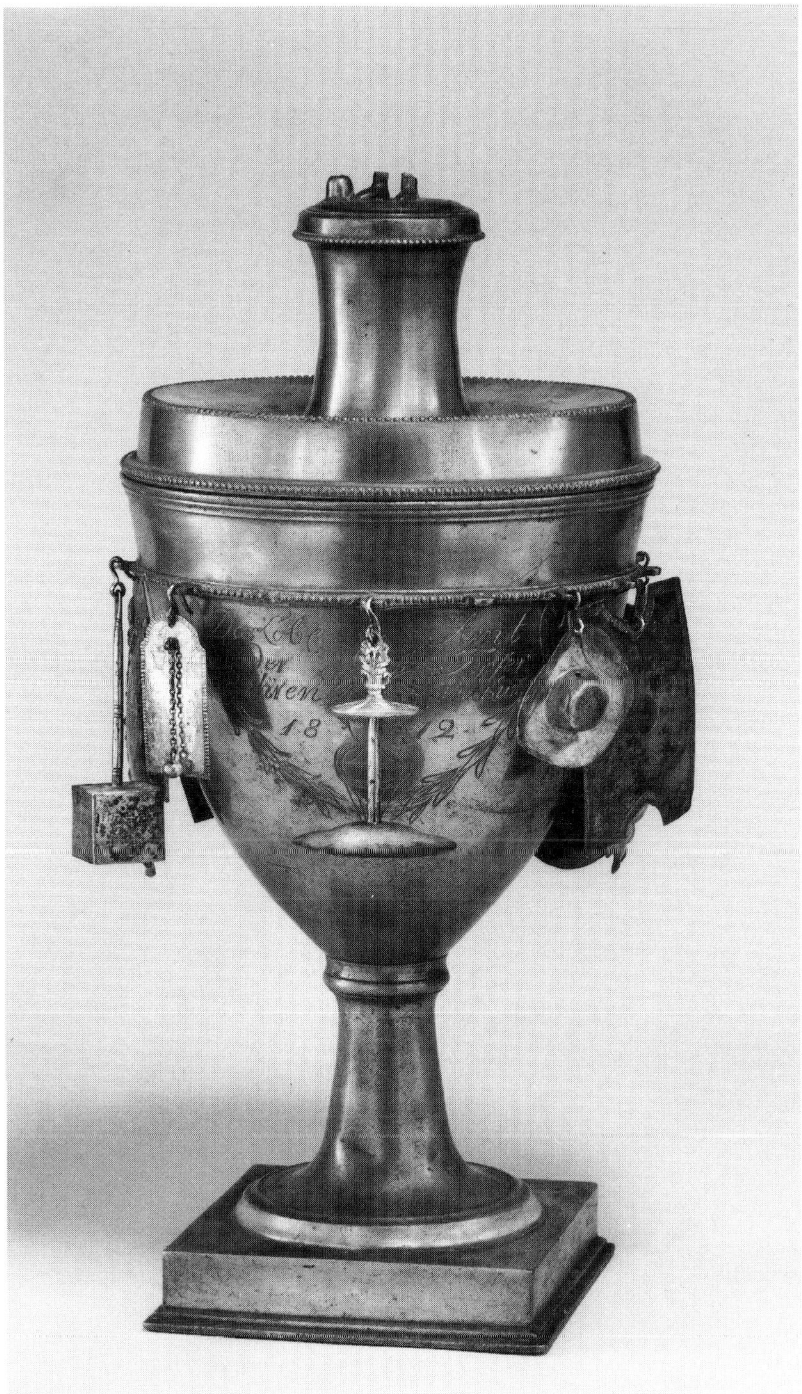

41

42 Willkomm-Pokal der Zimmerer von Schweidnitz (Swidnica) mit zugehörigen Bechern; 1662, H. des Willkomms 63 cm, H. der Becher 9,8 bis 12,8 cm Staatliche Museen zu Berlin, Kunstgewerbemuseum

43 Detail des Willkomms (Abb. 42)

42

KOENIG VON

44 Willkomm-Pokal einer Böttcherzunft; 1795, H. 78 cm Kulturhistorisches Museum, Rostock

45 Willkomm-Pokal der Maurerzunft in Kopenhagen; 1721, H. 67 cm Nationalmuseet København

46 Willkomm-Pokal der Glaserzunft Stralsunds; 1811, H. 42,5 cm · Kulturhistorisches Museum, Stralsund

Die Kette ist für das Anhängen der Silberschilder bestimmt, ihrerseits hängt sie an einem durchlöcherten Profilreifen.

47 Willkomm-Pokal der Wismarer Faßbinderzunft; zwischen 1637 und 1676, H. 70 cm
Kunstmuseum Düsseldorf

48
49

48 Willkomm-Pokal einer Weberzunft; 1747
Victoria and Albert Museum, London

49 Willkomm-Pokal einer Tischlerzunft; 1694, H. 65 cm
Kulturhistorisches Museum, Stralsund

50 Zwerg als Deckelfigur auf dem Willkomm-Pokal einer Bäckerzunft; 1788, H. 42,5 cm
Museum für Geschichte der Stadt Leipzig

51 Willkomm-Pokal der Nadlerzunft in Zürich mit einem Löwen als Deckelfigur; um 1700, H. 36,7 cm
Schweizerisches Landesmuseum Zürich
Der verlorengegangene Fuß ist durch eine Holzplatte ersetzt.

51

50

52

52 Willkomm-Pokal der Erfurter Schwarzbüttner; Ende 18. Jh., H. 52 cm
Museum für Thüringer Volkskunde, Erfurt
Die Deckelfigur wird in zeitgenössischer Kleidung präsentiert.

53 Willkomm-Pokal einer Weberzunft; 1756, H. 37 cm
Stadt- und Kreismuseum Landshut

54 Willkomm-Pokal der Buntfutterer in Stralsund; 1773, H. 51,5 cm
Kulturhistorisches Museum, Stralsund

53

54

55

56

55 Willkomm-Pokal der Schuhmachergesellen von Celle; 1819, H. 61 cm
Bomann-Museum Celle
Die einbeinige Deckelfigur ist charakteristisch für viele Pokale der Schuhmacherzunft.

56 Willkomm-Pokal der Tuchmachergesellen in Rostock; nach 1622, H. 49,5 cm
Kulturhistorisches Museum, Rostock

57 Willkomm-Pokal der Tuchmacher in Crimmitschau; 1792, H. 58,5 cm
Gedenkstätte Crimmitschauer Textilarbeiterstreik, Crimmitschau

57

58 Löwenmaske am Leib eines Willkomm-Pokals; 17. Jh., H. 2,5 cm
Privatbesitz

59/60/61 Silberschilder an einem Willkomm-Pokal der Töpfer (Abb. 41), H. 5 bis 8 cm

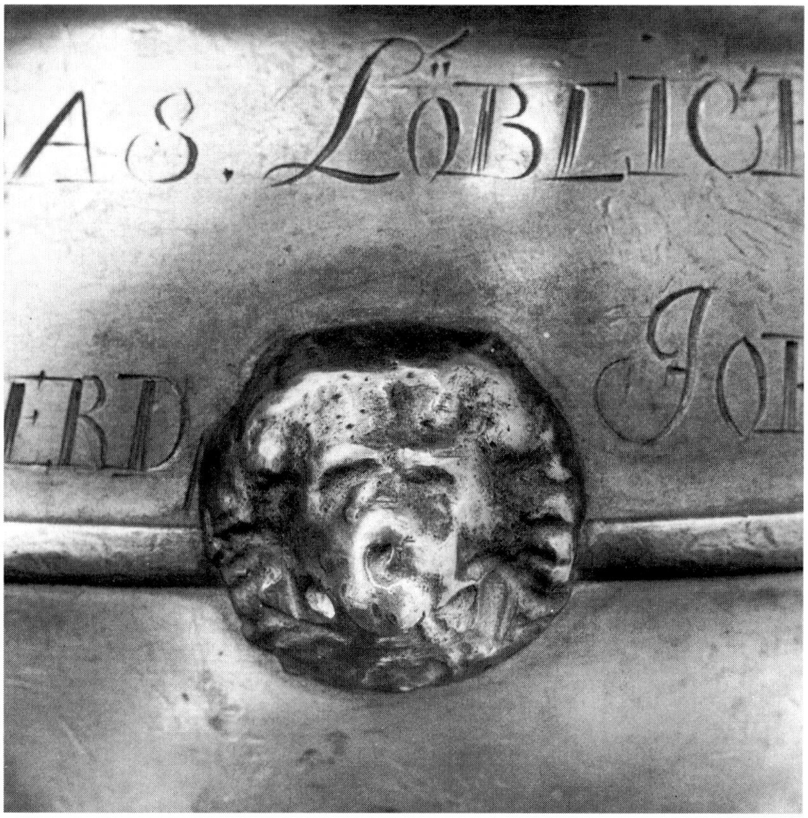

58

59

60

1741

62
63
64

62 Willkomm-Pokal einer Seifensiederzunft; 1765, H. 35,4 cm
Museen der Stadt Gera, Museum für Geschichte

63 Doppelgesichtiger Kopf als Deckelfigur auf dem Willkomm-Pokal (Abb. 62)

64 Gesichtsmaske als Schildhalter am Leib des Willkomm-Pokals (Abb. 62)

65 Willkomm-Pokal der Bäckerzunft von Christiania (Oslo); 1766, H. 43,8 cm
Norsk Folkemuseum, Oslo

65

66 Detail zum Willkomm (Abb. 67)

66

67 Willkomm-Pokal der Fleischergesellen in Stralsund; 1818, H. 61 cm
Kulturhistorisches Museum, Stralsund
Die Anordnung von Silberschildern auch in der Deckelzone ist ungewöhnlich.

67

68

69

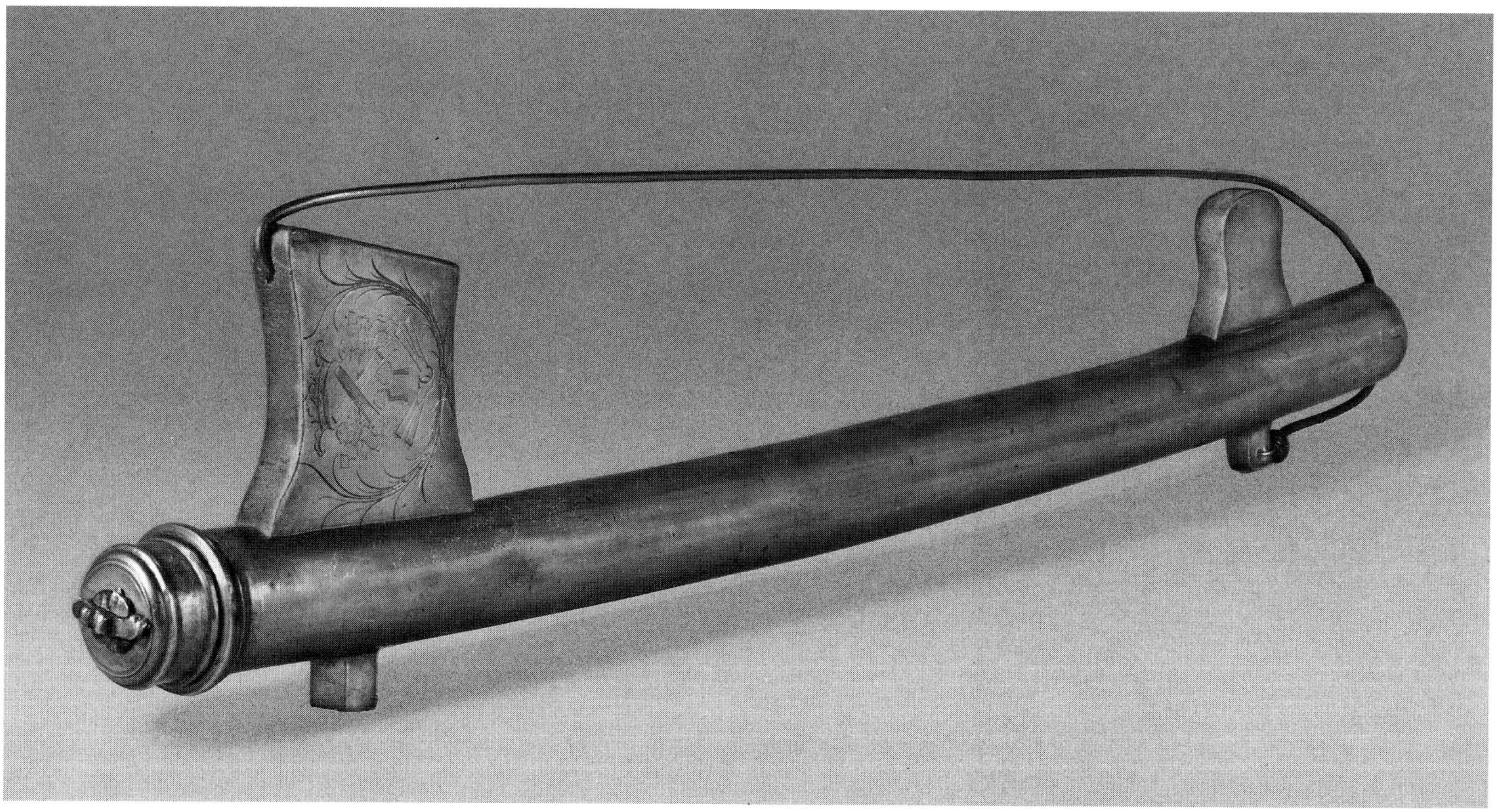

68 Detail zum Gestaltgefäß (Abb. 69)

69 Gestaltgefäß der Görlitzer Tuchmacher in Form eines Walkerbaumes; 1749, L. 40 cm
Städtische Kunstsammlungen Görlitz
Walkerhammer (Abb. 70) bzw. Walkerbaum werden als Werkzeuge zum Weichklopfen des Tuches benutzt.

70 Gestaltgefäß der Görlitzer Tuchmacher in Form eines Walkerhammers; 1660, L. 65 cm
Städtische Kunstsammlungen Görlitz

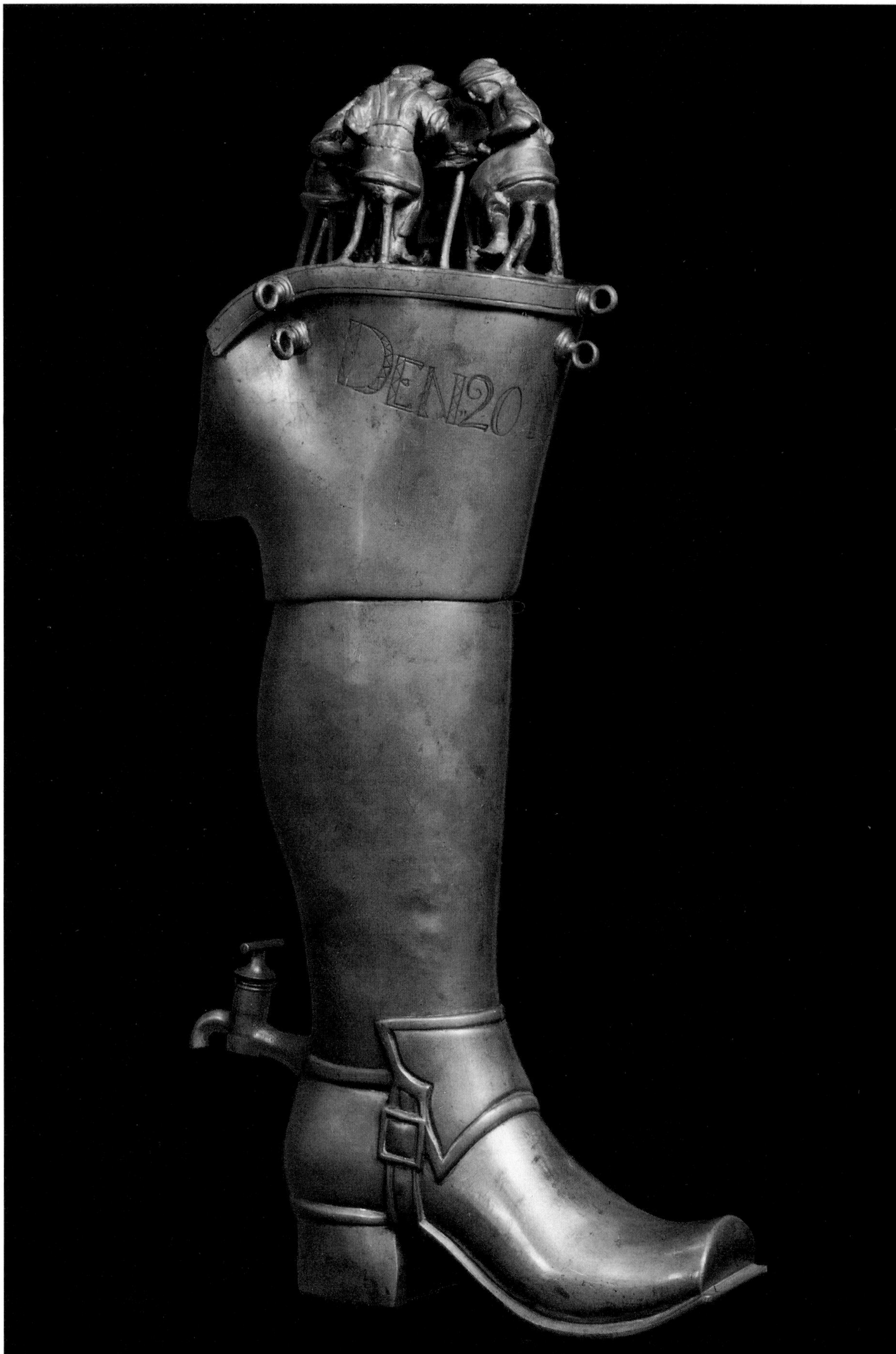

71 Gestaltgefäß der Prager Schuhmacher in Form eines Stiefels; 1715, H. 73 cm Museum der Hauptstadt Prag

72 Detail zu Abb. 73

73 Gestaltgefäß der Schuhmacherzunft von Weißenfels, mit Klappdeckel; 1794, L. 23 cm
Museum Weißenfels
Das Gestaltgefäß wird auch als Tischzeichen verwendet.

72

73

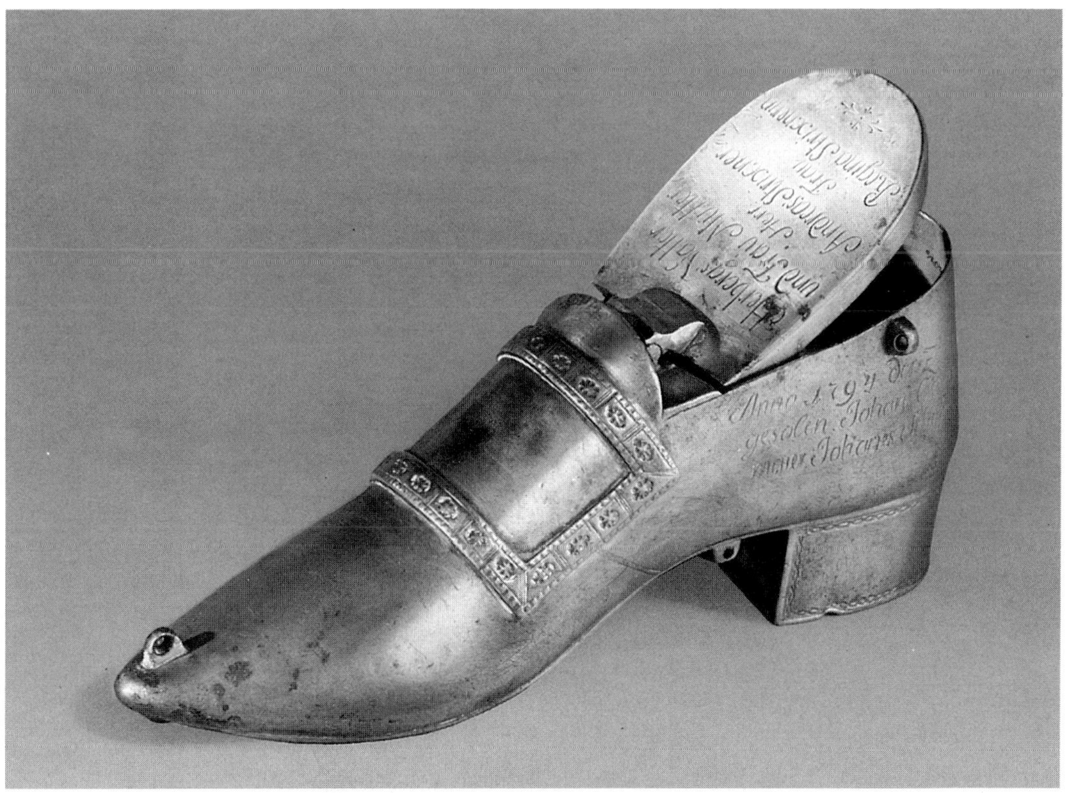

74

74 Gestaltgefäß der Schuhmacher in Form eines Schnabelschuhes; 18. Jh., L. 23 cm
Museum für Thüringer Volkskunde, Erfurt
In den Klappdeckel ist eine Silbermünze eingelegt.

75 Gestaltgefäß der Schuhmacherzunft in Form eines Schnabelschuhes; 1. Hälfte 18. Jh., L. 14 cm
Museum Weißenfels
Der fehlende Deckel läßt auch die Möglichkeit zu, daß das Gefäß als Fidibusständer oder sogar als Liebesbecher Verwendung findet.

75

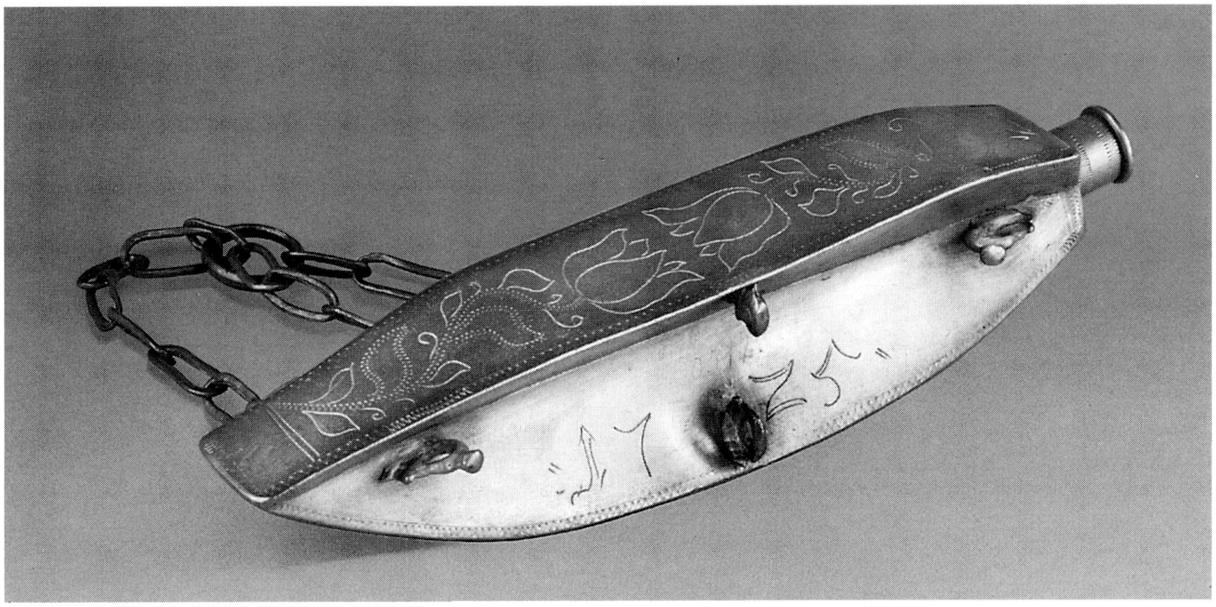

76

77

76 Gestaltgefäß der Weber, mit Schraubverschluß; 1725
Staatliche Kunstsammlungen Dresden, Museum für Kunsthandwerk

77 Gestaltgefäß der Böttcher; 1760
Staatliche Kunstsammlungen Dresden, Museum für Kunsthandwerk

78 Gestaltgefäß der Lohgerber in Rostock; um 1700, L. 59 cm
Kulturhistorisches Museum, Rostock

79 Gestaltgefäß der Bäcker; 1701, L. 18 cm
Museen der Stadt Bautzen, Stadtmuseum

78

Johann Martin
1701

80 Gestaltgefäß, vermutlich der Fischerzunft in Augsburg; 18./19. Jh., L. 28 cm
Kunstgewerbemuseum Köln

81 Gestaltgefäß der Metzger; 1805, L. 32 cm
Kunstgewerbemuseum Köln
Das Gefäß ist am Kopf aufklappbar.

82 Gestaltgefäß, vermutlich der Schiffbauer in Stolp (Słupsk); 1672, H. 55 cm
Staatliche Kunstsammlungen Dresden, Museum für Kunsthandwerk

80
81

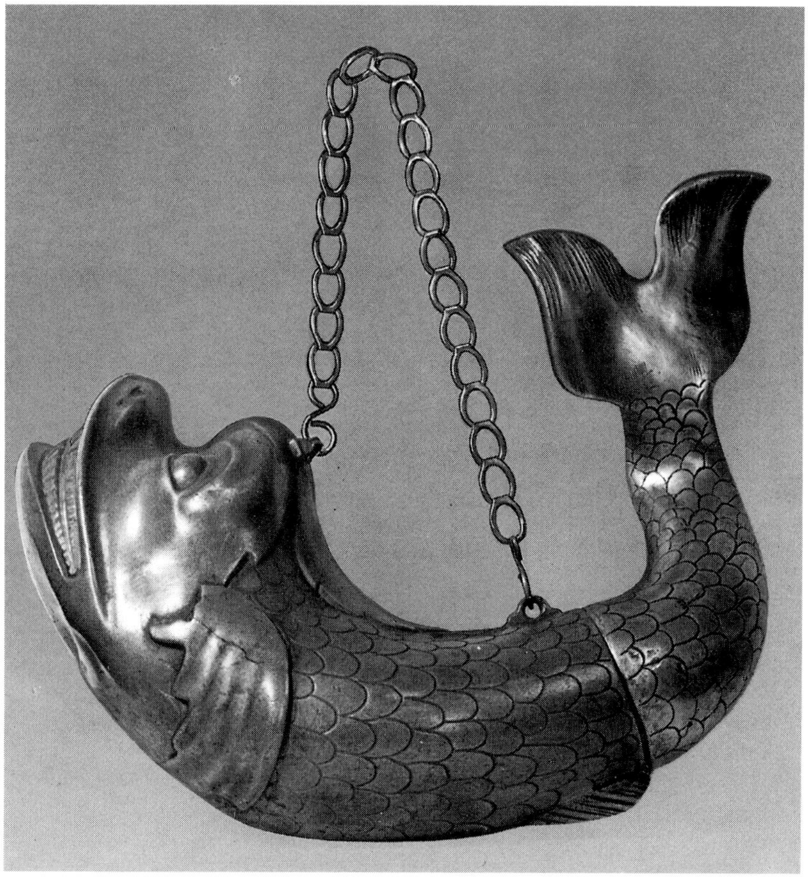

82

83 Gestaltgefäß der Bergleute; 2. Hälfte 16. Jh., L. 59 cm Kunstgewerbemuseum Köln

84 Gestaltgefäß der Zimmerleute; 2. Hälfte 16. Jh., L. 60 cm Kunstgewerbemuseum Köln

84

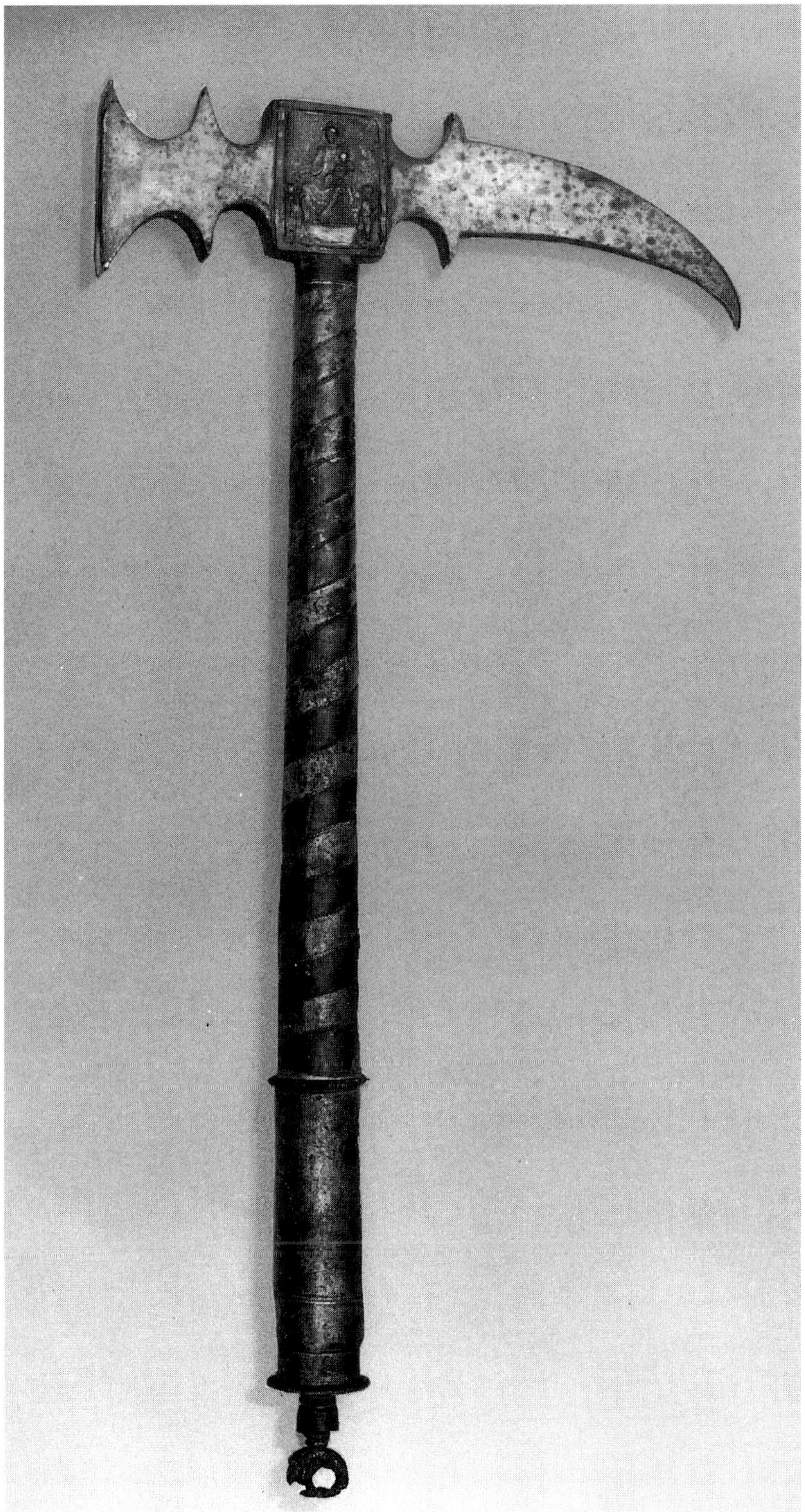

83

HANDWERK
DER
BOTTGER
ANNO 1791

85 Gestaltgefäß der Böttcher in Schmölln; 1791, L. 25 cm
Museen der Stadt Gera, Museum für Geschichte

86 Gestaltgefäß der Schmiede; 1677, H. 17 cm
Iparmüvészeti múzeum, Budapest

87 Gestaltgefäß der Böttcher in Gera; 1797, L. 36 cm
Museen der Stadt Gera, Museum für Geschichte

86

87

88 Hahnpartie und Fußzone (Detail zu Abb. 87)

89 Schraubverschluß (Detail zu Abb. 87)

88
89

werden . . . Wenn ein Meister oder Gesell auf das Geschenke kommt, soll ihm vergünstiget seyn, umb den Willkomb dreymal zu bitten, alsdann ihm auch derselbige für dem Handwerke gereicht werden soll, so soll auch eine Reihekanne gemacht werden, wann nun aus derselben dreymal aus der Reihe herumb gedrunken alsdann soll der Willkomb von Meister und Gesellen besehen werden, ob der Gast mit dem Trunke ein Genügen gethan und bestehen« (kann)./7/

Wenn »einem Jungen die Lehr bekannt wurde« ist woanders kaum ein Grund, den Willkomm zu reichen. Anders hingegen beim Freisprechen eines Gesellen. Eine der dabei am häufigsten ausgesprochenen Formulierungen lautet:

»Also mit Gunst und Erlaubnis, daß ich meine Hand an den ehrbaren Willkomm lege und ihn von der ehrbaren Handwerkstafel aufhebe! Also mit Gunst und Erlaubnis! Daß ich dem ehrbaren Willkomm sein Haupt entblößen lassen mag.«

An dieser Stelle erhebt sich ein bestimmter anderer Geselle und entblößt das Haupt, hebt also den Deckel vom Pokal ab. Nun trinkt der Kandidat und spricht dann:

»Vivat, es leben die Herren Ältesten, Ladenmeister, Mitmeister, einheimische und fremde Gesellen«.

Schließlich bittet er um die Erlaubnis zum Absetzen, und dem ehrbaren Willkomm wird das Haupt wieder bedeckt. Diesem Zeremoniell, das bei der Meisterpromotion ähnlich verläuft, schließt sich der auch bei der Meisterwerdung beliebte Rundtrunk an. Der Rundtrunk wird vom neuen Gesellen bzw. Meister mit folgenden Worten eingeleitet:

»Also mit Gunst und Erlaubnis! Daß ich diesen ehrbaren Willkomm einen ehrbaren Gesellen zubringe, so wie er mir von einem ehrbaren und rechtschaffenen Gesellen zugebracht worden ist, nach Handwerksbrauch und Gewohnheit. Also mit Gunst! Meister und Gesellen, daß ich meine Hand von dem ehrbaren Willkommen abziehen und auf der ehrbaren Handwerkstafel niederlassen mag! Nach Zunft und Ehrbarkeit, nach Handwerksgebrauch und Gewohnheit! Also mit Gunst!«/8/

Als schlimmer Formfehler gilt beim Rundtrunk, wenn der Pokal einem anderen in die Hand gegeben oder zu ihm hingeschoben wird; er muß vor dem Entsprechenden auf dem Tisch plaziert werden. In einigen Zünften ist dazu festgelegt, den Willkomm nur mit einem weißen Tuch oder sogar nur mit weißen Handschuhen anzufassen. Das gilt sicher auch
45 für den Pokal der Maurerzunft von Kopenhagen, denn die Maurer sind für diesen Brauch bekannt. Auch die Steinmetzen haben die Regelung, das Gefäß nur mit einem weißen Schnupftuch anzufassen.

Kaufleute

/7/ Wissel, R.: Des alten Handwerks Recht und Gewohnheit. Bd. II. – Berlin 1929. – S. 161

/8/ Gröber, K.: Alte deutsche Zunftherrlichkeit. – München 1936. – S. 84

Wie das Freisprechen ist das Einschreiben eines neuen oder fremden Gesellen ein allgemein verbreiteter Anlaß, den Willkomm zu nutzen. Die damit verbundenen Bräuche sind für einzelne Zünfte ziemlich detailliert bekannt. Im 18. Jahrhundert hat in Frankfurt/Main unter den Schmieden der Kandidat den Pokal wie allgemein üblich »auf drei schmale Trunk« auszutrinken. Den ersten und letzten hat er selbst zu tun, den mittleren kann er verschenken. Das Trinken des nicht unbeträchtlichen Quantums »muß geschehen in aller Zucht und Ehrbarkeit, mit stille stehenden Füßen, mit unbedecktem Haupt und Händen, mit bedeckter Achsel, ohne Rucken und Zucken, ohne Mund- oder Bartwischen, ohne Vergießen eines einzigen Tropfen Wein«. Ist der Geselle von Natur aus schwächlich, zu erschöpft oder aus einem anderen Grund nicht in der Lage, mit nur zweimaligem Ansetzen den Willkomm zu leeren, muß er eine Geldstrafe zahlen. Auch dafür ist die Formulierung vorgeschrieben:

»Der Wein ist mir zu stark und meine Natur zu schwächlich; ich will meine gebührende Strafe erlegen.«

Eine Gebühr verlangten die Tischmachergesellen Zürichs prinzipiell von den neuen Mitgliedern. Seit 1711 können die Oertengesellen diesen den »willkomm praesentieren« und sie auffordern, gegen Zahlung von zwei Schilling »einen ehren-trunk daraus zuotuon«./9/

In den Gesellenartikeln der Quedlinburger Tischlerzunft (17. Jahrhundert) sind die obligaten drei Trünke wesentlich differenzierter mit Gebühren gekoppelt:

»Auch soll unser Willkommen dem fremden Gesellen präsentiert werden; nimmbt er ihn an und trinkt ihn aus, so gibt er nichts, tut er einen Ehrentrunk daraus, so gibt er 1 Ggr.; nimmt er ihn aber und trinkt er ihn nicht aus auf 3 Trunke, der soll 3 Ggr. geben und unter den 3 Trünken einen zu verschenken Macht haben. Nimmt er ihn an und trinckt ihn aus und hat sich ungebührlich dabei, der soll ein Wochenlohn zur Strafe geben.«/10/

Knochenhauer

Die in Verbindung mit den Ascherslebener Töpfern genannte Reihekanne ist zumeist ein zweiter, wohl etwas größerer Pokal, der zusammen mit dem das Zeremoniell einleitenden Willkomm gefüllt wird. Bevor er z.B. bei den Kupferschmiedegesellen als »Umläufer« dreimal um den Tisch geht, hat auch hier der fremde Geselle dafür Sorge zu tragen, daß der erste Pokal nach dreimaligem Ansetzen geleert ist:

»Dabei sollst du Macht haben, drei ehrliche Jungfrauen daraus zu verschenken, als nämlich bei dem Tisch versammelt sein . . .«.

Demnach kann der Fremde den Schenkgesell und zwei weitere Gesellen als Jungfer titulieren und diese so mit der Freude des Trinkens be-

/9/ Lutz, A.: Jünglings- und Gesellenverbände im alten Zürich und im alten Winterthur. – Affoltern 1975. – S. 131

/10/ Fehring, M.: Sitte und Brauch der Tischler. – Hamburg 1929. – S. 131

glücken. Allerdings wird in der Runde streng darauf geachtet, daß es der neue Geselle ist, der beim Jungferntrunk den Willkommdeckel abhebt, sonst ist eine Strafe fällig. /11/ Der Brauch ist bei den Kupferschmieden (die wie die Becken- oder Messingschläger Schüsseln, Kessel, Kannen, Zuber und Blaker aus Metallblech hämmern und treiben) noch bis zum ausgehenden 18. Jahrhundert belegt. Dann erliegen mit dem Aufkommen emaillierter Eisenwaren Brauch und Handwerk. Die Kupferschmiede gehören zu jenen Handwerkern, deren Gesellenmachen mit dem »Namen verschenken« verbunden ist. Die dabei neu erworbenen Gesellennamen lauten beispielsweise »Trau auf Gott«, »Frisch und frei« oder »Ehrlich bist«. Das Namenverschenken ist ein dem Schleifen ähnlicher Vorgang, wobei aber eher der Willkomm als die Schleifkanne benutzt wird. Der losgesprochene Geselle bekommt das Gefäß erst dann gereicht, wenn er von drei auf der Tischplatte gezogenen Strichen einen völlig weggewischt hat. Jedem Strich ist auf der Unterseite der Platte ein bestimmter Gesellenname zugeordnet. Während sich nun der Junggeselle müht, schnell seine Aufgabe zu erledigen, wirbeln die Mitgesellen mit großen Holzlöffeln auf der Platte herum und spannen darauf, damit die Hand des Kandidaten zu treffen. Je öfter dieser Anlauf nimmt, die Aufgabe zu erfüllen, um so häufiger hat zum Schluß der Willkomm als Reihekanne auf seine Kosten umzugehen. Und da die Kochlöffelschläge nicht gerade sanft sind oder ihm auch nicht der erste beste der zugeordneten Namen gefällt, kann dem Kandidaten das Namenverschenken teuer werden. Ähnlich geht es sowohl bei den »schwarzen« (Nägel anfertigenden) als auch »weißen« (Stifte machenden) Nagelschmieden zu. Übrigens hat auch hier der Willkomm nach dem dritten Trunk des Junggesellen leer zu sein, und mit den Worten: »Also mit Gunst! Dem Willkomm muß sein Recht geschehen, was unten ist muß oben stehen« ist das Gefäß umgekehrt auf die Tischplatte zu stellen, das Haupt hat daneben zu stehen. /12/

Es ist schon darauf verwiesen worden, daß die Erlaubnis zum Entblößen des Hauptes im Rahmen eines festgelegten Spruchs eingeholt werden muß. Der Deckel auf dem Willkomm wird unter den Glasern »Höft« be-
46 zeichnet. Üblicherweise ist er nicht so schmucklos wie der der Stralsunder Glaser. Hier ist offensichtlich die Deckelfigur verlorengegangen. Möglicherweise wird sie auf dem Höft je nach Anlaß ausgewechselt; ein Schraubengewinde auf dem Deckel erleichtert das sehr. Gelegentlich, z. B. in den Brauchreden der Magdeburger Böttchergesellen, spricht man von der »Ehrenkrone«, wenn der Pokal-Deckel gemeint ist. Die Deckel-
44 figur auf der Ehrenkrone des Willkomms der Rostocker wie auch Wisma-
47 rer Böttcher steht gleichsam auf einem Haupterzeugnis ihrer Arbeit – die

/11/ Dichtl, F.: Vom Kupferschmiedhandwerk und seinem Brauchtum. – In: Freistädter Geschichtsblätter. – Freistadt 1951, H. 2. – S. 19

/12/ Fehring, M.: Sitte und Brauch der Tischler. – Hamburg 1929. – S. 130

regional auch Büttner, Schäffler oder Binder genannten Handwerker beliefern die Brauer und Winzer mit großen Fudern und Dreilingsfässern; außerdem liefern sie Bottiche für die Färber und Gerber und nicht zuletzt Zuber, Kübel und ähnliches für die Haushaltungen.

Insgesamt gesehen haben die Pokal-Deckel der einzelnen Zünfte nicht allzu viele Besonderheiten, sondern sind im Grundaufbau im wesentlichen gleich. Für das Gebiet der Ostseeküste ist jedoch der Hallen-
bau (wie z.B. auf den wiedergegebenen Pokalen der Weber und Tisch- 48
ler) charakteristisch, auf dem sich die Deckelfigur erhebt. Die Figur 49
ist am häufigsten ein meist etwas historisierend anmutender Krieger.
Daneben kommen freilich auch Männer in zeitgenössischer Kleidung 52
vor, Delphine, Löwen, Greife und noch manche andere Wesen, gele- 51
gentlich sogar Zwerge. Es mag sein, daß die Kriegerfigur ursprünglich 50
mit dem Brauch des Willkomm-Trinkens auf Burgen und Schlössern beim Eintreffen eines fremden Ritters in Beziehung stand. Wußte er sich als solcher zu legitimieren, wurde ihm der Willkomm gereicht und er damit in die Schwurgemeinschaft des Burgfriedens aufgenommen. Die seit der zweiten Hälfte des 16. Jahrhunderts auf Burgen und Schlössern geführten Trinkbücher berichten zugleich über die bestandenen Trinkproben, die wegen der zu konsumierenden Mengen keine leichte Sache gewesen sind: Anno 1567 zeigt das Trinkbuch des Schlosses Ambras in Tirol an, daß Philippine Welser die erste Dame war, die den Drei-Liter-Willkomm geleert habe!/13/

Wie auf dem Pokal der Tischler mit einem Hallenbau auf sechs Säulen finden sich auch auf anderen Häuptern vieler anderer Willkomme Figuren, die eine Fahne halten. Die Fahnen sind wohl oft nur wegen ihrer gefälligen Wirkung vorhanden, aber in einer Reihe von Zünften – und dazu zählen die Tischler – sind sie fest in das Brauchtum einbezogen oder es ist zumindest auf sie Bezug genommen. So heißt es z.B. 1712 in der Ordnung der Lübecker Tischlerzunft:

»Wan ein Gesell bei trinkung der Gesundheit die Fahne von dem Willkommen abfallen läßt, der soll deszhalb 1 Schill. straffe erledigen.«

Ziemlich verbreitet scheint die Sitte zu sein, daß beim Einschreiben neuer bzw. fremder Gesellen der Deckel mit der Fahne zu schwenken ist. Während der einzuschreibende Geselle trinkt, wird das von dem das Haupt haltenden Nebenmann besorgt./14/ Warum die Fahne geschwenkt wird, kann nicht mehr sicher nachvollzogen werden. Ein Fingerzeig dürfte die Auskunft sein, die Johann Heinrich Zedler 1735 zur Fahne bei den Soldaten gibt: Sie sei deshalb da, damit jeder wisse, wo er hingehöre und sich bei ihrem Anblick an seinen Eid erinnere, nämlich bei

/13/ Kämpfer, F.: Becher, Humpen, Pokale. – Leipzig 1977. – S. 121

/14/ Rauers, F.: Hänselbuch. Schleif-, Vexier-, Deponier-, Tauf- und Zeremonien-Buch. – Essen 1936. – S. 122

der Fahne zu bleiben. Möglicherweise geht es beim Schwenken der Will-
komm-Fahne nicht einmal so sehr um die Mahnung zur Treue am Hand-
werk als vielmehr zur Wahrung der Heimlichkeiten des Handwerks.

Von der Weberzunft Bambergs ist ein Willkomm aus dem 17. Jahr-
hundert bekannt, dessen Fahne die Inschrift »Die Windel bis zum
Sterbekleid« trägt. Es spricht viel für die Vermutung,/15/ daß dieser
Hinweis die Wichtigkeit des Weberberufs (also von der Wiege bis zur
Bahre lebensnotwendig zu sein) unterstreichen soll, aber aus jüngerer Zeit
stammt, als das Handwerk schon durch die billigere Fabrikware emp-
findlich getroffen wird. Noch Mitte des 18. Jahrhunderts drückt zwar die
eine oder andere Weberzunft in Deutschland noch bescheidenen Wohl-
stand aus, indem z. B. eine ursprünglich nur zinnerne Ritterfigur versil-
bert wird und in dieser neuen Pracht den Willkomm ziert, doch die Not
steht schon vor der Tür. Die drei Weberschiffchen auf der Kartusche des
53 im Bild wiedergegebenen Willkomms der Weber in Landshut sind übri-
gens im 18. Jahrhundert ein in diesem Handwerk sehr geschätztes Orna-
ment. Hier sei erwähnt, daß es generell um diese Zeit nicht unüblich zu
sein scheint, die Deckelfigur zu versilbern. Davon zeugt z. B. der Will-
54 komm-Pokal einer Buntfuttererzunft von 1773 mit einem versilberten
Bronzelöwen. Wahrscheinlich schwingt dabei die im 18. Jahrhundert
ausgeprägte Mode mit, Zinn überhaupt auf Silberart zu fertigen.

Korbmacher

Es ist schon einführend erwähnt worden, daß auch viele Schuhma-
cher durch die billigere fabrikmäßig hergestellte Massenproduktion ver-
armen, wenn sich auch eine ganze Reihe mit Reparaturarbeiten schlecht
und recht über Wasser hält. Andererseits wächst die Zahl der Gesellen
an, und manche Bruderschaft errichtet noch im 19. Jahrhundert einen
55 Willkomm. Der abgebildete Pokal der Schuhmachergesellen von Celle ist
mit einer einbeinigen Deckelfigur und der Schildaufschrift »Hans von
Sagan« versehen. Das nur auf einem Bein stehende Männchen, das auf
den Willkomm der Schuhmacherzünfte häufig ist, soll den später geadel-
ten Schuhmacher Johann Sago aus dem damaligen Königsberg darstellen,
der zuweilen auch Hans von Sagan genannt wird. Der wackere Johann
soll sich im 14. Jahrhundert während einer Schlacht dank seiner Tapfer-
keit große Verdienste erworben, dabei aber ein Bein verloren haben. Da-
mit hängt es nach der Legende auch zusammen, daß die Schuhmacher-
zünfte oft in ihren Fahnen und Herbergsschildern einen doppelköpfigen
Reichsadler führen, der ein typisches Werkzeug in seinen Fängen hält –
das Recht dazu hatten alle Zünfte im Heiligen Römischen Reich von dem
dankbaren Kaiser erhalten. Nun wird argwöhnisch darauf geachtet, daß
die Pantoffelmacher weder die figürliche Ornamentik noch die Heraldik

/15/ Berger, W.-L.: Schönes altes Zinn. – Bayreuth 1980. – S. 12

der Schuhmacher übernehmen. Aus den Klippen- oder Glotzenmachern hervorgegangen, sind sie mancherorts jahrhundertelang wegen der immer drohenden Konkurrenz so etwas wie Erzfeinde, die jeder ehrbare Schuster streng meidet./16/ Am liebsten würde man ihnen wohl selbst mit den Inschriften auf den Leibern der Willkomm-Pokale den Kampf ansagen, aber andererseits will man nicht bei jedem Trunk an die Konkurrenten erinnert werden.

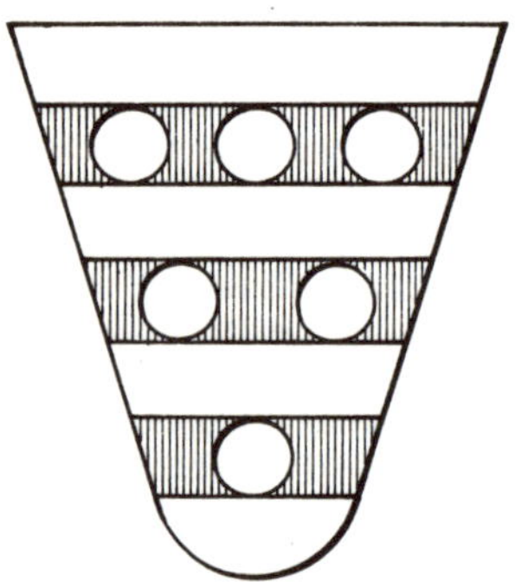

Kramer

Aus der Vielfalt der Inschriften sollen wenigstens einige veranschaulichend wiedergegeben werden. Natürlich steht an erster Stelle der Häufigkeit die Aufzählung von Zunftangehörigen, nahezu immer verbunden mit der Nennung der Funktion. Wenn das nun durch einen Spruch ergänzt werden soll, dann sind die Poeten unter den Zunftgenossen auf den Plan gerufen, einen bedeutsamen und wohlklingenden Reim zu finden. Selten wird dabei etwas ersonnen, was annähernd an die Verskunst des Hans Sachs heranreicht. So lautet die Inschrift auf dem Willkomm der Schuhmachergesellen in Herford (1850):

»Willkomm heist der edle Spruch
Und Allen wohl bekannt
Den Mancher täglich zu uns trug
Zum Gesellen Ihm ernannt
So sei auch heut mit ernster Lust
Der Becher wohl gefüllt
Und jeder ruft aus froher Brust
Das Wort, das ewig gilt
Willkommen!«

Ein anderes Beispiel von einem Pokal einer unbekannten Zunft (1768):

»Ich Nehme Die Wilkan in Die Hand
Fein Lustig Schenk Ein
Und Trincke Mit Verstandt
Frei Lustig Wollen Wir Sein.«

Nicht nur Aufforderungen zum Lustigsein sind gegeben, auch Warnungen, wobei der Willkomm personifiziert wird, z. B. auf einem Pokal einer nicht näher bezeichneten Zunft (1680):

»WER MICH NICHT TITULIRET ODER
RECHT TVT NENEN DER SOL
MICH BEIM AVSSAVFFEN WOL
LERNEN KENNEN«

/16/ Hasse, M.: Zunft und Gewerbe in Lübeck. – In: Lübecker Museumshefte. – Lübeck 1972, H. 10. – S. 18

56 Der Willkomm der Tuchmachergesellen Rostocks (nach 1622) wird inschriftlich als Bild tituliert:

»HANS IURGEN REINCK
TUCHSCHERER HAT DIS
BILT DI TUCHMACHER
GESELEN / VER EHRT«

Tuchscherer sind jene, die die Arbeit der Weber dauerhafter machen, denn wegen des viel zu losen Gefüges der auf dem Webstuhl ineinandergewirkten Fäden können die Schneider das Material nicht verarbeiten. Mit guten Ratschlägen wird in diesen Zünften offensichtlich nicht gespart. Davon künden auch ihre Pokale, z. B. liest man auf dem Gefäß der Salzwedeler Zunft (1617):

»Wenn die Henne kreiet vor den Haen
Und die Fraw redet vor den man,
So sol man die hende braten
Und de frawe mit prügel beraten.«

Schließlich lautet die Inschrift auf einem Willkomm der Brandenburger Tuchmacherzunft (um 1650):

»Dieser Wilkom ist zu Ehren
gemacht den loblichen Hantwerk
der Tuchmacer zu gebrauch.
Wer den nicht wird trinken
aus der sol gebn I
T zur Straff heraus.«

Und das bei einer Größe des Willkomms von 56 cm, d. h. bei beträchtlichem Volumen!

Es kommt nicht selten vor, daß eine Gesellenbruderschaft einem bestimmten Meister einen Willkomm stiftet. Davon kündet die Inschrift
57 auf der Wappenkartusche des Crimmitschauer Tuchmacherpokals:

»Ihro Wohlgebohrn
des Herrn Herrn
David Friedrich Oehlert
verehreten
diesen Willkomm
bei Aufrichtung Löblichen Brüderschafft
deren Tuchknappen
Crimmitzschau, im Jahr 1792«

Krämer

Oehlert gilt übrigens als Begründer der weitbekannten Crimmitschauer Textilmanufaktur.

Inschriften tragen auch die an den Willkommen hängenden Schilder, wobei jedoch Sprüche relativ selten sind, während man Rang und Namen der Stifter nahezu immer auftragen läßt. Typische Sprüche lauten z. B »Handwerck hat Goldnen Boden« oder »Allesz mit bedacht«.

Hin und wieder bestehen die Anhänger aus Zinn, doch üblicher- 59
weise haben sie aus Silber zu sein. In der Gegenwart sind nicht wenige 60
Willkomm-Pokale mit angehängten großen Silbermünzen versehen. 61
Das ist fast ausschließlich eine Zutat aus jüngster Zeit, mit der man die verlorengegangenen Originalschilder ersetzt. Durch die Anhänger wird die repräsentative Wirkung der Pokale beträchtlich erhöht. So trachtet jede Zunft danach, nach dem Aufrichten des Willkomms bald das Gefäß damit schmücken zu können. Der wichtigste Anlaß für die Stiftung der Schilder ist die Freisprechung der Gesellen. Auch die Meisterpromotion oder die Feier eines Gedenktages können ein Grund sein, beim Silberschmied eine entsprechende Arbeit in Auftrag zu geben. Vor dem Dreißigjährigen Krieg ist es in Mitteleuropa allgemeiner Brauch, der Zunft im genannten Zusammenhang einen Silberbecher zu überreichen./17/ Bedingt durch die Folgen des Krieges kommt der Brauch ab. Nun sind es also die Schilder, mit denen man sich ein bleibendes Andenken im Handwerk setzen will oder auch muß, denn mitunter ist das ein vorgeschriebenes Erfordernis. So heißt es beispielsweise in der bereits erwähnten Ordnung der Tischlerzunft zu Lübeck:

»Ein außgelernter Gesell, der zum ersten Mahl in der Gesellenschaft erscheinet, ist schuldig, sofort ehe Er freigesprochen wird, an den Willkomm ein silbern Schild zum Zierath zu geben, so groß oder klein eines jeden Gelegenheit und Wille es zuläßt.«

Knapp 100 Jahre später legen die Zunftgenossen der Tischler in Güstrow fest, bei der Aufnahme eines Gesellen statt des Willkomm-Schildes einen Geldbetrag an die Gesellen-Lade zu erlegen. Das wird wohl der Bruderschaft nützlicher sein und ist nicht etwa dadurch bedingt, daß der Willkomm keinen Platz mehr zum Aufhängen der Schilder bietet. Prinzipiell müssen nicht unbedingt alle im Laufe der Zeit zusammengekommenen Schilder angehängt sein, sondern sie können im »Schilderkasten« aufbewahrt werden, der in der Herbergsstube deponiert ist. Gedenkt man des Todestages bestimmter Meister oder Gesellen, werden sie hervorgeholt und angebracht. Es kommt gar nicht so selten vor, daß auch von der Herbergsmutter oder von dem Herbergsvater ein Schild »verehret« wird – das ziert lange Zeit den Willkomm.

/17/ LENHARDT, H.: Feste und Feiern des Frankfurter Handwerks. Ein Beitrag zur Brauchtums- und Zunftgeschichte. – Frankfurt/M. 1951. – S. 48

Die meisten Silberschilde sind nicht eben, sondern mit Reliefornamentik verziert oder zumindest im Mittelteil gewölbt. Zu den beliebten reliefierten Ornamenten gehört das Knorpelwerk, das an einer Stelle durchbohrt ist und so ein Faden zum Aufhängen durchgezogen werden kann. Ansonsten werden Ösen angebracht. Zur Befestigung an den Willkomm-Pokalen sind überwiegend Löwenmasken aufgelötet, durch deren durchlöchertes Maul die Fäden oder die Ösen geführt
58 werden. Die Löwenmasken sind natürlich wegen ihrer symbolischen Bedeutung und der zugleich schmückenden Wirkung als Schildanhänger am beliebtesten. Freilich hat mancher Zinngießer nur eine unklare Vorstellung, wie ein Löwenkopf aussieht, oder es fehlt das notwendige Geschick, die Maske treffend zu gießen. Jedenfalls gibt es nicht nur die bereits erwähnten, recht wunderlich aussehenden Fußfiguren oder Schildhalter, sondern auch als solche kaum erkennbare
64 Löwengesichter. Selten werden menschliche Masken modelliert und
62 als Schildanhänger verwendet. Von den Seifensiedern in Gera ist ein
63 derartiger Willkomm-Pokal bekannt, auf dem außerdem ein doppelgesichtiger Kopf als Deckelfigur thront; der Kopf ist aus einer Model gegossen worden, die im 18. Jahrhundert gewöhnlich zur Anfertigung von Deckelkrüggen dient. Auf die delphinartigen Ösen ist schon verwiesen worden. Häufig sind allezeit die Pokale mit nur sehr einfachen Hilfsmitteln zum Aufhängen der Schilder. Im einfachsten Fall hat man durch die um den Willkomm laufenden Profilringe Löcher gebohrt. Eine andere Möglichkeit sind um die Wandung gelegte getriebene und durchbohrte Messingreifen. Ein Pokal der Braunschweiger Maurerzunft von 1783 ist ganz und gar mit drei solchen geschweiften Reifen ausgestattet. Schließlich gibt es auch Willkomme, auf deren Oberfläche nur einfache Ösen aufgelötet sind.

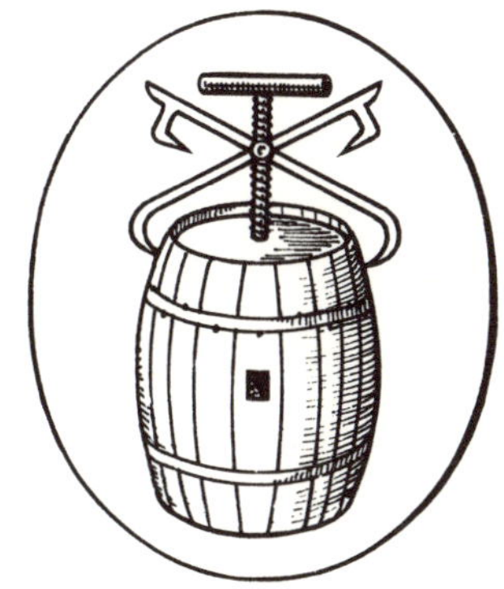

Küfer

Vermutlich legt man die Anhänger in den Schilderkasten, wenn der Pokal mit hinaus auf die Straße genommen wird. Das kommt gar nicht so selten vor, denn mit Vorliebe präsentiert man bei Umzügen und den sich in der Öffentlichkeit abspielenden Festen die prächtigsten Zinne der Zunft. So wird beispielsweise den Wiener Bäckern wegen ihres Anteils an der Befreiung der Stadt von den Türken (1683) die Erlaubnis ausgesprochen, jedes Jahr am Dienstag nach Ostern einen Festaufzug verbunden mit einem Fahnenschwenken durchführen zu
65 dürfen. Mit dem Willkomm-Pokal zieht man dabei von Meisterwohnung zu Meisterwohnung und leert ihn jeweils auf das Wohl des einzelnen; der Brauch wird in Wien bis 1809 gepflegt. /18/ Übrigens haben die Bäcker wie auch andere Handwerker im Rahmen der Zunft-

/18/ Isenberg, H.: Altes Brauchtum im Handwerk. – Münster 1936. – S. 49

Schützen zu stellen, auf die bei der notwendigen Verteidigung der Stadt zurückgegriffen wird. Die Schützen wiederum organisieren sich häufig in gesonderten Vereinigungen mit eigenem Brauchtum. Es würde zu weit führen, darauf einzugehen, doch erwähnt sei hier, daß auch die Schützen Willkomme haben. Bekannt ist z.B. ein entsprechendes Gefäß der Bäckerzunft in Minden (1729) mit dem launigen eingravierten Spruch:

»DER SEMPTLICHEN SCHÜTTEN
VON DEN EHRBAR BACKAMPT
WILKOMST BON ICH GENANNT
BEY EHRLICHEN LEUTEN BIN ICH
WOLBEKANT UND DEM ICH BIN
ZU KLEIN DER TRINCKE 2 FÜR 1.«

Kupferschmiede

Aber zurück zu den Umzügen und Festen der Zünfte. Der Willkomm wird von den Metzgern mit in die Öffentlichkeit genommen, wenn das Gesellenmachen ansteht. Den damit verbundenen feierlichen Vorgang bezeichnet man als Metzgersprung, weil auf dem Höhepunkt des Festes im Sinne einer Art Gesellentaufe in einen Brunnen zu springen ist. In München besteht der sich in Richtung des Brunnens formierende Zug aus Musikanten, zwei auf Pferden sitzenden »Metzgerbüberln«, den freizusprechenden Lehrlingen, Metzgerknechten, dem Altgesellen und dann schließlich aus Willkomm- und Kannenträgern, hinter denen die würdigen Meister schreiten. Möglicherweise wird bei solchen Gelegenheiten ein neu aufgerichteter Willkomm geweiht – gelegentlich drücken jedenfalls die Inschriften aus, daß eine Weihe stattgefunden hat. So lautet der 66
Text auf dem abgebildeten Pokal der Fleischergesellen in Stralsund (1818): 67

»Ich wurde geweiet der Brüderschaft zu Ehren
Drum wil ich auch gerne, dem der mich mit Lust
Und Frohsin umfasset die Grillen entwehren.
Und Freude ihm schaffen in heiterer Brust.«

Ein weiterer Anlaß zum Mitführen des Willkomms sind die Fastnachtsumzüge, wobei das Gefäß allgemein als Zeichen der Ehrbarkeit und Gerechtsame der Zunft bzw. Gesellenbruderschaft verstanden werden soll. Wegen dieses Symbolgehaltes des Willkomms ist es bei manchen Handwerkern Sitte, ihm (wie der Lade und dem ebenfalls mitgeführten Herbergsschild) besonderen Schutz zuzuordnen. So heißt es in einer Beschreibung des Fastnachtsumzugs der Schreiner in Frankfurt/Main (1721):

»Zwey Fechter, welche ihre Exercitia gemacht, zwey Gesellen, so die Lade, welche schön gezieret, getragen, sechs Gesellen mit blosen Degen, so dieselbe beschützet, zwey Irde Gesellen mit dem Willkomm und Wahl-Taffel, zwey Sergeanten so den Zug beschlossen.«/19/

Gleiches ist von den Metzgern und Brauern bekannt. Sogar Geharnischte begleiten den Willkomm im Umzug der Hamburger Brauer, der als Glanzpunkt ihrer als »Höge« bezeichneten Feierlichkeit gilt. Bei den fast berufsmäßig stets durstigen Brauern hat der Willkomm beileibe nicht nur eine symbolische Funktion. In zeitgenössischen Berichten zu der bis 1786 in Hamburg abgehaltenen Höge heißt es dazu u. a., den drei vorausgehenden »Vorsprachern« trage man die »Pokale oder Becher mit Deckeln« nach, woraus sie, »wenn sie wollen, trincken« würden; natürlich zeigt man damit auch den zuschauenden Bürgern, wie gut offensichtlich das Bier mundet./20/ In Anbetracht der repräsentativen Funktion des Willkomm-Pokals wie auch der Gestaltgefäße versteht es sich von selbst, daß diese immer im schönsten Glanz zu erstrahlen haben. Für die Zinngießer bedeutet das, Material überdurchschnittlicher Qualität zu verarbeiten, wenn ein entsprechendes Gefäß in Auftrag gegeben worden ist. Darüber hinaus bieten sie sich aber gern den Zünften an, die Gefäße in bestimmten Zeitabständen gründlich zu reinigen. Freilich erfolgt das nicht etwa gleichsam als eine Art Kundendienst kostenlos, sondern die Arbeit wird sehr wohl in Rechnung gestellt: »Item 5 g dem kannengießer vor den willkommen rein zumachen und etzlich schussel und kannen außzurichten« heißt es 1575 in einem diesbezüglichen Schriftstück zu dem Celler Zinngießer Henning Damman./21/ Rein zu machen bedeutet nicht nur, den Willkomm auf Silberglanz zu polieren, sondern ihn auch im Inneren zu säubern. Während das bei den großvolumigen Pokalen keine nennenswerten Schwierigkeiten bereitet, ist das bei den teilweise sehr engen Gestaltgefäßen problematisch.

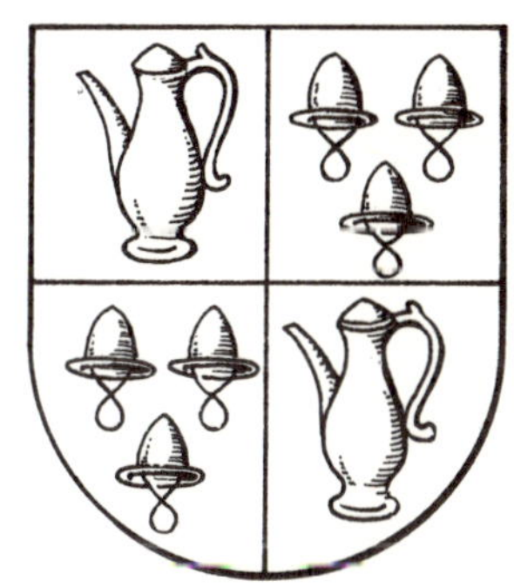
Kupferschmiede

Gestaltgefäße

Die Gestaltgefäße kommen etwa zur gleichen Zeit wie die Willkomm-Pokale auf, also im 16. Jahrhundert. Ihr Aussehen deutet zumeist auf das jeweilige Gewerk hin, so daß nicht nur jeder Zunftangehörige, sondern auch ein Außenstehender weiß, von welchem Berufszweig das Gefäß benutzt wird. Die Gewohnheit, »sprechende« Zunftzinne zu schaffen, findet

/19/ Lenhardt, H.: Feste und Feiern des Frankfurter Handwerks. Ein Beitrag zur Brauchtums- und Zunftgeschichte. – Frankfurt/M. 1951. – S. 12

/20/ Wissel, R.: Des alten Handwerks Recht und Gewohnheit. Bd. II. – Berlin 1929. – S. 592

/21/ Wittichen, I.: Celler Zinngießer. – Celle 1967. – S. 30

man vor allem beim Willkomm-Gerät. So sind manche Pokale mit einer figürlichen Ornamentik ausgestattet, die im genannten Sinn sprechend ist. Unter den im Vergleich zu anderen Gewerken nicht sehr zahlreich gefertigten Pokalen der Bergleute ist die Deckelfigur selbst als Bergmann ausgebildet, zuweilen wird die Kuppa von einer zweiten Bergmannsfigur getragen. Das ist aber die Ausnahme, im allgemeinen hat man die Dekkelfigur mit einem sprechenden Attribut verbunden, indem diese z. B. bei den Böttchern auf Fässern steht oder bei den Seifensiedern einen Seifenriegel in der Hand hält. Trotz solcher teilweise sehr profanen Gegenstände gelingt es den Zinngießern immer wieder, den sprechenden Dingen ornamentale Wirkungen zu verleihen. Es wird noch zu zeigen sein, daß ähnliches in einigen Fällen auch bei den Tabaktellern vorkommt. An dieser Stelle sei wenigstens angemerkt, daß es viele Zinngießer schätzen, ihre Meistermarke als sprechende anzulegen, wenn das ihr Familienname zuläßt.

Während es nicht schwerfällt, sich die repräsentativen Pokale als zeremonielles Willkomm-Gerät vorzustellen, ist das hinsichtlich der Ge-
staltgefäße anders, zumal diese zuweilen – wie etwa der abgebildete Wal- 70
kerhammer von 1660 oder der Fachbaum der Tuchmacher von 1749 – 69
eher unförmig als gefällig aussehen. Es ist freilich Tatsache, daß die Liebe 68
zu den Werkzeugen ungewöhnlich groß ist. Nicht selten legen manche Meister sogar fest, nach dem Ableben mit ihren Werkzeugen begraben zu werden./22/ Diese emotionale Beziehung macht den Gebrauch auch weniger attraktiv erscheinender Gestaltgefäße als Willkomm-Gerät durchaus einleuchtend. Allerdings wäre die Annahme ein Trugschluß, jedes der entsprechenden Gefäße sei zum Willkomm-Trunk gebraucht worden. Anno 1750 findet sich bei Johann Heinrich Zedler folgender Hinweis:

»Die Welt-Kinder und Auffhelden heutiges Tages sauffen aus Schiffen, Windmühlen, Laternen, Sackpfeifen, Schreibzeugen, Büchsen, Krummhörnern, Knebelspießen, Weinwägen, Weintrauben, Aepffeln und Birnen, aus Cockelhanen, Affen, Pfaffen, Mönchen, Nonnen, Bauern, Bären, Löwen, Hirschen, Rossen, Straussen, Kautzen, Schweinen, Elendsfüssen und anderen gewöhnlichen, bisweilen ungeheuren Trinckgeschirren, die der Teufel erdacht hat, mit grossem Mißfallen Gottes im Himmel, gerade als wenn sich diese Thoren sonst nicht aus gebräuchlichen Gefässen voll sauffen könnten.«/23/

Das deutet auf die verbreitete Vorliebe hin, allgemein kurioses Trinkgerät zu benutzen. Es ist also noch nicht gerechtfertigt, ein zinnernes Gestaltgefäß einer seinem Aussehen entsprechenden Zunft zuzuordnen,

/22/ Hálová-Jahodová, C.: Vergessene Handwerkskunst. – Prag 1955. – S. 30

/23/ Zedler, J. H.: Grosses vollständiges Universal-Lexicon Aller Wissenschaften und Künste. – Leipzig u. Halle 1750. – S. 362

wenn ansonsten jeder weitere Hinweis auf die Bindung an ein Gewerk fehlt. In unserem Jahrhundert erfolgt eine allzu schnelle Zuordnung vor allem mit den am häufigsten vorkommenden Stiefeln und Schuhen, die stereotyp als Trinkgerät der Schuhmacher ausgewiesen werden. Weil Gegenstände und Fehlurteile den genannten erheblichen Umfang haben, sei auf diese Gestaltgefäße etwas ausführlicher eingegangen.

Kürschner

Schon die heute noch lebendige Redensart für einen wackeren Trinker, der betreffende Mensch vertrage einen gehörigen Stiefel, verweist auf dessen verbreitete Rolle als gewöhnliches Trinkutensil. Seine Bevorzugung vor ähnlich zweckmäßigen Gegenständen, z. B. einem Faß, einem Hammer, einem Amboß oder einem Hut, erklärt sich daraus, daß allgemein der Schuh vom 15. Jahrhundert an als Heil-, Freundschafts- und Liebessymbol gilt./24/ Im Zusammenhang mit dem Schuh als Heilgefäß steht die Floskel: »Der schüttet den Schnaps auch nicht in den Stiefel«, wenn von jemand die Rede ist, der gern trinkt. Hin und wieder kurieren nämlich die wandernden Handwerksburschen ihre wundgelaufenen Füße durch Eingießen von Schnaps in die Stiefel, falls ihr Trinkgelüst nicht größer als der Schmerz ist. Als Zeichen der Zuneigung oder sogar als Mittel des galanten Liebeszaubers werden zuweilen auch richtige Lederschuhe oder -stiefel in Zinn, häufiger in Silber montiert, und es fällt
74 heute schwer zu entscheiden, ob es sich dabei um ein Zunfttrinkgefäß
75 oder um einen Liebesbecher handelt.

Auffällig ist das häufige Vorkommen von Schnabelschuhen. Die tatsächliche Schnabelschuhmode tritt um 1300 auf und verschwindet um 1500 wieder, zu einem Zeitpunkt, zu dem die Zinngießer die ersten Aufträge für die Produktion solcher Gestaltgefäße bekommen. Wenn man heute auf einen zinnernen Schnabelschuh aus relativ junger Zeit stößt, läßt das wegen der längst vergangenen Mode den Verdacht auf ein Falsifikat aufkommen. Doch es muß sich nicht notwendigerweise um eine Fälschung handeln, weil der Schnabelschuh einem althergebrachten Schuhmacherwappen entspricht und deshalb immer wieder über die Zeiten hinweg bis zum 19. Jahrhundert von den Zünften bestellt und von den Zinngießern gefertigt wird. Statt der den ledernen Schnabelschuhen untergesetzten hölzernen »Trippe« (um die Schuhe vor Verschmutzung und Beschädigung auf den mittelalterlichen Gassen zu bewahren) haben die zinnernen meist Delphinfüßchen oder auch nur einfache Kugeln als Füße. Die halbmondartig nach oben gezogene Spitze bietet im 14. Jahrhundert dem Träger Gelegenheit, die Schuhe mit einer silbernen Schelle zu schmücken und sich so der gängigen Schellentracht anzupassen; auch das Gestaltgefäß späterer Zeit kommt mit einer zinnernen Schelle vor.

/24/ Forrer, R.: Archäologisches zur Geschichte des Schuhes in alter Zeit. – Schönenwerd 1942. – S. 200

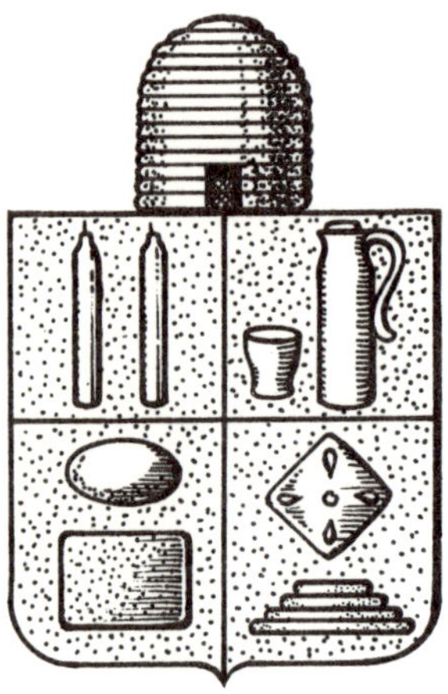

Lebzelter

Die Ausmaße aller als Schuhe geformten Gefäße lassen vermuten, daß darin kaum Wein und Bier, sondern Branntwein und wohl auch Likör gereicht wird, zumal die Zeit der häufigsten Herstellung der Schuhe mit dem zunehmenden Aufkommen des Likörs zusammenfällt. Das sich von etwa 1700 an einführende Getränk wird als Kostbarkeit empfunden, die so recht zu dem gewichtigen Vorgang des Willkomm-Reichens zu passen scheint. In Deutschland sind selbst die vergleichsweise weniger mundenden Aniswasser der einheimischen »Liquoristen« geschätzt, und wohl nur bei außergewöhnlichen Anlässen müht man sich um holländische oder französische Erzeugnisse, die den allerbesten Ruf genießen. Selbst in England, wo die Zünfte längst im Auflösen begriffen sind, strebt man gelegentlich nach dem Getränk vom Kontinent; belegt ist, daß der Likör aus Gefäßen von der Form eines Schiffes getrunken wird./25/

Im Unterschied zu den Pokalen sind die meisten Gestaltgefäße, so auch die schuhförmigen, nicht unmittelbares Trinkgerät, sondern es wird daraus in kleine Becher oder Gläser eingeschenkt. Zwischendurch wacht man sorgfältig darüber, daß der Deckel, der oft ein Schraubdeckel ist, fest verschlossen ist, damit sich das Aroma nicht verflüchtigen kann. Üblicherweise haben die Schuhe eine Öffnung über der Hacke. Wenn sich dazu noch ein zweiter Schraubverschluß an der Spitze findet, dient das Gestaltgefäß wohl vorrangig dem scherzhaften Gebrauch. Gelegentlich sind die Schraubverschlüsse verziert, und manchmal wacht sogar ein aufgelöteter Löwe über den Inhalt. Selten mit einem Deckel verschlossen sind hingegen die Schäfte der Stiefel, so daß anzunehmen ist, daß selbst aus den verhältnismäßig kleinen – die man in der Schweiz als »Stoffli« bezeichnet – abweichend vom allgemeinen Brauch unmittelbar getrunken
wird. Es gibt aber auch derart gewaltige Stiefel, z. B. den der Prager 71
Schuhmacher, die wohl selbst der kräftigste Geselle oder Meister nicht direkt zum Mund führen kann, ohne gegen die Gebote beim Willkomm-Trinken zu verstoßen. Vermutlich werden die großvolumigen Gefäße mehr als Schleifkannen denn als Willkomm gebraucht. Wegen der hohen Materialkosten können solche Erzeugnisse wie auch die Pokale nur von mehreren Zunftmitgliedern gestiftet werden, ansonsten aber ist die überwiegende Anzahl aller Gestaltgefäße so bemessen, daß sie auch ein einzelner Handwerker bei einigermaßen Wohlergehen erstehen und der Zunft verehren kann. Für den Willkomm-Trunk zwischen einem Wander- und dem Oertengesellen stiften gelegentlich der Herbergsvater und die Herbergsmutter ein Zunftzinn. Das mit entsprechenden Inschriften
versehene Gestaltgefäß der Weißenfelser Schuhmacherzunft ist auf dem 73
Spann und an der Sohle mit Ösen ausgestattet, um es vor und nach dem 72

/25/ Massé, H.J.L.J.: Chats on Old Pewter. – New York 1971. – S. 107

zeremoniellen Gebrauch als Tischzeichen verwenden zu können – die Sohlenösen dürften für anzuhängende Schilder vorgesehen sein.

Obwohl Gestaltgefäße außerhalb des deutschsprachigen Raums weniger beliebt sind und dementsprechend seltener gefertigt werden, sind z. B. in England Schuhe und Stiefel als Trinkgefäß nicht ungewöhnlich. Das spricht für die besondere Rolle derartiger Gestaltgefäße. Sie sind allerdings häufiger aus Silber als aus Zinn. Nächst dem Schuhwerk erfreuen
81 sich Trinkgeräte in Form einer Kuh oder eines Ochsen besonderer
Gunst. Natürlich streben vor allem die Metzger danach, ein solches Gerät zu besitzen und bei Festlichkeiten mit würdevollem Stolz zu gebrauchen. Vom europäischen Kontinent ist ein Bericht von der Eröffnung der Metzgerherberge in Frankfurt/Main (1746) überliefert, in dem es u. a. heißt:

»Alsdann kamen die Täntzer und tantzten mit dem Degen in den Händen sehr schön gegeneinander, da dann sonderlich anzusehen ware, wie sie unter währender Music und Tantzen die Degen um die Schultern des Arlequins legten, Johann Mathäus Mum aber auf dieselbige stiege und aus dem Willkomm des Ochsen auf die Gesundheit Ihro Römisch kayserlichen Majestät, ingleichen Eines Hoch Edlen und Hochweisen Raths, auch derer Herren Deputierten und eines Ehrsamen Handwercks, nachdeme er vorhero folgenden aufrichtigen Wunsch hergesagt hatte, austrunk . . .«./26/

Die Ketten an den Gestaltgefäßen der Metzger, aber z. B. auch der
76 Weber, lassen den Schluß zu, daß diese wie manche Schuhe auch als
Tischzeichen gebraucht werden, doch vor allem sind die Ketten recht zweckmäßig für das Mitführen der Zinne innerhalb der Festumzüge. Das am häufigsten anzutreffende Gestaltgefäß der Metzger, das Rind, wird hin und wieder auch von den Gerbern verwendet. Jahrhundertelang kaufen sie die Rinderhäute auf. Allerdings sind sie seit dem späten 17. und mehr noch ab 18. Jahrhundert nicht mehr so kauffreudige Geschäftspartner der Metzger, weil das Leder für die Kleidung durch den sich verfeinernden Geschmack zunehmend mehr aus der Mode kommt. Manche Gerberzunft schmilzt dadurch zusammen und muß im besonderen Maße darauf sehen, nicht allzuviel Geld für ihr Zunftgerät auszugeben. Beträchtliche Materialkosten spart man durch Verwendung von Tierhör-
78 nern, die lediglich in Zinn gefaßt und mit einem Fuß versehen werden. So
sind sie durchaus funktionstüchtig.

Einigermaßen stabile Verhältnisse herrschen über die Zeiten hinweg
79 bei den Bäckern. Als Gestaltgefäß ist die gefußte Brezel sehr beliebt, de-
ren charakteristische Form sofort jedermann auf das Gewerk hinlenkt.

Lederer

/26/ Lenhardt, H.: Feste und Feiern des Frankfurter Handwerks. Ein Beitrag zur Brauchtums- und Zunftgeschichte. – Frankfurt/M. 1951. – S. 17

Rätselhaft erscheint hingegen die Tatsache, daß die Bäckerzunft der Stadt Dülmen einen 1585 datierten Willkomm von der Gestalt einer Kanone hat./27/ Hier geht es offensichtlich weniger darum, daß ein Außenstehender ohne Umschweife die zugehörige Zunft erkennt als um den Hinweis auf den Waffendienst, dem sich die Zunftangehörigen zu bestimmten Zeiten zu stellen haben. Freilich ist das wie bereits erwähnt nicht die vorrangige Pflicht der Bäcker allein, sondern jegliche Zunft kann zu diesem Dienst herangezogen werden. In der Ordnung der Regensburger Zinngießer von 1517 heißt es z. B.:

»Es soll auch ein jeder, der also zu Maister hie angenommen wirdt, von Stund an Burger werden, und seinen Harnisch haben, nämlich ein Khrebs, ain Khragen, ain Hiernheubl, zween Harnisch-Handtschuech.«

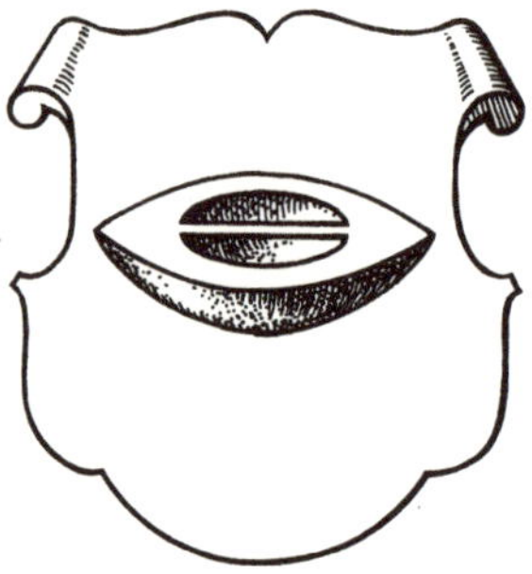

Leineweber

Unter dem »Khrebs« wird ein Brust- und Rückenharnisch, unter dem »Hiernheubl« ein Helm verstanden. Es ist übrigens nicht ausgeschlossen, daß mit der Gestaltung der einen oder anderen Deckelfigur auf den Pokalen bezug auf den Waffendienst der Zunft genommen wird. In diesem Zusammenhang sei auch das zu Übungszwecken veranstaltete Scheibenschießen der in Schützengesellschaften organisierten Handwerker erwähnt; die dabei zu erringenden Preise sind meist aus Zinn und werden mancherseits zum Zunftzinn gerechnet./28/

Die altehrwürdigen Fischerzünfte begehen an verschiedenen Orten, z. B. in Paris, Ulm oder Würzburg, das Fischerstechen, in dessen Verlauf ein Gestaltgefäß in Fischform eine Rolle spielt. Mittelpunkt des oft um Johanni herum begangenen Festes sind ein Turnier mit Stangen, das Aufspießen einer am Pfahl befestigten Gans oder eines Aales sowie auch Wettfahrten, um von einem schwankenden Pfahl eine Fahne einzuholen. Das Gestaltgefäß der Zunft wird in der Lade zum Schauplatz des Fischerstechens gebracht, dort feierlich herausgehoben und für jedermann sichtbar auf einem Gestell plaziert./29/ Zur Festlichkeit geladene wichtige Gäste erhalten aus dem als Karpfen oder Delphin gestalteten Zunftzinn den Willkomm-Trunk; der so Geehrte bedankt sich oft mit der Stif- 80
tung eines Schildes, das an den Bauch des Fisches gehängt werden kann.

Eines der am längsten bekannten, zu einem Gestaltgefäß geformten
Trinkgeräte ist das schon erwähnte Schiff, das sich – wenn auch nicht aus 82
Zinn – schon im 15. Jahrhundert auf königlichen und fürstlichen Tafeln findet. Wohl weil die kostbaren Gewürze per Schiff nach Europa kommen, werden in der Frühzeit darin auch diese begehrten Produkte aufbewahrt und während der Mahlzeit präsentiert./30/ Ähnliches ist von der Tafel der Schifferzünfte nicht bekannt. Aber natürlich halten es viele für geboten, ihren Willkomm als Schiff formen zu lassen. Das erfordert vom

/27/ Pieper-Lippe, M.: Zinn im südlichen Westfalen. – Münster 1974. – S. 126

/28/ Kohlmann, Th.: Zinngießerhandwerk und Zinngerät in Oldenburg, Ostfriesland und Osnabrück (1600–1900). – Göttingen 1972. – S. 122

/29/ Brod, W. M.: Altertümer und Bräuche der Fischerzunft zu Würzburg. – In: Mainfränkische Hefte. – Würzburg 20 (1954). – S. 22

/30/ Pichelkastner, E.: Kurioses Trinkgerät aus Zinn. – In: Dresdener Kunstblätter. – Dresden 8 (1964) 8. – S. 126

damit beauftragten Zinngießer allerhand Geschick, so daß sich nur wenige diese Arbeit zutrauen. Hinzu kommt, daß selbst solche schwer zu fertigenden Erzeugnisse nicht nach »Gesicht«, sondern nach Gewicht bezahlt werden. Dementsprechend sind jene alten Gestaltgefäße ziemlich rar. Im ausgehenden 19. und zu Beginn des 20. Jahrhunderts ist jedoch die Produktion, bedingt durch den Zeitgeschmack, veränderte Preisbildung und Nutzung maschineller Fertigungsverfahren sehr belebt worden. Frühe Jahreszahlen am Rumpf oder auf den Segeln können allerdings kaum hindern, die Erzeugnisse als historisierende Stücke zu erkennen. Wesentlich komplizierter ist hingegen die Unterscheidung als alt ausgewiesener Böttcherschlegel von Falsifikaten neuerer Zeit; etwa ein Dutzend mit frühen Jahreszahlen datierter ist bisher als Fälschung erkannt worden./31/
Neben dem Zirkel zum Abkreisen des Faßbodens und der Zarge für die Fertigung des Falzes ist der Schlegel zum Antreiben der Holzreifen wichtigstes Werkzeug der Böttcher (Binder, Küfer, Schäffler). Während des in vielen Städten jährlich veranstalteten Schäfflertanzes heißt man Ehren-
77 gäste mit einem Trunk aus dem in Zinn nachgebildeten Schlegel willkommen. In einem Bericht über das öffentliche Faßbinden der Küfer in Frankfurt/Main von 1740 mit dem sich anschließenden Tanz um die produzierten Fässer verlautet, daß danach der Einzug erfolgte »nebst den auf zwey Einzeler-Wagen gelegten neuen Fässern von dem Mayn in die Stadt nach der Bänder-Herberge in folgender Ordnung: ... 11) Der den zinnernen Schlegel trug ... 12) drey mit langen Stengel-Gläsern in der Hand, worinnen rother und weißer Wein und oben auf Citronen waren ... 13) die drey silbernen und vergüldeten Willkommen des Handwerks.« /32/

Lodweber

Das Tragen des zinnernen Schlegels zwei Positionen vor den aus Edelmetall gefertigten Willkommen deutet auf die schon genannte Beliebtheit und die Wertschätzung des Handwerkszeugs hin. Weniger zum
85 Tragen im Rahmen von Festumzügen geeignet ist ein anderes Gestaltge-
87 fäß der Böttcher, das Faß. Zuweilen zeichnet sich der entsprechende
Schraubverschluß auf dem Faß durch besondere Originalität aus, indem
89 dieser z. B. einen am Faß sitzenden Zecher oder einen wachenden Löwen
88 trägt. Auch der Ablaßhahn kann besonders gestaltet sein.

Aus dem Rahmen der allgemeinen Wertschätzung des Handwerks-
83 geräts ragt die Bergbarte der Bergleute noch heraus. Der Willkomm-Pokal spielt demgegenüber hier nur eine untergeordnete Rolle. Der Bergbarte im Aussehen und Fassungsvermögen ähnlich (und deshalb nicht
84 selten damit verwechselt) ist die Zimmermannsaxt. Der glücksbringende
Delphin als Schraubverschluß des hohlen Stiels wird vor allem von den

/31/ Baer, I., Haedeke, H.-U., Kohlmann, Th., Schneider, H.: Zinn. Kopie – Imitation – Fälschung – Verfälschung. – Hannover 1981. – S. 37

/32/ Lenhardt, H.: Feste und Feiern des Frankfurter Handwerks. Ein Beitrag zur Brauchtums- und Zunftgeschichte. – Frankfurt/M. 1951. – S. 15

Hauszimmerleuten gern gesehen, die praktisch die Pflichten eines Bau-
meisters wahrzunehmen haben. Wegen der damit verbundenen hohen
Verantwortung kommen nur die wenigsten unter ihnen zu Meisterehren.
Neben der Axt ist als weiteres Gestaltgefäß hin und wieder ein Zimmer-
mannswinkel gebräuchlich. Die Schmiede fertigen zwar auch Beile,
Pflugschare, Häckselmesser und Anker, doch ihr häufigstes Fabrikat sind 86
die Hufeisen. Abraham a Santa Clara teilt mit, sie müßten statt eines
Meisterstücks ein Hufeisen dem bloßen Augenschein nach verfertigen
und dürften die Hufe vor dem Beschlagen nicht einmal berühren./33/ So
ist es nur allzu erklärlich, daß ein neuer Meister mit den obligaten drei
schmalen Trünken auch aus einem Gestaltgefäß in Hufeisenform will-
kommen geheißen wird. Falls man das Gefäß mit Ösen versehen hat,
deuten sowohl deren Anzahl wie auch die Anordnung darauf hin, daß sie
für das Aufhängen der gestifteten Silberschilder analog den Willkomm-
Pokalen bestimmt sind.

Loh- und Rotgerber

Wie die Schmiede, lassen die Hutmacher (»Huterer«) nicht eines ihrer
Werkzeuge, sondern das Haupterzeugnis ihrer Tätigkeit als Gestaltgefäß
fertigen. Das ist modebedingt im 18. Jahrhundert der Dreispitz und im
darauffolgenden der Zylinder; am Rande sei erwähnt, daß sich diese von
der Mode bestimmten Veränderungen auch in den Wappen widerspie-
geln, falls darin ein Hut geführt wird. Sicher finden es die Angehörigen
der Hutmacherzünfte besonders lobenswert, wenn ihnen die Zinngießer
Gestaltgefäße offerieren, die – wie das einer Rostocker Brüderschaft – 33
gleich drei Zylinder vereinigen, nämlich das eigentliche Trinkgefäß sowie
die entsprechend geformte Deckelkrügge und der Deckelaufsatz.

/33/ Weigel, Chr.: Abbildung der Gemein-Nützlichen Haupt-Stände. Mit beygedruckter Lehr und mäßiger Vermahnung durch P. Abraham a Santa Clara. – Hall in Sachsen 1698. – S. 116

SCHENKGEFÄSSE

Selbst jenen, die nur wenig über die Arbeit der Zinngießer und deren Erzeugnisse wissen, sind die Schleifkannen als großartige Belege ihrer handwerklichen Meisterschaft zu einem Begriff geworden. Unter diesen insgesamt imponierenden Arbeiten ragen die schlesischer Provenienz, das sind solche mit verzierten polygonalen Wandungen oder entsprechenden Gravuren, noch besonders hervor. In nahezu allen Büchern über Zinn werden sie deshalb immer wieder beschrieben. Natürlich kann trotz des allgemein hohen Bekanntheitsgrades dieser Kannen in einem speziell dem Zunftzinn gewidmeten Werk nicht darauf verzichtet werden, wenigstens einige der heute noch vorhandenen schlesischen Schleifkannen vorzustellen. Insgesamt sind genau ein Dutzend solcher außergewöhnlichen Arbeiten bekannt, und zwar die Kannen der Breslauer (Wrocławer) Bäcker (1497), der Maler (um 1500) sowie der Seiler (1511) dieser Stadt, die der Tuchmacher von Schwiebus (Swiebodzin, 1503, im zweiten Weltkrieg zerstört), Hirschberg (Jelenia Góra, 1506) und Löwenberg (Lwówek Ślaskie, 1523) und schließlich die der Laubaner (Lubáner) Hufschmiede (um 1520). Von den fünf weiteren polygonal gestalteten Kannen sind die je einer unbekannten Zunft aus Breslau sowie aus Neiße (Nysa, beide um 1500) im zweiten Weltkrieg vernichtet worden, eine andere um 1500 entstandene wird in der Protestantischen Kirchenstiftung Dürrenmungenau und zwei im 1. Viertel des 16. Jahrhunderts fertiggestellte werden vom Österreichischen Museum für angewandte Kunst bzw. von einem amerikanischen Privatsammler aufbewahrt. Im folgenden wird weniger das Aussehen der Schleifkannen beschrieben als vielmehr auf ihre Funktionen in einzelnen Zünften eingegangen. Außerdem wird eine Reihe von Gefäßen abgebildet, die zwar nicht an die künstlerische Gestaltung der frühen schlesischen und auch böhmisch-mährischen Schleifkannen heranreichen, die aber als großvolumige Schenkgeräte innerhalb der Zünfte nicht anders als die künstlerisch bedeutsameren Erzeugnisse gebraucht werden. Bei den Schenkkannen wird zu zeigen sein, wozu man diese weniger wuchtigen Geräte benutzt und welche Regelungen bei ihrem Gebrauch einzuhalten sind; zugleich aber soll die gegenüber den Schleifkannen wesentlich größere Formenvielfalt verdeutlicht werden.

Schleifkannen

Maurer

Es fällt beim Betrachten der frühen, sich feierlich präsentierenden, mit
Heiligenfiguren reichlich ornamentierten Kannen schwer, sich diese als 91
Instrumentarien eines oft geübten Brauchs – den des Gesellenmachens –
vorzustellen. Manche Elemente, z. B. die Fabelwesen über den ganzfigu-
rigen Heiligen auf der Schleifkanne der Breslauer (Wrocławer) Maler, 92
mildern zwar etwas den würdevollen Ernst der Gefäße, andere jedoch,
z. B. die Arkaden über den Bildnissen der Mutter Gottes und weiteren
weiblichen Heiligen auf einer vom Anfang des 16. Jahrhunderts datierten 93
Kanne, verstärken ihn eher. Auf die häufig geheimnisvoll anmutenden
Minuskelinschriften auf böhmisch-mährischen Kannen (die streng ge-
nommen wie manche der schlesischen eher Krüge als Kannen sind)/1/
ist schon verwiesen worden. Aber auch wenn sich die Textbotschaften
entschlüsseln lassen, liegt darin zumindest auf den Schleifkannen aus der
ersten Hälfte des 16. Jahrhunderts die direkte oder indirekte Mahnung
zu ehrfürchtigem Gebrauch. So lautet die Inschrift auf der um 1530 bis
1540 entstandenen, heute im Kunstmuseum der Stadt Düsseldorf aufbe- 94
wahrten böhmischen Zunftkanne »umučene našeho pana gezu / kristie«
(deutsch »Die Leiden unseres Herrn Jesu / Christie«). Mit der Erin-
nerung an den Heiland wie auch durch die bildliche Wiedergabe religiö-
ser Motive wird zur sinnbildlichen Erhöhung der Schleifkannen beigetra-
gen. In nicht wenigen Fällen sind aber zugleich auch die Schutzpatrone 95
des Handwerks wiedergegeben, wodurch die besondere Bedeutung der
jeweiligen Kanne für jeden Zunftangehörigen noch weiter gesteigert
wird. Dabei ist es bei Vielhandwerkerzünften durchaus üblich, die ver-
schiedenen Schutzheiligen auf ein und demselben Gefäß aufbringen zu
lassen. Als Beispiel dafür sei auf die wahrscheinlich im 17. Jahrhundert
entstandene Schleifkanne der Schlosser-, Sporer-, Uhr- und Büchsenma- 97
chergesellen in Straubing verwiesen. Die wohl erstmalige Darstellung
einer profanen Szene findet sich auf einem mit der Saganer (Zagáner)
Stadtmarke versehenen Zunftzinn von 1553: Zwei nach der neuesten 98
spanischen Mode gekleidete Männer bekämpfen sich mit Säbeln, ein
dritter sieht dem Vorgang zu.

Nun ist zwar zahlreich belegt, daß einer der Dreh- und Angelpunkte bei dem am häufigsten als Schleifen bezeichneten Gesellenmachen die meist überdimensionalen Kannen sind, doch das muß nicht unbedingt die Hauptursache der zeitlich nicht mehr zu fixierenden Namensbildung

/1/ Nadolski, D.: Altes Gebrauchszinn. – Leipzig 1983. – S. 96

»Schleiffkanne« sein. Johann Heinrich Zedler erläutert 1743 den Begriff folgendermaßen:

»Schleiffkanne ist ein von hölzernen schmalen Dauben zusammengesetztes, und durch Reifen aneinander getriebenes, von innen ausgepichtes Geschirr, mit einer langen vornher mit Blech beschlagenen Schnautze und einer Handhabe, von oben aber mit einem Deckel und Zuschiebling versehen, worinnen man Bier und ander Geträncke aus dem Keller zu holen pfleget.«/2/

Die »Handhabe«, die bei den mächtigen Kannen als große Schleife ausgebildet sein muß, kann durchaus auch zur Herausbildung des Begriffs beigetragen haben. Für die bis zu einem dreiviertel Meter großen frühen Kannen erscheint es allerdings kaum vorstellbar, daß damit die Getränke aus dem Keller zu holen sind. Beispielsweise hat die lediglich etwas über einen halben Meter hohe Schleifkanne der Bäcker und Pfefferküchler von Böhmisch-Leipa (Česka-Lipa) schon ein Leergewicht von 15 Kilogramm; ihr Fassungsvermögen beläuft sich auf sechs Pinten (oder zwei Lagen), was einem Volumen von 11,46 Litern entspricht./3/ Die Maßeinheit Pinte (auf die manche Zunftzinne geeicht sind) hat hier bis 1756 Gültigkeit. Es wäre also ein Gesamtgewicht von über einem halben Zentner über die Kellertreppe zu schleppen. Zu Zedlers Zeit tauchen
96 freilich zahlreiche Krüge mit beiderseits angebrachten Henkeln auf, die so einigermaßen bequem transportiert werden können. Übrigens sagt man noch heute für das Tragen schwerer Dinge im Fränkischen Schleifen – also kann auch das Transportieren der schweren Doppelhenkelkannen an dem Entstehen des Begriffs mitgewirkt haben. Schließlich kommt noch etwas hinzu: Zum Zweck des Einschenkens sind die Gefäße sehr häufig mit einem durch ein Hahnküken zu öffnenden Ausgußrohr versehen. Da es in der Bodenzone angeordnet ist und die Schleifkannen nicht oder nur wenig hoch gefußt sind, muß das Gefäß zur Tischkante hin geschleift werden, wenn sich jemand daraus bedienen will. Das als »Pipe« (»Hanken«) bezeichnete Rohr ist gewöhnlich aus Messing gefertigt. Die Verwendung des sehr stabilen Materials deutet auf die Erfahrung hin, daß zinnerne Pipen zu oft verbogen werden, wenn im Gefolge des Zechens von schwerer Hand oder schwankendem Körper dagegen gestoßen wird. Es ist schon darauf verwiesen worden, daß die Pipen häufig Gegenstand ornamentaler Verzierung sind. Die Bemühungen der Zinngießer richten sich dabei nicht nur auf das Hahnküken, sondern auch auf die Ausformung des Ausgußrohrs zu einem ansprechenden Gebilde.

Die gegenüber den mächtigen Schleifkannen besonders klein wirken-
99 den Becher verdeutlichen die Zweckmäßigkeit der Pipe: Natürlich gibt es

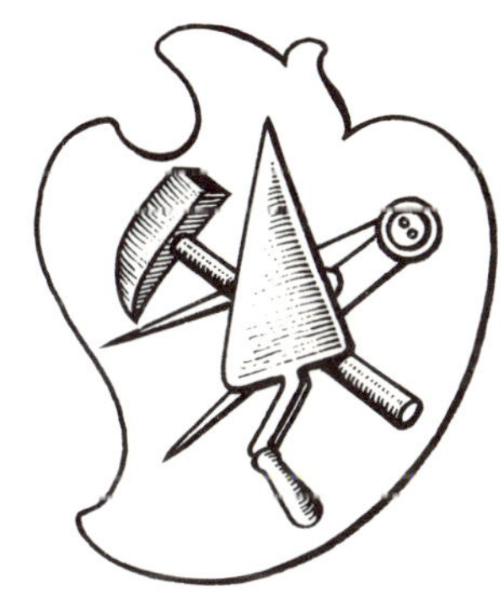

Maurer

/2/ Zedler, J. H.: Grosses vollständiges Universal-Lexicon Aller Wissenschaften und Künste. – Leipzig u. Halle 1743. – S. 30

/3/ Bondy, K.: Das alte Zinngießerhandwerk in Böhmisch-Leipa. – Sonderdruck aus: Mitteilungen des Nordböhmischen Vereins für Heimatforschung und Wanderpflege in Böhmisch-Leipa. – Böhmisch-Leipa 1938. – S. 10

am Schenktisch immer starke Männer, die das Getränk nicht abzapfen, sondern über den Lippenrand der Kanne eingießen können, doch würde dabei mancher köstliche Tropfen daneben gehen. Bezeichnenderweise nennt man in Zürich Trinkgefäße mit einem ziemlich engen Ausguß »Gut-Treff« und schätzt sie, weil nicht so schnell die Zucht und Ordnung beeinträchtigenden Alkohollachen entstehen. Wie in anderen Städten gibt es sowieso schon Ärger mit den Ordnungshütern, und zwar wegen des »Ledigscheltens«, d.h. dem symbolischen Verabreichen einer letzten Maulschelle an den angehenden Gesellen. Die Stadt Zürich erläßt 1681 ein Verbot gegen »seltzamme, lächerliche, ohnehrbare und bißweilen ärgerliche ohngezimmenheiten by der ledigsprechung, es sye mit hoblen, schlyffen, predigen oder anderen der gleichen sachen, fürnuß auch die ohnmäßige, höchstbeschwärliche gesellen trünck.«/4/

Während sich also die Bräuche des Gesellenmachens in der Schweiz von denen in Deutschland und Österreich kaum unterscheiden, scheint entsprechendes in England oder Holland kaum praktiziert zu werden. So berichtet Fridericus Frisius davon, daß sich die aus den beiden Ländern nach Deutschland eingewanderten Gesellen dem Hobeln usw. unterziehen müssen, »damit sie im Reich desto besser fortkommen und arbeiten können«./5/

Für das Gesellenmachen steht zwar der Begriff Schleifen am häufigsten, doch in einzelnen Zünften gibt es dafür durchaus spezielle Bezeichnungen. Die Linzer Schiffer reden beispielsweise von der Taufe, wenn sie einen ausgelernten Lehrling als Gesellen aufnehmen. Dem Neuling, dem »Stinker«, werden erst Wasser und dann Wein über den Kopf gegossen; ob die dazu gebrauchte Kanne möglicherweise als Taufkanne bezeichnet wird, ist nicht bekannt./6/ Ähnlich den Linzer Schiffern geht es in manchen Zünften der Schreiner zu, wo ein als »Papa« bezeichneter und als Pfaffe verkleideter Geselle mit einer Taufkanne hantiert. Bei den Klempnern (Spenglern, Klampfern), wo der Lehrjunge nach dem Lossprechen zunächst »Jünger« ist, hat dieser im Zusammenhang mit dem Gesellenmachen die Schleifkanne füllen zu lassen, damit die Zeremonie mit einem vergnüglichen Teil ausklingen kann. Hier redet man vor allem vom Hobeln, wenn es um das Lossprechen geht. Gehobelt wird auch bei Zimmerleuten, Tischlern und Glasern; unter den Zimmerleuten kennt man dazu den Ausdruck Behauen. Möglicherweise schließt sich dieser Sprachregelung die eine oder andere Zunft der Maurer an, die gelegentlich mit den Zimmerern korporiert sind. Von einem solchen Zusammenschluß
kündet u.a. eine 1564 datierte Kanne des bisher nicht näher bestimm- 102
baren Zinngießermeisters J S aus Schweidnitz (Swidnicá). Vom Tischler- 101

/4/ Lutz, A.: Jünglings- und Gesellenverbände im alten Zürich und im alten Winterthur. – Affoltern 1957. – S. 117

/5/ Frisius, F.: Der vornehmsten Künstler- und Handwerker Ceremonial-Politica. – Leipzig 1705. – S. 106

/6/ Neweklowsky, E.: Die Schiffahrt und Flößerei im Raume der oberen Donau. Bd. II. – Linz 1954. – S. 166

handwerk weiß Christoph Weigel zu berichten, daß es beim Freisprechen mehr Zeremonien und »Gebräuch« als andere habe. Bis zum Hobeln heißt der Tischlerjunge »Kuhschwanz«, und selbst noch in Dänemark oder sogar in Schweden wird er so tituliert oder nur als Ausgelernter und nicht als Geselle angesehen, wenn er nicht gehobelt ist. Über die Einbeziehung einer Schleifkanne in das Gesellenmachen der Tischler ist trotz des ausgeweiteten Brauchtums unmittelbar nichts bekannt. Ähnlich ist es bei den Bindern, die den Jungen vor dem Schleifen als »Ziegenschurtz« bezeichnen. Die Ordnung der Linzer Binderzunft von 1648 legt ausdrücklich die Zahlung eines Schleifgeldes in Höhe eines Gulden fest, ohne jedoch nähere Auskunft über das Umsetzen des Gulden zu geben. Daß aber eine Kanne mit im Spiel ist, drückt eine beim Schleifen der Binder allgemein verwendete formelhafte Ermahnung aus, nämlich der angehende Geselle solle nicht mit der Kanne klappen bzw. klappern.

Mehlhändler

Von den Huf- und Waffenschmieden berichtet Abraham a Santa Clara:

»Dieses Handwerck ist eines aus dem nothwendigsten und kan ohne dergleichen Leuth weder Edelmann noch Bauer hausen. Es ist zugleich eine schwere und mühsame Arbeit; forderist hat derselbe wohl zu schwitzen, welcher den großen Hammer, den sie insgeheim den Jäckel nennen, in der Schmidten führt, dann weil das Huffeisen einen so harten Kopf hat, so kan der Schmied nicht höfflich darmit umgehen. Diese Leuth seynd früh und spat bey der harten Arbeit, und gibt es wenig feyeren beym Feuer.«/7/

Wenn allerdings die Kunde kommt, man müsse sich versammeln, um das »Feuer anblasen und Auskühlen« zu lassen, geht es nicht um harte Arbeit, sondern um das Gesellenmachen. Wie heiß es mitunter dabei zu-
100 geht, lassen die imposanten Schleifkannen vor allem aus dem 16. und
103 17. Jahrhundert ahnen. Um die ausnahmslos mehr als einen halben Me-
104 ter großen Gefäße füllen zu können, hat der ausgelernte Lehrjunge in der Regel Schulden zu machen – in Linz haben die freigesprochenen Zeugschmiede erst dann die Ehre, sich rechte Gesellen zu nennen, wenn sie dazu allen anderen Zunftgesellen ein »Bandgeld« gezahlt haben.

Die prächtigen Schleifkannen assoziieren heute natürlich immer wieder die Vorstellung von praller Gemütlichkeit in der Runde der versammelten Handwerker. Es kann deshalb nicht genug auf die Torturen verwiesen werden, die mit den Kannen bzw. mit dem Schleifen verbunden sind. Dabei hat möglicherweise der Alkoholkonsum mitgewirkt, den Vorgang ausufern zu lassen. Auch noch nach dem Reichsabschied von 1732 muß von den Gürtlern berichtet werden:

/7/ Weigel, Chr.: Abbildung der Gemein-Nützlichen-Haupt-Stände. Mit beygedruckter Lehr und mäßiger Vermahnung durch P. Abraham a Santa Clara. – Hall in Sachsen 1698. – S. 118

»Bey Loszählung der Lehr-Jungen giebts viel seltsame ungebührende Mißbräuche, als unter andern zum Exempel, daß die Gürtlers-Gesellen einem Lehr-Jungen bey der Loszählung mit der Ruthen straffen . . .«/8/

Die Schleifkanne der Linzer Riemerzunft von 1512 gilt übrigens als 105
ältestes erhalten gebliebenes Zeugnis österreichischer Zinngießer. 1659 ist die Kanne renoviert worden, wobei man wohl die mit sechs Löchern versehene Kappe an das Deckelinnere angelötet hat. Ursprünglich sind die Kappen so konstruiert, daß sie auf dem Boden der Schenk- oder Trinkgefäße aufgeschraubt werden können, um Gewürze aufzunehmen. Beliebt sind vor allem Muskat und Ingwer, aber auch Kräuter werden benutzt, um den Geschmack des Biers zu beeinflussen. Den Frauen der Zunftangehörigen bei der Einführung eines neuen Meisters einen Würztrank zu geben, ist häufig Sitte in mecklenburgischen Zünften. Im 17. Jahrhundert kommen die Würzbiere allmählich aus der Mode, so daß sich das Anlöten der Kappe, d.h. sie damit funktionslos zu machen, nur noch aus nostalgischen Gründen erklären läßt. Außer dem zunehmend geringeren Geschmack an Würzbieren kommt hinzu, daß jetzt allgemein der Wein dem Bier vorgezogen zu werden scheint. Der Schenkgeselle der Riemer bedankt sich z.B. nach reichlichem Trunk so:

Messerschmiede

»Also mit Gunst! So tue ich mich diesesmal bedanken vor ein ehrliches Geschenk. Kommt ein oder anderer guter Gesell wieder zu mir, so will ich Euch wieder schenken. Viel lieber in Wein als in Bier, viel lieber in Bier als in Covent, viel lieber in Covent als in Wasser.«/9/

Hier sei angemerkt, daß Kovent eine Art Dünnbier ist; auf die alkoholischen Getränke, die in den Schleifkannen dargeboten werden, wird noch zurückzukommen sein.

Gürtler und Riemer legen in manchen Gegenden Wert darauf, nicht 106
miteinander identifiziert zu werden und separates Zunftgerät zu haben – in Österreich fertigen die Riemer Geschirr für Reit- und Zugpferde, während die Gürtler lederne Schnüre für Mieder und natürlich Gürtel machen. Die an den Gürteln hängenden Taschen produzieren die Beutler, die sich gelegentlich auch als Taschner bezeichnen. Von ihrem Freisprechen der Lehrlinge ist bekannt, daß der Vorgang als »Eingeweihe« bezeichnet wird. Vor der Taufe aus der Schleifkanne wird der zu machende Geselle gefragt, ob er sich mit Wein, Bier oder Wasser einweihen lassen wolle. Muß er besonders sparsam sein oder ist er geizig und wählt Wasser, wird er damit schier ohne Ende begossen. Entscheidet er sich für die alkoholischen Getränke, wird ihm nur sparsam der Kopf benetzt.

Ähnlich scheint es bei den Kürschnern zuzugehen. Zu der Schleif- 107
kanne der Zwickauer Kürschner sei auf den ungewöhnlich sorgfältig und 108

/8/ Zedler, J.H.: Grosses vollständiges Universal-Lexicon Aller Wissenschaften und Künste. – Leipzig u. Halle 1750. – S. 54

/9/ Wissel, R.: Des alten Handwerks Recht und Gewohnheit. Bd. II. – Berlin 1929. – S. 161

91 Schleifkanne der Bäcker aus Breslau (Wrocław); 1497, H. 72 cm
Muzeum narodowe, Warschau

92 Schleifkanne der Maler aus Breslau (Wrocław); um 1500, H. 54 cm
Germanisches Nationalmuseum, Nürnberg

93 Schleifkanne einer unbekannten Zunft, Breslau (Wrocław); 16. Jh., H. 44 cm
Österreichisches Museum für angewandte Kunst, Wien

92

93

94 Schleifkanne böhmischer Provenienz; um 1530–1540, H. 31,4 cm
Kunstmuseum Düsseldorf

95 Schleifkanne der vereinigten Zunft der Bäcker, Müller und Lebzelter in Schlan (Slany); 1577, H. 42,5 cm
Národní muzeum, Prag

96 Doppelhenkelige Kanne mit messingnem Ablaßhahn, norddeutsche Provenienz; 17. Jh., H. 45,3 cm
Kulturhistorisches Museum, Stralsund
Die Inschrift lautet: »Anno 1764 hat ein Ehrbares Amt diese / Schenck Kanne vergrößern lassen«.

97 Schleifkanne der Schlosser-, Sporer-, Uhr- und Büchsenmachergesellen aus Straubing; wohl 17. Jh., H. 43,5 cm
Gäubodenmuseum Straubing
Die Kanne ist u. a. durch eine besonders große »Handhabe« (Henkelschleife) ausgezeichnet.

98 Schleifkanne der Tuchscherer, schlesische Provenienz; 1553, H. 52,5 cm
Staatliche Kunstsammlungen Dresden, Museum für Kunsthandwerk

98

97

NIELS CHRISTENSEN MARIAGER
HANS HANSSEN LYNNING OG
THOMAS GIERDTSEN
SÖREN BUCK OG:
CHRISTIAN NIELSEN MARIAGER
1785.
1785.

99 Gefußtes Schenkgefäß mit »Pipe« (Ablaßhahn) und zugehörigen Bechern; 1776, H. 54 cm (Schenkgefäß), 1785 (Becher) Nationalmuseet København

100 Schleifkanne der Hufschmiede aus Lauban (Lubán); um 1520, H. 60,4 cm Museum des Kunsthandwerks, Leipzig

MVSICA
GEOMETRIA

101 Detail der Schleifkanne aus Schweidnitz (Abb. 102)

102 Schleifkanne der Maurer und Zimmerer aus Schweidnitz (Swidnicá); 1564, H. 52,7 cm Staatliche Kunstsammlungen Dresden, Museum für Kunsthandwerk

103 Schleifkanne der Schmiede, norddeutsche Provenienz; 1669, H. 55,5 cm
Historisches Museum, Schwerin
Der Ablaßhahn besteht aus Messing.

104 Kanne der Sensenschmiede; um 1630–1640, H. 55,8 cm
Stadtamt Rottenmann
Die Griffringe bestehen aus Eisen, möglicherweise sind ursprünglich Zinnringe vorhanden gewesen.

103

104

105 Schleifkanne der Riemer aus Linz; um 1512, H. 46,7 cm Oberösterreichisches Landesmuseum, Linz

105

106

106 Schleifkanne der Gürtler aus Leipzig; 1688, H. 63 cm Museum für Geschichte der Stadt Leipzig

107 Schleifkanne einer Kürschnerzunft; sächsische Provenienz; 1741, H. 57,5 cm Städtisches Museum, Zwickau

108 Detail zu Abb. 107; Löwe mit Kartusche, die ihrerseits zwei gravierte, rangerhöhende Löwen aufweist.

107

DAS KÜRSNER
HANTWERCK
ZU ZWICKAU

109

109 Schleifkanne der Breslauer Seiler; 1511, H. 76 cm
Muzeum narodowe, Warschau

110

111

110 Schleifkanne der Müller zu Rottenmann; um 1640–1650, H. 51,5 cm
Stadtamt Rottenmann

111 Schleifkanne der Müller aus Görlitz (?); 1697, H. 55 cm
Städtische Kunstsammlungen Görlitz
Der Ablaßhahn besteht aus Messing.

112
113

112 Kastenförmiges Schenkgefäß der Bäcker zu Rottenmann; 1697, H. 66,5 cm
Stadtamt Rottenmann

113 Schenkgefäß der Schuster zu Rottenmann; um 1620–1630, H. 53,5 cm
Stadtamt Rottenmann

114 Schenkkrug der Schneider und Schuhmacher zu Klingenthal; 1709, H. 68 cm
Vogtlandmuseum Plauen

114

115 Schleifkanne der Tuchmacher in Hirschberg (Jelenia Góra); 1506, H. 61,2 cm
Kestner-Museum, Hannover

115

116 Werkzeug der Tuchmacher auf der Kartusche einer Schleifkanne (Abb. 25); 1738
Museum des Kunsthandwerks, Leipzig

117 Schleifkanne der Tuchknappen in Löwenberg (Lwówek Slaskie); um 1523, H. 63 cm
Muzeum narodowe, Wrocław

116

117

118 Prismatische Kanne einer Bäckerzunft; 1760, H. 38,5 cm Bernisches Historisches Museum, Bern Kannen dieses Typs werden in der Schweiz als »Quartkannen« bezeichnet.

119 Schleifkanne der Görlitzer Tuchknappen; 1657, H. 75 cm Städtische Kunstsammlungen Görlitz

120 Rohrkanne der Zinngießer in Graubünden; 1764, H. 27 cm Staatliche Museen zu Berlin, Kunstgewerbemuseum

121 Detail der Graubündener Rohrkanne (Abb. 120)

122 Rohrkanne einer Böttcherzunft; 1834, H. 37 cm
Iparmüvészeti múzeum, Budapest
Diese wie die in den Abb. 120 und 126 wiedergegebenen Kannen werden auch als Füll- oder Looßkannen bezeichnet.

123 Schleifkanne der Töpfer zu Kohren-Sahlis; 1793, H. 57 cm
Töpfermuseum Kohren-Sahlis

124

125

124 Kanne der Bäckerzunft von Bergen (Norwegen); 1689, H. 36 cm
Historisk Museum, Universitetet Bergen
Die Kanne ist mit eingelegten Bronzefäden verziert.

125 Zunftkanne der Hafenarbeiter, niederländische Provenienz; Mitte 18. Jh., H. 23,2 cm
Gemeentemuseum Bergen op Zoom

126 Rohrkanne der Sattler zu Artern; 1715, H. 36 cm
Heimatmuseum Bad Frankenhausen

JOHANN MAT
THIAS FISCHER
HAT DISSE KANNE
DEM LÖPLICHEN
SATLER HANT
WERCK VER EH
RET
ANNO 1715

127 Riegelkanne der Zeug-, Leine- und Wollweber zu Zeitz; 1820, H. 33,5 cm
Museum Schloß Moritzburg, Zeitz

128

129

128 Kanne der Trägerzunft zu Stralsund; 1849, H. 35 cm
Kulturhistorisches Museum, Stralsund

129 Kanne einer mecklenburgischen Schneiderzunft; 1781, H. 37,2 cm
Kulturhistorisches Museum, Stralsund

130 Kanne, vermutlich einer Schuhmacherzunft; 1683, H. 33 cm
Museum des Kunsthandwerks, Leipzig
Auf die Schuhmacherzunft deutet die Gravur in Form eines mit zwei Pfeilen durchkreuzten Schnabelschuhs hin.

131 Steinzeugkanne mit Zinndeckel der Schneiderzunft zu Zeitz; 1847, H. 48 cm
Museum Schloß Moritzburg, Zeitz
Die Kanne trägt die eingeritzte Inschrift: »Verfertigt im Jahre 1847 von Friedrich Sevin für die wohllöbliche Schneiderinnung von Zeitz«.

132 Detail zu Abb. 134

133 Detail zu Abb. 134: Deckelinschrift

133

132

134 Stitze einer Schlosserzunft, sächsische Provenienz; 1780, H. 34 cm
Kreismuseum Grimma

135 Kanne der Nagelschmiede in Straubing; 1750, H. 54 cm
Gäubodenmuseum Straubing

136 Schnabelstitze mit einem Greif als Deckelfigur, unbekannte Zunft; Anfang 18. Jh., H. 42,5 cm
Kunstmuseum Düsseldorf
Die Kartusche trägt die Inschrift: »Vivat die Zunft«.

137 Plattflasche der »Drei Bruderschaft« (Zunft der Bergleute) zu Zwickau; 1701, H. 34 cm
Städtisches Museum, Zwickau

135

136

138

138 Schraubkanne einer vogtländischen Schuhmacherzunft; 1732, H. 31,3 cm
Vogtlandmuseum Plauen
Die Kanne ist henkellos.

139 Kanne, vermutlich der Weißenfelser Schuhmacher; 1717, H. 39,5 cm
Museum Weißenfels

140 Inschrift auf der Rückseite einer Kanne (Abb. 139)

139

Der Ersembtlichen Brüderschaft
Schuchmacher Gesellen.
H. Vater, M. Joh. Georgi Müller
Die Beÿsitzer M. Joh. Adam Michaelis
M. Joh. Jacob Keil.
Die Alt Gesell Anderas Eichner V. Heiers Werde
Joh. Anderas Dresler V. Altenb.
Der Schreiber Joh. Georgi Poller V. Görlitz

141 Krug der Schmelzerknappschaft zu Freiberg/Sachsen; 1550, H. 42,7 cm
Stadt- und Bergbaumuseum Freiberg

142 Kanne der Bergknappen in Freiberg/Sachsen; 1628, H. 59 cm
Stadt- und Bergbaumuseum Freiberg

143 Plattflasche einer Weberzunft; 1720, H. 33,5 cm
Gedenkstätte Crimmitschauer Textilarbeiterstreik, Crimmitschau

Die Flasche trägt die Inschrift: »Kurzer Flacks glebt auch langen Faden«.

141

142

144 Kanne der Küfer von Kopenhagen; 1665, H. 34 cm Nationalmuseet København

145
146

145 Krug (»Fletschkrug«) der Schmelzerknappschaft zu Freiberg/Sachsen; 1672, H. 23,4 cm
Stadt- und Bergbaumuseum Freiberg
Der Krug ist mit eingelegten Messingreifen verziert.

146 Deckel des Freiberger Krugs (Abb. 145)

147 Kanne der Maurer und Steinmetzen zu Ödenburg (Sopron); 1693, H. 56,5 cm
Liszt Ferenc múzeum, Sopron

147

148 Schenkgefäß der Maurer aus Zittau; 3. Viertel 16. Jh., H. 47,2 cm
Stadtmuseum Zittau

treffend modellierten Löwen als Kartuschenhalter aufmerksam gemacht. Offensichtlich hat der Zinngießer eine Vorlage beim Schaffen der Gießform benutzt, die sich durch große Detailtreue auszeichnet.

Das schon von der Schleifkanne der Linzer Riemerzunft berichtete Renovieren der Gefäße ist kein seltener Vorgang. Meist nutzt der die Arbeit ausführende Zinngießer die Gelegenheit, sich auf dem betreffenden Stück im Klartext zu verewigen. Die Tatsache des Renovierens sowie das deutlich vom Stolz auf das Geleistete bestimmte Auftragen des Meisternamens zeigen einmal mehr den hohen materiellen und ideellen Wert vor allem der Schleifkannen des 16. Jahrhunderts. Aber auch im folgenden
111 Säkulum entstehen noch imposante Gefäße, so z. B. die der Müller von
110 Görlitz oder von Rottenmann in Österreich. Über der auf drei Putten stehenden Kanne der Rottenmanner Müller wacht geradezu gebieterisch mit dem Blick in Richtung der Pipe ein Löwe. Trotz der ansonsten spärlichen Ornamentik kostet die Anfertigung solcher großer Kannen den Zünften ein gutes Stück Geld, da der Materialbedarf dafür hoch ist. Das Aufbringen der Kosten fällt auch insofern schwer, weil die Zahl der Zunftangehörigen oft relativ klein ist. Übrigens sind beim Aufdingen eines Müllerjungen vielerorts Bürgen nötig, die mit einem Geldbetrag, einer Mahlzeit und einem Faß Bier bis zum völligen Auslernen des Lehrjungen zu haften haben.

Von einem gewissen Reichtum kündet die 1511 datierte Schleifkanne
109 der Breslauer (Wrocławer) Seiler. Es ist nicht auszuschließen, daß die Figuren am Fuß und auf dem Deckel einer konkreten Person nachgebildet sind. Über die Bräuche beim Gesellenmachen der Seiler ist wenig bekannt, wohl aber, daß ein zugewanderter Geselle aus der »hochlöblichen Geschenk-Kanne« als »Eingeschenk« schwarzbraunes Bier erhält. Zuvor hat der fremde Seilergeselle folgendes zu verkünden: »So mit Verlaub und Gunst. Ihr günstigen Gesellen desgleichen auch die Jünger: Ich hätt ein Wort oder zwei fürzubringen, ich bitte Ihr wollet mir's nicht vor übel halten. Ihr wisset Euch guten maßen zu erinnern, daß ich einen starken Trunk vor mir habe: möchte der Trunk stärker sein als ich, möchte mich zu Boden werfen, bitte alle gute ehrlich Gesellen, desgleichen die Jünger, ihr wollet mir wieder aufhelfen, doch nicht beim Haare, sondern mit einer Kannen schwarzbraunem Bier, damit wird sein geholfen mir.«/10/ Als »Jünger« werden jene bezeichnet, die noch nicht als vollwertige Seilergesellen gelten, weil sie noch nicht lange genug ausgelernt haben.

Schwarzbraunes Bier ist offensichtlich eine Art Starkbier. Da prinzipiell die Schleifkannen voll gefüllt werden, wird der Begrüßungstrunk den Trinkenden wohl öfters auf den Boden werfen. Man kann sich freilich

Messerschmiede

/10/ Wissel, R.: a.a.O. – S. 211

nur schwer vorstellen, daß das Eingeschenk aus solchen überdimensionalen Gefäßen wie der Kanne der Breslauer Seiler erfolgt – das Stück ist über einen dreiviertel Meter groß. Auch wenn das Einschenken dem Gesellenschleifen nahe kommt, wird man bei der Benutzung der Trinkgefäße nicht unbedingt immer wählerisch sein, so wie auch der bedeutendere Vorgang der Aufnahme eines Jungen in den Gesellenstand nicht notwendigerweise immer den Gebrauch eines solchen Gefäßes vorschreibt, das wir heute vor allem wegen seiner Wuchtigkeit als Schleifkanne bezeichnen. Das erforderliche Quantum des alkoholischen Getränks für die Durchführung der Zeremonie steht fest, und wenn die Kanne die Portion nicht faßt, wird sie einfach nochmals gefüllt. Es ist schon erwähnt worden, daß das zunächst übliche Getränk beim Gebrauch der Schleifkannen der Wein ist. Nicht nur seines Wohlgeschmacks wegen, sondern auch wegen der reichlich gepriesenen wundersamen Wirkungen scheinen dagegen Bier oder Branntwein ungeeignet, in den würdevollen Gefäßen dargeboten zu werden. Noch Ende des 17. Jahrhunderts singt Christoph Weigel folgendes Loblied auf den Wein:

»Was ist zur Erhaltung der Gesundheit und des Lebens bequemer als ein reiner und lieblicher Wein? . . . Der Wein ist es, der die rohen und zähen Feuchtigkeiten im Magen kochet und hinweg nimmt; der die Däuung fördert und eine Begierde zum Essen erwecket; der einen ruhigen Schlaf machet und verursachet, viel Geblüte gebieret und dasselbige reiniget. Summa: Der Wein erquickt den Menschen das Leben, so man ihm mäßiglich trincket.«

Im gleichen Atemzug findet Weigel jedoch auch ein paar anerkennende Worte für das Bier:

»Ist nicht das Bier ein gesunder, herrlicher Tranck? Bringet es nicht zur Erhaltung des menschlichen Leibes gar eine liebliche, gesunde Correspondenz und Verwechslung der Qualitäten?«/11/

Allgemein ist zwar von etwa 1700 an das Bier das beim Schleifen verwendete Hauptgetränk, doch regional gibt es erhebliche Unterschiede. So gehört noch Ende des 18. Jahrhunderts das Bier in der Schweiz zu den Luxusartikeln, und selbst die prächtigste, zum Ledigschelten benutzte Kanne bekommt es selten zu sehen. 1778 heißt es z.B.: »Wäre unser Land nicht mit Weinwachs gesegnet, so müßten wir ohne Gnad mit den Gänsen trinken«. Während der Weinpreis um diese Zeit zwischen etwa zwei bis fünf Schilling je Maß (ca. 1,8 Liter) liegt, kostet das Maß Bier etwa acht bis zehn Schilling./12/

Wenn bei den Zünften der festliche Gebrauch der Schleifkannen ansteht und Bier ausgeschenkt werden soll, ist man durchaus auf Qualität

/11/ Weigel, Chr.: Abbildung der Gemein-Nützlichen-Haupt-Stände. Mit beygedruckter Lehr und mäßiger Vermahnung durch P. Abraham a Santa Clara. – Hall in Sachsen 1698. – S. 170

/12/ Hauser, A.: Vom Essen und Trinken im alten Zürich. – Zürich 1962. – S. 154

bedacht. In Passau zählt in dieser Hinsicht das Urteil der »Bierschauerzeche«. Das ist eine Vereinigung von Ratsherren und Zunftangehörigen, die jedes Mutterfaß vor dem Ausschank »verkostet«./13/ Ansonsten sind die Gewährspersonen die »Bierkieser«, die sich in Ausübung ihres Amtes den Hosenboden mit Bier benetzen, stundenlang zechen und dann dem Gebräu Güte bescheinigen, wenn beim Aufstehen die Hosen an der Bank angeklebt sind. Auch die Schleifkannen können die Funktion eines Bierkiesers erfüllen. Falls sie nämlich unmittelbar auf dem Boden aufstehen, also nicht mit einem Fuß in Form von Kugeln, Putten, Tieren oder dergleichen versehen sind, und zum Füllen der Becher nur der Ablaßhahn betätigt wird, können sie bei entsprechendem Gehalt des Biers auf der Tischplatte festkleben. Natürlich überzeugen sich die Zünfte lieber vorher von der Bierqualität, doch es wird als ein gutes Zeichen gewertet, wenn das Zinngeschirr dicke klebrige Ränder hinterläßt. Das kommt bei dem schon im Zusammenhang mit dem Schenken der Riemergesellen genannten Kovent nicht vor. Kovent wird umgangssprachlich mit den charakteristischen Bezeichnungen »Langeweile«, »Halbander«, »Langfahn« oder »Trinke« versehen./14/ Es ist ohne weiteres vorstellbar, daß in angespannten Zeiten manche Zunft beim Begrüßen eines Schenkgesellen auf Kovent zurückgreifen muß.

Metzger

114 Die Schleifkanne der Schneider von Klingenthal weist zwar durch ihre Gravur die Korporation mit den Schuhmachern aus, doch im allgemeinen bilden die Schneider wie auch die Schuhmacher jeweils nur für sich eine Zunft. Warum gerade hier eine Vereinigung angestrebt worden ist, verrät die Kanne natürlich nicht. Vom Schuhmacherhandwerk behauptet Wilhelm Raabe in seiner 1864 erschienenen Romantrilogie »Der Hungerpastor«, es sei, »wie das Volk sagt, eine ›spintisierende Nation‹, und kein anderes Handwerk bringt so treffliche und kuriose Eigentümlichkeiten bei seinen Gildemitgliedern hervor«, doch ein solches weitverbreitetes Urteil spricht natürlich kaum gegen seine Korporationsfähigkeit. Das Schleifen der ausgelernten Lehrjungen geht mit dem Verabreichen einiger kräftiger Ohrfeigen, dem Begießen mit Bier und dem wiederholten Wegziehen des Stuhles vor sich – also ohne kuriose Eigentümlichkeiten –, und auch die entsprechenden Kannen zeichnen sich nicht durch nennenswerte Besonderheiten aus. Erwähnenswert ist
31 die Tatsache, daß die Schleifkanne der Schuhmacherzunft von Göllwitz (Gölnicbánya) sogar im Deckelinnern einen Löwenkopf enthält; auf die mögliche symbolische Bedeutung der dazu noch vorhandenen Drachen am Fuß und Henkelansatz ist schon eingegangen worden. Ohne Zweifel ist die von dem Scharnier ausgehende Deckelkrügge völlig ausreichend,

/13/ Schmid, W. M.: Illustrierte Geschichte der Stadt Passau. – Passau 1927. – S. 369

/14/ Grässe, Th.: Bierstudien. – Dresden 1872. – S. 65

damit den Deckel öffnen zu können – das sich anhechelnde Hundepaar
hat also vor allem ornamentale Bedeutung. Aus dem Rahmen des übli-
chen Aussehens der Schleifkannen fallend ist mit ihren hohen Füßen, den
Maskarons am Fußansatz sowie den beiden Klapphenkeln das vom An-
fang des 17. Jahrhunderts stammende Schenkgefäß der Schuster in Rot- 113
tenmann. Das geht aber vermutlich weniger auf »spintisierende« Wün-
sche der Zunft, denn auf das Formenangebot der Zinngießer zurück;
auch das über einen halben Meter große, wohl zum Schleifen benutzte
Gefäß der Sensenschmiede Rottenmanns ist ähnlich gestaltet. Dem im 104
Grundaufbau ähnlichen Gefäßtyp begegnet man noch im folgenden
Jahrhundert in Skandinavien, wenn auch die Henkel fest an den Kan-
nenleib angelötet sind. Während die Deckel aller dieser Gefäße über ein
Scharnier mit dem Kannenkörper verbunden sind, gibt es einzelne Stük-
ke, die einen ganz und gar abnehmbaren Deckel aufweisen. Dazu zählt
das wuchtige Schenkgefäß der Bäcker zu Rottenmann, das kaum noch an 112
eine Kannenform erinnert.

Trotz Spezialisierungsrichtungen der Schneider gibt es in der Regel keine getrennten Zünfte wie z. B. bei den Gürtlern und Riemern, sondern es vereinen sich die Gewandmacher (die vor allem billige Textilien herstellen) mit den für reiche Leute schaffenden Raschmachern (die plüschartige Textilien liefern), Bohnseidenmachern (die mit Baumwolle durchschossene Seide verarbeiten) und Kaffamachern (deren Arbeitsmaterial Gold- und Silberbrokat, Damast und Samt ist). Die berufsverwandten Tuchmacher lassen bei hervorragenden Zinngießern eine Reihe heute noch erhaltener Schleifkannen arbeiten, auf deren außergewöhnliche künstlerische Qualität bereits einführend verwiesen worden ist.

Mittelpunkt der Ornamentik ist auf der Kanne der Tuchmacher zu 115
Hirschberg (Jelenia Góra) der gekreuzigte Heiland; alle Gesichter der in den polygonalen Feldern eingravierten Heiligenfiguren (Maria, Johannes, Jacobus d. J. mit Fachbogen, Paulus mit Schwert, Bischof Erasmus mit Winde, Petrus mit Schlüssel, Beutelbuch und Initiale P in den Hauptfeldern, Genoveva oder Gertrud mit Gesichtsscheibe, Agnes mit Lamm und Initiale a, Apollonia mit Zange, Magdalena mit Salbgefäß, Ursula mit Pfeil und Initiale V, Martha mit Weihwasserbehälter und Sprengwedel in den unteren Feldern und oben schließlich Christina mit Mühlstein, Margaretha mit dem Drachen und der Initiale m, Maria mit dem Kind, Katharina mit Rad, Barbara mit Turm, Dorothea mit Blumenvase und Franciscus mit Wundmalen und den Initialen SC. F.) drücken deutliche Anteilnahme aus. Selbst das Maskaron der Deckelkrügge ist dieser Stimmung angepaßt. Die Pipe setzt relativ hoch über

Müller

dem Boden an, so daß die letzten Schlucke des Getränks nur durch Kippen der Schleifkanne gewonnen werden können. Zweckmäßigerweise
117 ist an der entsprechenden Seite der Henkel angebracht. Während die Kanne eher schlank als untersetzt wirkt, erscheint die der Tuchmacherzunft von Löwenberg (Lwówek Śląskie) mehr gedrungen, obwohl sie sogar noch geringfügig größer ist. Dafür verjüngt sie sich aber deutlicher nach oben zu als die wahrscheinlich von Meister Mathias Halbritter gefertigte Hirschberger Kanne. Die aus Löwenberg hat als Meistermarke ein gebrochen gestaltetes kleines G, das möglicherweise zum Familiennamen Grumbown aufgelöst werden kann. Der kniende Jüngling auf einem der oberen Felder ist zwar auch mit dem Buchstaben G gekennzeichnet, doch es ist wenig wahrscheinlich, daß sich hier der Zinngießer selbst dargestellt hat bzw. hat darstellen lassen. Da das den meisten anderen weltlichen Figuren beigegebene Gerät Tuchmacherwerkzeug und dazu noch zum Zeitpunkt des Entstehens der Kanne (um 1523) ein Löwenberger Tuchmacher namens Michael Grune bekannt ist, spricht viel mehr dafür, daß ein Zunftangehöriger – vielleicht Michael Grune – wiedergegeben ist. Auf den Kartuschen am Leib oder auf dem Deckel der Schleifkannen findet sich vom beginnenden 16. bis zum auslaufenden
116 18. Jahrhundert in der Regel das charakteristische Handwerkszeug der Tuchmacher. Dafür wird im Vergleich zu anderen Gewerken ein schriftsprachlicher Hinweis selten gegeben.

119 Die nicht mehr polygonal gestalteten Schleifkannen der Tuchmacherzünfte des 17. Jahrhunderts erreichen schon bei weitem nicht die künstlerische Ausdruckskraft ihrer Vorgänger. Daran ändern auch die dekorativen Messingreifen nicht viel. Vielleicht werden die späten Kannen gelegentlich als Tonnen bezeichnet; jedenfalls ist in den Privilegien der Köpenicker Tuchmacher das Füllen der »Thonne« angedroht, falls jemand während der Zunftversammlung Hader anfängt, ohne Erlaubnis der Zunftmeister redet oder gar mit »tötlicher gewehr« (d. h. bewaffnet) erschienen ist.

Die Kugelfüße der aus dem 18. Jahrhundert stammenden, in der al-
123 ten sächsischen Töpferstadt Kohren-Sahlis aufbewahrten Schleifkanne der Töpferzunft scheinen zwar in ihrer Schlichtheit gut zur Zeit zu passen, doch es sei darauf aufmerksam gemacht, daß solche Füße auch schon zwei Jahrhunderte zuvor genutzt werden. Ein Beispiel dafür liefert die Löwenberger Kanne der Tuchknappen.

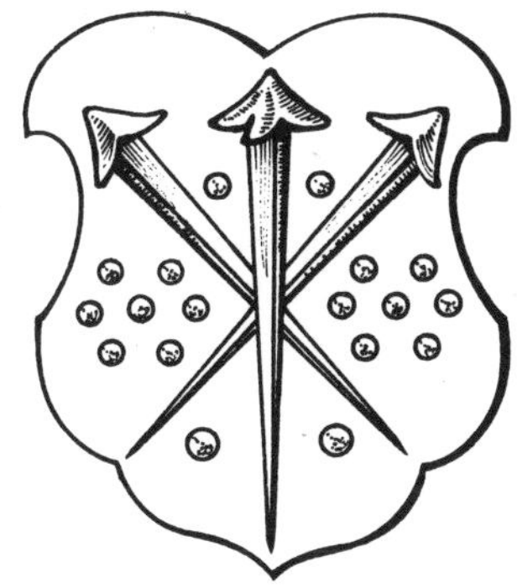

Nagelschmiede

Universelle Schenkkannen

Nagelschmiede

Unter den Erzeugnissen des Zinngießerhandwerks stehen allgemein die Kannen gemeinsam mit den Krügen hinsichtlich ihrer Formenvielfalt an der Spitze. Das spiegelt sich zumeist auch bei den Zunftzinnen wider – lediglich in England ist das anders; hier ist überhaupt die Mannigfaltigkeit der Zinne nicht sehr groß. Am häufigsten wird in den Zünften von Schenkkannen gesprochen, wenn es um Gefäße zum Nachfüllen des Weins, Biers oder Branntweins geht. Nicht als Schenk-, sondern lediglich als Kannen bezeichnet man hingegen recht oft Deckelkrüge, also jene Zinne, die als unmittelbare Trinkgeräte verwendet werden. Natürlich ist damals wie heute eine strenge sprachliche Unterscheidung zwischen Kanne und Krug unüblich. Sorgfältiger ist man im Umgang mit regional gebundenen Begriffen, z. B. im Schwäbischen mit »Rätze« (»Retze«) für die Schenkkanne oder in der Altmark mit »Rahn« für das entsprechende Gefäß.

Möglicherweise entwickeln sich verschiedenen Orts je nach der Funktion der Kanne im All- und Feiertag der Zunft spezielle Bezeichnungen, beispielsweise Feldkanne, Meisterkanne oder sogar Schlafkanne. Solche Begriffe tauchen im Zusammenhang mit den wanderfertigen Gesellen auf. Der Feldtrunk aus einer mächtigen Kanne ist mit dem Wunsch des Altgesellen für eine glückliche Reise verbunden. Nach einem kräftigen Trunk hat z. B. in Freiberg/Sachsen um 1680 die Antwort des Gesellen zu lauten: »Dieser Trunk ist mir zwar sehr lieb, aber eine glückliche Reise noch viel lieber«. Der Meistertrunk erfolgt auf die Gesundheit aller Meister und Gesellen, der Nachttrunk auf einen guten Nachtschlaf, wobei der Geselle wiederum zu versichern hat, ehrliche Meister und Gesellen bzw. eine gute Nacht wären ihm noch viel lieber als der dargebotene Trunk. Trifft ein wandernder Schornsteinfeger in der Herberge ein, hat er »über der ersten oder anderen Kanne Bier« nach dem Altgesellen zu schicken./15/ Selbstverständlich wird dafür der Herbergsvater eine ganz bestimmte Kanne bereithalten. Mit dem Titel »Stuben- und Kellermeister der Zunft zum Wald« kann sich 1599 und 1600 der Zinngießer Hans Müntschi aus Biel schmücken. Damit ist ihm die ehrenvolle Aufgabe übertragen, das von seinen Zunftgenossen gewünschte Getränk aus
dem Keller heraufzuholen. Die dafür oft verwendeten prismatischen, mit 118
einem Röhrenausguß versehenen Gefäße nennt man auch »Füll-« oder 126
»Looßkannen«. Wie die abgebildeten Looßkannen zeigen, finden sich 120

/15/ Wissel, R.: Des alten Handwerks Recht und Gewohnheit. Bd. II. – Berlin 1929. – S. 554

121 solche Zinne nicht nur in der Schweiz, sondern auch in Deutschland und
122 dem heutigen Gebiet der Tschechoslowakei; die meisten datieren aus dem 18. Jahrhundert.

Zuweilen hat die Versorgung der Zunftangehörigen mit Getränken der jüngste Geselle oder Meister zu übernehmen. In der Ordnung der Bäckerzunft von Lüneburg (um 1600) heißt es:

»... da muß er ihnen zwei Gericht Eszen und 12 ß zu Hamburger Bier geben; da ist dann der neye Becker Abends mit bey, aber er sitzet nicht bey den 6 Männern, aber er muß ihnen das Bier zu tragen«. /16/

Ob und zu welchem Zweck mit eingelegten Bronzefäden verzierte
124 Kannen wie z. B. die der Bäckerzunft von Bergen (Norwegen) verwendet werden, muß dahingestellt bleiben. Zur Demonstration in der Öffentlichkeit werden sie auf jeden Fall benutzt, nimmt man doch sogar vergoldetes Geschirr mit hinaus auf die Straßen. So heißt es u. a. zu dem bei den Bäkkern allgemein beliebten Fahnenschwenken:

»Sonntag, den 17. July 1614 sind die Becken, Lebküchler und Muhlknechte und mit ihnen die Pfragners Söhne ... deren etliche schöne große überguldete Drinckgeschirre, etliche große zinnen schenkkandeln mit Wein uf den Achseln getragen, in die Stadt allhie umbgangen« und haben Rot-Weiße-Fahnen geschwenkt. /17/

Beispiele speziell für das Fahnenschwenken sind zwar aus skandinavischen Ländern weniger bekannt, umso mehr jedoch aus Deutschland und Polen. Die bereits erwähnte Meisterkanne taucht übrigens in der 1660 entstandenen Ordnung der Bäcker von Oelsnitz auf:

Die Meister haben bei offener Lade zu schweigen und zu hören, »was die Vormeister vor Obrigkeit oder sonsten ihres Handwerks wegen Vorbringen«. Bei Verstoß soll der Sünder »ohne alle Gnade zwo Meisterkannen Bier zur Buße geben«.

Einen dem Fahnenschwenken der Bäcker entsprechenden Umzug haben die Posamentierer in Frankfurt/Main. Darüber heißt es 1693:

»Folget die Ordnung der Gesellen. Dann kamen die Gesellen zu handen, vorher giengen vier Musicanten, Andreas Gruber ein Büchsen-Gesell, Versahe rümlich seine Stell, Und führte sie in solcher Zier, Als wann er wer ein Cavalier. Zwey Gesellen trugen zwo Schenk-Kann, Ein tropp Gsellen folgten dann ...«. /18/

Über das Aussehen der mitgeführten Schenkkannen ist nichts bekannt; Gefäße in Krugform der abgebildeten Art dürften zu klein und zu schlicht sein, um im Rahmen eines Umzugs präsentiert zu werden.

Im 18. und 19. Jahrhundert sind in Norddeutschland zylindrische
129 Kannen wie die einer mecklenburgischen Schneiderzunft recht häufig.

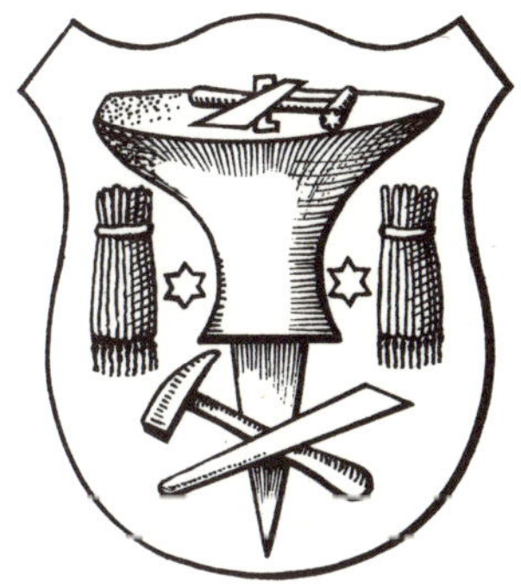

Nestler und Senkler

/16/ Wissel, R.: a.a.O. – S. 182

/17/ Isenberg, H.: Altes Brauchtum im Handwerk. – Münster o. J. (1936). – S. 49

/18/ Lenhardt, H.: Feste und Feiern des Frankfurter Handwerks. Ein Beitrag zur Brauchtums- und Zunftgeschichte. – Frankfurt/M. 1951. – S. 29

Unter den Schneidern gibt es besonders in Norddeutschland eine Menge Anlässe zum Gebrauch der Kannen. Einer der bedeutendsten ist in einer Reihe von Städten die jährlich begangene zweitägige »Höge«. Das ist ein Vergnügen, zu dem so manche Kanne auf das Wohl der löblichen Zunft geleert wird. Ein Trunk wird aber auch mit solchen Veranstaltungen verbunden sein, wie man sie in Passau vorfindet; 14tägig montags haben sich die Passauer Schneider an der Lade zu versammeln, um die Kleider besichtigen zu lassen, die auf den Jahrmärkten verkauft werden. In den Versammlungen der Schneiderzunft in Ratibor (Racibórz) ist vorgeschrieben:

»Bei Versammlungen kann die Hälfte der Einnahme in Bier angelegt werden, ist aber auf der Herberge kein Bier zu haben, so darf nur für 6 Tlr. Bier in Kannen geholt werden, das andere Geld kommt in die Lade.«/19/

Mit den Einnahmen ist offenbar ein festgelegter Betrag gemeint, der zwangsläufig bei den Versammlungen fällig wird. So verlautet etwa in der Krugordnung der Schneidergesellen Rigas von 1600, jeder Geselle habe vier Schilling »rigisch« in die Lade und sechs Schilling zu Bier zu erlegen, sobald die Lade geöffnet werde. Im 19. Jahrhundert wird von den Schneidern wie von anderen Handwerkern auch zunehmend mehr auf das preiswertere Steinzeug statt der Zinngefäße zurückgegriffen. Als Beispiel dafür sei die 1847 datierte Kanne der Schneiderzunft in Zeitz ge- 131
nannt, zu der ein einheimischer Zinngießer das zinnerne »Beschlagwerk« fertigt. Symptomatisch für die Zeit ist die Tatsache, daß z. B. die den Schneidern verwandte Zunft der Tuchmacher in Braunschweig 1844 einen Willkomm-Pokal von 1698 und eine Kanne von 1725 verkauft – ähnlich verfahren andere Zünfte, sofern sie überhaupt noch bestehen. Eine Besonderheit ist von den Kannen der Tuchmacher in Iglau (Jilahva) erwähnenswert. Die Iglauer Tuchmacher sind brauberechtigt, und wenn man an der Reihe ist, in einem der vier Stadtviertel zu brauen, wird den »Verwandten« ein Kostbier in einer »Mälzerkanne« spendiert./20/ Zinnerne Bierkannen spielen auch bei den Bielefelder Brauern eine ungewöhnliche Rolle. In der Brauordnung ist seit 1586 mehrmals erwähnt, daß die Brauer beim Verkauf minderwertigen oder billigen Biers eine Zinnkanne »zu laden« stellen sollen. Mit dem »laden« ist ein Ausschenktisch gemeint, der sich durch das Waagerecht-nach-außen-Klappen eines hölzernen Fensterladens ergibt.

Im alltäglichen Gebrauch zwar recht verbreitet, aber in den Zünften selten sind zwei Kannenformen, die aus dem Bestand von Vereinigungen 128
der Träger in Stralsund bzw. der Weber in Zeitz stammen. Das Gefäß der 127

/19/ Gesellenleben in alter Zeit. – In: Ratiborer Heimatbote. – Ratibor 1929. – S. 70

/20/ Leisching, J.: Die Zinnsammlung des Iglauer Museums. – In: Erzherzog Rainer – Museum für Kunst und Gewerbe. Mitteilungen. – Brünn 34 (1916), H. 7. – S. 83

Träger von 1849 erinnert an eine Form, die vor allem in Eger (Cheb) gefertigt und als »Pitsche« bezeichnet wird. Da solche Kannen allgemein zu einem Zeitpunkt entstehen, zu dem die Zünfte in Auflösung begriffen sind, ist die Seltenheit derartiger Zunftzinne begreiflich. Ähnlich ist es mit den Rohr-Riegelkannen, die ebenfalls Erzeugnisse des 19. Jahrhunderts sind. Ungewöhnlich ist schließlich auch ein als »Rahn« bezeichnetes Gefäß der Salzwedeler Leineweberzunft. Der Name steht für eine bauchige Kanne mit Klappdeckel und langem, vom unteren Teil des Gefäßes ausgehenden Ausgußrohr.

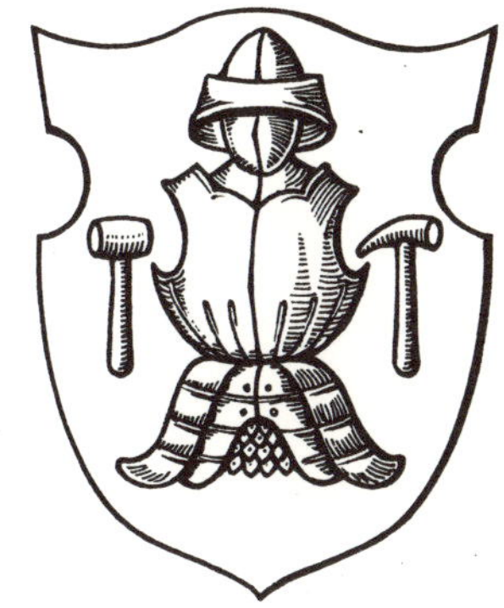

Plattner

Die Kanne der Hafenarbeiterzunft einer niederländischen Stadt mit
125 der Inschrift »ARBYDERS/GILDEKAN/1754« hat eine Form, die besonders in Schlesien beliebt ist. Durch die Verlagerung des Schwerpunktes in Richtung Bodenzone zeichnen sich solche birnenförmigen Gefäße durch große Standfestigkeit aus. Im allgemeinen ist ihr Fassungsvermögen eher klein als groß, so daß sie kaum als Schenkgeräte für die gesamte Zunftversammlung gebraucht werden können. Eine spezielle Funktion hat die »Schafferkanne« (»Schapkar«), die bereits 1435 im Schragen der Fuhrleute von Reval (Tallinn) erwähnt ist: »item wan der alderman dat schapkar fulle, beth dat szollen de brodere myt frolichkeit drincken unde gan darmede to guder nacht.«/21/ Mit dem Hervorholen und Füllen der Schafferkanne ist also das Zeichen zum Schluß des Gelages gegeben. Ein wichtiger Grund für den Ältermann, die Gesellen und auch die Lehrjungen aufmerksam im Auge zu behalten, geht gut 200 Jahre später z. B. aus einem Klageschreiben der »Bürger, Handelsleute und Handwercker in Berlin und Cölln« hervor:

Es wird darüber Sorge geäußert, daß die kurfürstlichen Werber »den Bauern die Knechte von der Feldarbeit und auch unsere Handwercksgesellen, Knechte und Jungen mit Gewalt aus dem Dienst und Arbeit hinwegnehmen, denselben in die Bierkanne und sonsten, wenn sie ihre Zusammenkünfte und Handwercksgewohnheiten halten, Geld heimlich beibringen, hernach aber ... zu Kriegsdiensten zwingen wollen.«/22/ Übrigens ist es nicht selten Praxis der Werber, wandernde Gesellen gar nicht erst bis zur Herberge und damit zum Begrüßungstrunk kommen zu lassen, sondern sie bereits vor den Stadttoren anzuhalten, mit ihnen zu zechen und sie dabei zum Kriegsdienst zu verpflichten.

Im Inventar der Würzburger Fischerzunft von 1692 wird »ahn Zinn undt Messing« neben »2 Retzen, jede zu 8 Maas« u.a. aufgeführt: »1 Viermäßigen Kandten, die Eichelkanden genannt.«/23/ Damit ist eine Kannenform bezeichnet, die zu den frühest gefertigten gehört – von den bildlichen Nachweisen her gesehen ist sie überhaupt die älteste – und

/21/ Gahlnbäck, J.: Zinn und Zinngießer in Liv-, Est- und Kurland. – Lübeck 1929. – S. 82

/22/ Schneider, W.: Berlin. Eine Kulturgeschichte in Bildern und Dokumenten. – Leipzig/Weimar 1980. – S. 138

/23/ Brod, W. M.: Altertümer und Bräuche der Fischerzunft zu Würzburg. – In: Mainfränkische Hefte. – Würzburg 1954, H. 20. – S. 18

für die im 19. Jahrhundert der Name Glockenkanne aufkommt. Das im 2. Viertel des 13. Jahrhunderts entstandene Glasfenster der Elisabethkirche zu Marburg ist das älteste Bilddokument einer Zinnkanne. Dargestellt ist ein Krankenbesuch durch die heilige Elisabeth, Landgräfin von Thüringen (geb. 1207, gest. 1231), die das den Kranken zugedachte Getränk in einer glockenförmigen Kanne mit einem kurzen Röhrenausguß befördert. Warum der durchaus auch treffend das Aussehen beschreibende Name Eichelkanne durch die Bezeichnung Glockenkanne abgelöst worden ist, kann nur noch vermutet werden: Wahrscheinlich war der erstgenannte Begriff in Vergessenheit geraten, als sich Museen und Privatsammler dem Zinngerät zuwandten.

Posamentierer

Die Glockenkannen sind charakteristische Erzeugnisse Schweizer Zinngießer, und natürlich nennt man nicht nur in Würzburg, sondern auch in der Schweiz schon in älterer Zeit die Gefäße Eichelkannen bzw. Eicheln. So heißt es z. B. in der 1655 datierten »Kantengiessertax« von Schaffhausen:

»Item von einem Pfund zu arbeiten zu schüsseln, tellern und anderen dergleichen Arbeit: 2 Schilling 6 Heller. Item von einem Pfund des holen geschiers als Kanten, steitzen, Eichelen, brunnen Kessin und anderem: 3 Schilling.«/24/

Mit »steitzen« ist eine andere Kannenart, die Stitzen, angesprochen, die nicht nur für die Schweiz, sondern auch für den süddeutschen Raum typisch ist. Ähnlich den bereits erwähnten Egerer (Cheber) Pitschen verjüngen sich die Stitzen nach oben zu; sie kommen sowohl mit Schnau-
ze (»Schnabelstitzen«) als auch ohne vor. Als Beispiel für Stitzen sei auf 134
die 1780 datierte einer Schlosserzunft verwiesen, deren Deckel eine be- 133
sonders originelle Inschrift trägt, sowie auf die im Kunstmuseum Düssel- 132
dorf aufbewahrte Kanne mit einer nicht alltäglichen Gestaltung der 136
Füße. Auch von den Fischern ist wie bei den schon genannten Bäckern und Posamentierern ein Festzug bekannt, zu dem Zinnkannen mitgeführt werden. Noch 1842 formiert sich ein solcher Zug anläßlich des Fischerstechens in Würzburg, zu dem es heißt: Neben den Vereinsvorstehern marschieren »auf beiden Seiten rechts zwei Meister und links zwei Meister . . ., tragend an einer Stange je zwei und zwei, eine große zinnerne Kanne, gefüllt mit köstlichem 1834er Wein.«/25/ Möglicherweise ist das eine Glockenkanne, denn solch ein Schenkgefäß hat einen feststehenden Ring auf dem Deckel, durch den eine Stange zum Zweck des Tragens geschoben werden kann, ohne daß die Kanne aus dem Gleichgewicht kommt. Natürlich ist es nicht die vordringlichste Aufgabe der Schenkgefäße, schlechthin in der Öffentlichkeit präsentiert zu werden, sondern

/24/ Bossard, G.: Die Zinngießer der Schweiz und ihr Werk. Bd. II. – Zug 1934. – S. 130

/25/ Brod, W. M.: Altertümer und Bräuche der Fischerzunft zu Würzburg. – In: Mainfränkische Hefte. – Würzburg 1954, H. 20. – S. 56

wie der Hinweis auf den köstlichen Wein zeigt, dienen sie in Verbindung mit dem Umzug viel handfesteren Vergnügungen. Inschriften derart »DEM AMTE ZUR ZIHR GEB ICH MEIN GEBIHR« (Kanne der Rigaer Fischer von 1754) lassen freilich den Hauptzweck selbst der prächtigsten Gefäße erkennen. Wie sehr übrigens kunstvolle Arbeit der Zinngießer von den Zünften geschätzt wird, geht u.a. aus der Tatsache hervor, daß beispielsweise 1586 die Fischkäufler in Passau die Leiche des Zinngießers Degenhart Vischgatter, dem sie ihre sehr schöne Schenkkanne verdanken, zu Grabe tragen.

In Verbindung mit den Glockenkannen klang bereits an, daß einzelne Gefäße auf ein bestimmtes Volumen geeicht sind. Schon in Verordnungen aus dem 15. Jahrhundert ist von entsprechenden Zunftzinnen die Rede. Beispielsweise heißt es 1470 im Schragen der »Großen Gilde« zu Reval (Tallinn), im Fall, daß jemand wäre, dem es nicht bequem sei in die Gilde zu gehen, und zwar von Alters wegen oder aus anderen üblichen Ursachen, der solle sein Bier holen lassen, man solle es ihm senden aus einer Kanne von vier Stoofen. Ein Stoof sind etwa 1,25 Liter. Die Maßhaltigkeit der Zunftkannen spielt vor allem dann eine Rolle, wenn das Bier von einem Wirt direkt vom Faß geholt wird. Der damit beauftragte Zunftgenosse hat streng darauf zu achten, daß der Wirt beim Einfüllen den Schaum wegstößt, damit das Erreichen des Eichzapfens genau gesehen werden kann. In Passau haben die Wirte sogar einen Eid abzulegen, den »Thest« (Schaum) beim Einschenken zu entfernen.

Posamentierer

Die vierstoofige Kanne der Revaler (Tallinner) Großen Gilde kommt selbstverständlich nur jenen zugute, die überzeugende Gründe für das Fernbleiben von einer Versammlung haben. Die Gesellschaft zu den Schuhmachern in Bern muß sogar Bußen aussprechen, um vor allem die auswärts wohnenden Stubengenossen zum Besuch der »Botts« (den obligaten Versammlungen) anzuhalten. Zeitweise aber, so um 1780, ist der Besuch so fleißig, daß die »Stubenflaschen« für den geselligen Teil des Botts nicht ausreichen./26/ Zumeist steht der Ausdruck Flasche für alle möglichen Gefäße. Hier aber sind speziell lin-
137 senförmige Gefäße gemeint, die als Pilger- bzw. Feldflaschen allge-
143 mein am häufigsten im 15. und 16. Jahrhundert vorkommen. Sie werden mittels eines durch Ösen geführten Riemens getragen. Von den Berner Schuhmachern ist belegt, daß 1635 ihr Stubenvater für einen »breiten Lederriemen und Schnalle samt einem Brett und Zapfen für die neue Stubenflasche« drei Pfund zahlt; 1685 werden für zwei neue Stubenflaschen, die das von einem Goldschmied eingravierte Wappen

/26/ Trechsel, E.: Die Gesellschaft zu den Schuhmachern von Bern. – Bern 1934. – S. 21

der Gesellschaft tragen, 70 Pfund ausgegeben. Die beiden abgebildeten Flaschen zeigen die im 18. Jahrhundert typische Formgebung für dieses Geschirr.

Die Gravur auf einer im Museum des Kunsthandwerks Leipzig aufbewahrten, mit einem Eichzapfen versehenen stitzenförmigen
Kanne von 1683 deutet darauf hin, daß sie aus dem Bestand einer 130
Schuhmacherzunft stammt. Wie die bereits erwähnte Stitzenform,
sind auch die prismatischen Kannen in der Schweiz reichhaltig vertre-
ten. Die sechskantige Kanne einer vogtländischen Schuhmacherzunft 138
hat zwar einen für eidgenössische Arbeiten charakteristischen Klapp-
deckel auf dem Ausgußrohr, dennoch handelt es sich um eine Arbeit
eines deutschen Zinngießers. Viel ungewöhnlicher ist allerdings mit
ihrer ausschwingenden Linienführung und dem angegossenen Ring
auf dem Deckel die in Sachsen entstandene Kanne wohl der Weißen- 139
felser Schuhmacher. Eine Inschrift kündet von der hohen Wertschät- 140
zung des Gefäßes:

»Ich war eine Alte
Kanne V 147 Jahr,
Und Ungestalt, Die
Hl. Brüder Liesen
Mich Machen, in die-
ser Flasche genannt.
Im January 1717«

Demnach ist die Kanne bereits 1570 entstanden.

Zu den häufigsten Formen in Skandinavien, in Nord- und Mitteldeutschland, Böhmen und Ungarn zählen die walzenförmigen Kannen. Während des in Prag am Ostermontag von den Schuhmachern gefeierten Festes »Fidlowatschka« gehört es zum unumstößlichen Zeremoniell, solche zylindrischen Kannen, die mit den eingravierten Handwerksinsignien und Inschriften geschmückt sind, zu gebrauchen. Die Gravuren auf dem Leib der Deckel werden dabei gelegentlich durch Hinzufügung von Namen solcher Meister oder Gesellen bereichert, die anläßlich des Festes besonders geehrt werden sollen. Entsprechendes findet bei der Aufnahme in die Zunft, bei Meisterpromotionen u. ä. statt. Insofern sind Kannen wie auch andere Zunftzinne nicht selten, die verschiedene, manchmal einige Jahrzehnte auseinanderliegende Jahreszahlen aufweisen.

Auf den walzenförmigen Kannen der Kupferschmiede finden sich hin und wieder als schmückende Elemente eine messingne oder auch eine kupferne Einlegearbeit oder eine Applikation. Es ist denkbar, daß solche

Arbeiten nachträglich von den Kupferschmieden selbst und nicht von den Zinngießern ausgeführt werden. Das ist nicht nur eine Frage des handwerklichen Könnens, sondern auch der Sparsamkeit – schon am Beginn des 18. Jahrhunderts stellen sich bei den Kupferschmieden vielerorts schwere handwerkliche Sorgen ein. In Rapperswil (Schweiz), wo sie gemeinsam mit den Zinngießern bis 1731 zusammen mit 20 anderen Gewerken der Erhardi-Zunft angehören, sieht sich der Stadtrat veranlaßt, beide Handwerke zu unterstützen. Das erfolgt, indem Kupferschmiede und Zinngießer der »geschenkten Hantierung« zugeteilt werden, deren Angehörige von der »Dingung und Ledigmachung bei der Meistermachung« entbunden sind. Den »Einstand« in das Zunfthaus haben sie jedoch zu geben, wenn auch nicht in dem Maße wie Angehörige anderer Gewerke. Von der schweren Zeit kündet auf besondere Art und Weise die Inschrift auf der 1701 datierten Kanne des Herbergsvaters in Kempten:

Rademacher

»Wer sich jetzt will Ernehren Mues vihl thun und wenig zehren.«

Ein wenig Not, aber auch eine gewisse burschikose Solidarität drückt sich in der »Gesellen-Beliebung« der Magdeburger Nagelschmiede von 1544 aus. Danach tun sich die Gesellen einander mit den Worten Bescheid:

»hastu Kein Bier in der Kanne, so schlage sie vff den dische, dier sol Bier werden, so lange ich Geldt im Beutel habe.«/27/

Natürlich wird man sich sehr zu hüten haben, die Aufforderung allzu wörtlich zu nehmen, denn bei der Weichheit des Zinns ist schnell ein kostspieliger Schaden entstanden, wenn mit der Kanne auf den Tisch ge-
135 schlagen wird. Nicht nur, daß vorhandene Füße verbogen oder häßliche Beulen entstehen könnten, auch die Maßhaltigkeit könnte beeinflußt werden. Es ist schon erwähnt worden, daß die Eichung vor allem dann eine Rolle spielt, wenn das Getränk über der Straße vom Wirt geholt wird. Eine solche Praxis klingt z. B. in den Reden der Altgesellen mancher Schmiedezünfte an, die sie bei der Auflage zu führen haben:

»Mit Gunst!, stille Ihr Gesellen! Es sind gewest heute vierzehn Tage, daß wir nicht beisammen gewesen. Es ist hier Handwerksgebrauch, daß wir aller vierzehn Tage auf der Herberge zusammenkommen und auflegen; aller 8 Tage einen Dreier Heller Pfennig und vierzehn Tage drei Pfennig gut Geld, das in der Stadt gilt, wenn wir es schicken vor Bier oder Wein, damit unser Gesellengeld ungetadelt mag sein, so leget auf zum ersten Mal bei der Buße.«/28/

Als geeichte Kannen werden noch 1806 im Bestand der Churer Schmiedezunft 7 »Quartkannen« ausgewiesen, dazu an weiterem Zunftzinn 5 große Suppenschüsseln, 11 große Platten, 26 Pastetenplatten und

/27/ Müller, E. F.: Das Zunftwesen in Magdeburg. – Phil. Diss. Leipzig 1925. – S. 118

/28/ Wissel, R.: Des alten Handwerks Recht und Gewohnheit. Bd. II. – Berlin 1929. – S. 230

mittlere Platten, 54 Teller, 2 Leuchter, 5 Salsbüchslein, 3 »Senfkäntlein«, 2 Anrichtslöffel, 7 »ordentliche« (d.h. einfache) Löffel, 1 Kerzenstock und 1 großes Gießfaß. Mit Quartkannen sind die schon genannten großen prismatischen Kannen gemeint, die ein »altes Maß«, das sind 1,8 Liter, fassen. Selbstverständlich kommt es auch vor, daß man in die Herberge gleich ein ganzes Bierfaß kommen läßt, bei den Schmieden besonders dann, wenn es bestimmte Vergehen zu bestrafen gilt. So lautet z. B. in dem »Gildebrief der Grob- und Kleinschmiede, der Gold- und Silberschmiede, der Kannengießer und Messermacher« in Esens (Westfalen) von 1736:

»Wenn sich auch in den jährlichen Zusammenkünften zwischen einigen Gilde Brüdern Zank erheben, und einer den andern mit ungebührlichen Worten oder Werken begegnen würde, so soll ein solcher der Gilde mit einer Tonne $1^{1}/_{2}$ Stüvers- Bier verfallen sein.«/29/

Das Volumen einer Tonne ist regional sehr unterschiedlich, es liegt aber mit Ausnahme in Sachsen (98 Liter) bei über 100 Litern. Für das Herbeirollen einer solchen Menge Bier geben aber nicht nur Verfehlungen Anlaß, sondern ebenso die schon aufgeführten, üblicherweise zu begießenden Ereignisse. Hinzu kommen auch in diesem Handwerk die speziellen Feste; bei den Züricher Schmieden z. B. die Feier am »Hirsmontag« (der sechste Sonntag vor Ostern) oder die »Rechenschaft« der Flensburger Schmiede, die ganze acht Tage lang festlich begangen wird. Dabei fehlt es nicht an kernigen Sprüchen. Manchmal schlagen die sich sogar als Inschriften auf den Kannen nieder. So verkündet eine ehemals in Teplitz-Schönau (Teplice) aufbewahrte, 1607 datierte Kanne der Hufschmiede- und Wagnerzunft:

Rade- und Stellmacher

»ALLES. VER. TRUNKEN. VOR.
UNSERN. ENDE–DAS. MACHT.
EIN. RUHIG. TESTAMENT.«

1798 erstellt der Herbergswirt der »Zimmerergesellenbrüderschaft« in Hamburg eine Inventarliste der in der Lade aufbewahrten Zinne. Demnach sind vorhanden:

»eine zinnerne Kaffee-Kanen mit drei Hanen, 2 Stück zinnerne Leuchter mit Dreharmen, 2 Stück zinnerne Teller mit Füße, ein zinnernes Becken, eine zinnerne Dinten-Lade, worinnen eine Scheere befindlich, 18 Stück zinnerne Teller, 22 Stück zinnerne Becher, große und kleine«.

Die erwähnte Kanne ist in zweierlei Hinsicht bemerkenswert – wegen ihrer Zweckbestimmung für Kaffee und wegen der drei Hähne.

/29/ Kohlmann, Th.: Zinngießerhandwerk und Zinngerät in Oldenburg, Ostfriesland und Osnabrück (1600–1900). – Göttingen 1972. – S. 297

Es paßt sicher nicht ohne weiteres in das gewohnte Bild vom Zunftleben, wenn man von der Existenz einer Kaffeekanne als Zunftzinn vernimmt. Immerhin werden aber schon 120 Jahre früher (1678) im Rechnungsbuch der Londoner Zinngießerzunft Ausgaben für Kaffee (und für »andere Flüssigkeiten«) erwähnt./30/ Man muß bedenken, daß es anfangs zur auch in den Zünften erstrebten Noblesse gehört, sich das neue Getränk leisten zu können. Daß man um 1800 wie bei den Hamburger Zimmerern zwar eine Kanne für das inzwischen nicht mehr den Reiz des Neuen habende Getränk hat, aber keine für Bier und Wein, mag u. a. eine Folge des einschränkenden Reichsabschieds von 1731 sein. Nicht minder aber wirkt sich hier die besonders in Norddeutschland verbreitete und geschätzte Gewohnheit aus, in geselliger Runde eine Kanne auf dem Tisch stehen zu haben, deren Form eine gewisse Gemütlichkeit ausstrahlt. Es handelt sich dabei um ein zunächst auf drei Füßen, später dann auf nur einem Stempelfuß stehendes Gefäß mit der volkstümlichen Bezeichnung »Dröppelmina«. Bis zu drei Hähne am Boden des gebauchten oder urnenförmigen Behältnisses sorgen dafür, daß man sich bequem mit Kaffee bedienen kann; die aufgeführten 22 zinnernen Becher sind die erforderlichen Trinkgefäße. Natürlich ist die Kranenkanne (so genannt nach dem als Kran bezeichneten Ablaßhahn) eine Besonderheit unter dem Zunftzinn, die dazu noch nur regional begrenzt vorkommt.

Aus dem Rahmen des allgemein Gängigen fallend ist die 1628 datierte
142 Kanne der Bergknappen zu Freiberg/Sachsen. Eine gewisse Hochachtung für diesen schweren Beruf scheint in dem Erzeugnis mitzuschwingen, das aus der Werkstatt des einheimischen Zinngießers Hans Günther kommt. Die Tätigkeit der Bergknappen beschreibt Abraham a Santa Clara geradezu mit bedrückenden Worten:

»Darum an den meisten Oertern, bevor sie sich in die Tiefe hinunter lassen, pflegen sie von Weib und Kindern Urlaub zu nehmen, maßen sie die stete Lebens-Gefahr vor Augen, theils wegen der Erd, von der sie gar bald überschüttet werden, theils wegen der bösen Geister, welche in dergleichen Bergen in großer Menge residieren und gar offt in allerley Gestalten erscheinen, meistens aber wie gar kleine Männlein sich sehen lassen, so gleich denen Bergknappen im graben und pecken beschäftiget seynd.«/31/

Wen will es da verwundern, daß die Bergknappen besonders gern einen kräftigen Schluck nehmen und Meister Günther gleich zehn der großen Kannen zu liefern hat, wozu ihm die Zunft das Material in Form
141 alter Schenkgefäße liefert? Der wiedergegebene Krug der berufsver-

/30/ Welch, Ch.: History of The Worshipful Company of Pewterers of the City of London. Vol. II. – London 1902. – S. 153

/31/ Weigel, Chr.: Abbildung der Gemein-Nützlichen-Haupt-Stände. Mit beygedruckter Lehr und mäßiger Vermahnung durch P. Abraham a Santa Clara. – Hall in Sachsen 1698. – S. 95

wandten einheimischen Schmelzerzunft von 1550 dient wohl wegen sei-
ner Größe auch als Schenkgerät; er wird im folgenden Jahrhundert durch
eine Reihe kleinerer Krüge ergänzt, die ein Enkel des Hans Günther, 145
Matthias Günther, fertigt. Keine nachweisbaren Beziehungen zu Hans 146
Günther hat hingegen der Kieler Zinngießer Bartels Löhnebeck, der für
die Küfer in Kopenhagen eine 1665 datierte Kanne schafft, deren Aufbau 144
sehr an die der Freiberger Bergknappen erinnert.

Der Stadtrichter zu Passau beklagt 1586 das schlechte Ansehen der
Steinmetzenzunft, die durch »Freßen und Saufen, heimlich Verkaufen
der Stift und Gilt in Abschleif und Verderben geraten« sei. Von der Lust
am Trinken künden die oft recht wuchtigen Gefäße, doch es dürfte nicht
richtig sein, gerade den Steinmetzen eine gesteigerte Trinklust nachzusa-
gen. Die Steinmetze korporieren gern mit den Maurern zu einer Zunft 147
und weisen das auch auf ihrem Zunftzinn aus. Die im Ferenc-Liszt-Mu-
seum Sopron aufbewahrte Kanne von 1693 der Ödenburger (Soproner)
Maurer und Steinmetzen stellt sich als gewöhnliches handwerkliches Er-
zeugnis eines Zinngießers jener Zeit dar; die Kugelfüße finden sich auf
ungarischen Arbeiten relativ häufig. Anders hingegen präsentiert sich die
aus dem 3. Viertel des 16. Jahrhunderts stammende Zunftkanne der Zit- 148
tauer Maurer, auf die schon in Verbindung mit den Ausführungen zur
Ornamentik verwiesen worden ist. Die Verwendung von Flötner-Plaket-
ten hebt das Schenkgefäß in den Rang eines kunsthandwerklichen Er-
zeugnisses, das zugleich auf die Wohlhabenheit der entsprechenden
Zunft wenigstens zum Zeitpunkt des Entstehens der Kanne hinweist.

In Hermannstadt (Sibiu) verlangen die Tischler von einem Gesellen, sich mittels »etzlicher« Kannen Bier und »einem Stück« Essen beliebt zu machen. Der Vorgang wird als »Einkeilen« bezeichnet. Je mehr Kannen geleert werden, umso dauerhafter soll das Arbeitsverhältnis sein. Sicher gibt es in anderen Städten und Zünften eine Menge ähnlicher, nur lokal praktizierter Gewohnheiten und Bräuche, die an die Verwendung von Kannen gebunden sind. Es dürfte sich aber bisher bereits ein buntes Bild dazu geformt haben, wie vielfältig die Gründe für den Genuß von Bier und Wein oder gar Branntwein im Leben der Zünfte sein können. Das Bild wird sich weiter ausprägen, wenn nunmehr auf die Trinkgefäße eingegangen wird.

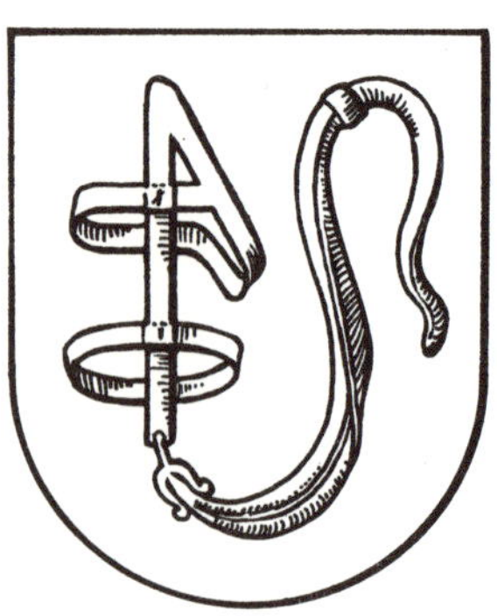

Riemer

Während das Willkomm-Gerät und die Schenkkannen im besonderen Maße mit dem festlichen Brauchtum der Zünfte verbunden sind, zählen die Trinkgefäße zu jenen Zinnen, die mehr bei den alltäglichen Zusammenkünften, bei den mehr gewöhnlichen Ereignissen eine Rolle spielen. Insofern ist es nicht überraschend, wenn in diesem Abschnitt vorrangig weniger repräsentativ anmutende Krüge und sich nahezu bescheiden gebende Becher vorgestellt werden. Natürlich sind auch einige Krüge zu zeigen, die in ihrer künstlerischen Wirkung durchaus mit den Schleifkannen mithalten können. Das sind großvolumige Gefäße, die ungeschnäuzt und damit formal als Krug zu bezeichnen sind, praktisch jedoch als Schenkgerät dienen und demnach für den kollektiven Gebrauch bestimmt sind. Dieser Zweck erfordert selbstverständlich ein repräsentativeres Aussehen als beim Trinkkrug des einzelnen Zunftgenossen. Offensichtlich ist der Krug das wichtigste und am häufigsten benutzte Trinkgefäß jedes Zunftangehörigen. Der Becher ist in der Regel zu klein, um ein gehöriges Quantum an Wein, geschweige denn an Bier aufzunehmen. Läßt man ihn entsprechend größer anfertigen, macht sich wegen der Schwere ein Henkel vonnöten, und dann ist gleichsam ein Krug entstanden. Die mit einem Schraubdeckel gut verschlossenen ungeschnäuzten Gefäße werden sowohl als Krug wie auch als Dose benutzt, es ist also in diesem Kapitel etwas zu den sogenannten Schraubflaschen als Trinkgefäße zu bemerken. So gut wie keine Bedeutung kommt den Tassen als Zunftzinn zu; auf sie wird deshalb im folgenden nicht eingegangen werden. Die Bedeutungslosigkeit ist im Zusammenhang damit zu sehen, daß selbst in den Haushalten Tassen aus Zinn kaum geschätzt sind. Sie kommen mit der Erfindung des europäischen Porzellans in Mode und sind aus diesem Material begehrt und auch bald erschwinglich.

Krüge

Als Beleg für die erwähnte repräsentative Wirkung mancher Krüge sei 151
zunächst auf den der Preßburger (Bratislavaer) Zinngießer verwiesen, der unbestritten als anspruchsvolles kunsthandwerkliches Erzeugnis gelten kann. Daß jedoch die bescheidene, für den individuellen Gebrauch bestimmte Krugform dominiert, soll am Beispiel der Zinngießer-Gesellschaft Lübecks verdeutlicht werden: 1654 verfügt man über je drei Willkomme, »Gelagkannen« und Leuchter, aber über 38 kleine Krüge, die sogenannten Rörken. Auf diese für Norddeutschland typische Krugform wird noch zurückzukommen sein; hier sei angemerkt, daß nach einem Beschluß von 1763 in Lübeck »ein Jung, wenn er Gesell wird, eine Rörken an die Gesellen geben soll, aber nicht unter 2 Pfd. an Gewicht«!

Repräsentativ wirkt auch der 1667 datierte Krug einer Zunft, in der 150
Gerber, Schneider, Radmacher, Schuster, Böttcher und Steinmetzen vereint sind. Das im Museum des Kunsthandwerks Leipzig aufbewahrte Gefäß weist einen Eichzapfen auf, ist also maßhaltig gearbeitet. Es ist schon davon gesprochen worden, daß die Eichung dann von Belang ist, wenn eine Kanne voll Bier oder Wein von einem Schenkwirt geholt werden soll. Dafür kann natürlich auch ein Krug benutzt werden. Geeichte Krüge wie mitunter auch Kannen sind außerdem erforderlich, um jene Strafen erfüllen zu können, die sich aus der Nichteinhaltung der Zunftordnungen ergeben. So heißt es 1701 im Nachtrag des Nürnberger »Drechsler-Gesellen-Articulo-Briefs« von 1671:

Rotgießer

»Es sollen auch nicht mehr denn sechs Gesellen, als vier hiesige und zwey frembde mit den jungen Gesellen abgeben, umbgeben und ihme zum Gesellenmachen, die anderen aber sollen bei Straff einer Maaß Wein an ihren Tischen bleiben, damit keine Unordnung dabey vorgehe. Ferner soll der junge Gesell nicht mehr als dreymahl von der Bank geworfen, andere Ueppigkeiten aber dabey außengelassen werden, bey Vermeydung der Straff.«/1/

Die angedrohte Strafe ist nicht unerheblich, denn ein Maß kann immerhin ein Volumen bis weit über zehn Liter einnehmen. Auch wenn das regional um einiges weniger sein kann, dürfte dafür keinesfalls z. B. ein
solcher Krugtyp wie jener der Stralsunder Drechsler ausreichen. Bei die- 154
sem Krug ist übrigens versucht worden, ihn durch Auflöten einer Messingplakette auf den Deckel zu verschönern; in die Plakette sind Bilder von Erzeugnissen des Drechslerhandwerks eingraviert.

/1/ Wissel, R.: Des alten Handwerks Recht und Gewohnheit. Bd. II. – Berlin 1929. – S. 454

Ein Faß Bier zur Strafe ist 1587 im Gewerbeprivilegium der Grobschmiede von Beelitz angedroht, falls sich die Meister während der Zusammenkunft streiten. In der Rolle der Schmiedezunft von Melle heißt es 1756:

»Wenn aber ein Meisterstück in ein oder andern fehlen würde, so soll er vor jedes Punct mit ein Viertel Bier bestraft werden . . .«/2/

153 Die abgebildeten Krüge der Schmiede bzw. Nagelschmiede sind zwar
152 nicht geeicht, bekannt ist aber ein 1670 datierter Humpen der Schmiede-
155 zunft von Telgte in Westfalen, der sogar vier Zapfen als Maßmarken aufweist. Das hat mit einer Trinksitte zu tun, auf die noch einzugehen sein wird. Zuvor soll noch angemerkt werden, daß die Zunftkrüge im allgemeinen eher ungeeicht als geeicht sind. Eine Ausnahme bilden die Trinkgefäße der Prager Zünfte, die einen Inhalt zwischen einer halben und drei Pinten haben. Die Pinte (1,91 Liter) baut auf dem in Böhmen schon 1286 eingeführten Quart als Grundmaß auf: Vier Quart sind ein Seitel, vier Seitel eine Pinte; drei Pinten werden übrigens als Lage bezeichnet.

Sattler

Nun zu der mit Maßmarken verbundenen Trinksitte. Allgemein
158 werden Krüge in der Größe bis etwa 30 cm zum »Zutrinken« verwendet. Johann Heinrich Zedler beschreibt 1750 die Sache folgendermaßen:

»Zutrincken heißt überhaupt so viel, als zusammen oder in Gesellschafft trincken und schmausen; daher es auch zuweilen das Gesellentrincken genennet, und darunter nicht etwan das Trincken und Sauffen derer Handwercks-Gesellen, sondern vielmehr ein solches Sauff-Gelach verstanden wird, da ein Sauff- und Zech-Bruder oder Geselle den anderen nöthiget, eben so viele und so grosse Humpen auszuleeren, als jener in seinen vollen Wanst hinein zu schütten vermag.«/3/

Die erwähnten vier Zapfen in dem Krug der Schmiedezunft von Telgte haben mit einer feineren Art des Zutrinkens, mit dem »Paßtrinken« zu tun. Als Paß werden die einzelnen Eichzapfen bezeichnet (an Gläsern auch entsprechende Striche), und es gehört zur bewunderten Kunst, von Paß zu Paß trinken zu können. Eine im 17. Jahrhundert hin und wieder gebrauchte Inschrift auf analogen Paßgläsern lautet:

»Vivat. In gesundheit unser Aller Innsgemeine
Sollen die Päß ausgetrunken Sein
Wer aber seinen Paß nicht treffen kan
der Soll den andern gleich auch hahn.
Nun So will Ich Sehen zu
Daß Ich den Paß bescheidt auch thu
Da hien will Ich auch Sein bedacht, Vivat«.

/2/ Kohlmann, Th.: Zinngießerhandwerk und Zinngerät in Oldenburg, Ostfriesland und Osnabrück (1600–1900). – Göttingen 1972. – S. 310

/3/ Zedler, J. H.: Grosses vollständiges Universal-Lexicon Aller Wissenschaften und Künste. – Leipzig u. Halle 1750. – S. 362

Es deutet also nichts darauf hin, daß das Paßtrinken etwa der Mäßigung dienen soll. Wenn man Johann Georg Krünitz in diesem Punkt Glauben schenken darf, dann ist hingegen in England in alter Zeit auf solche Art und Weise versucht worden, zur Mäßigung anzuhalten – da ging es freilich um Trinkhörner, die mit Nägeln und Pflöcken markiert waren./4/

In der Zunftordnung der Tischler zu Lübeck von 1712 wird hinsichtlich des Zutrinkens u.a. festgelegt:

»Kein Gesell soll sich unterstehen außer Verachtung den neben Ihm sitzenden vorbey zu trincken; Noch das Geschirr ein Ding zu benennen, sondern es ein Geschirr oder Rohrchen heißen bei straffe 1 Schill.«/5/

Sattler

Das erforderliche Trinkgeschirr kann natürlich auch einer jener Krü-
ge sein, wie sie von den Tischlern in Annaberg (Erzgebirge), den »Engli- 159
schen Stuhlmacher-Gesellen« in Rostock bzw. den Gürtlern in Stralsund 160
wiedergegeben sind, doch zumeist handelt es sich um die bereits erwähn- 156
ten, für Norddeutschland und zum Teil für die skandinavischen Länder 161
vom 17. Jahrhundert an charakteristischen Rörken. Der Name leitet sich 162
vom röhrenförmigen Aussehen der sich zum Fuß hin leicht verjüngenden Gefäße ab. Während die früheren Erzeugnisse auf einem tellerförmigen flachen Fuß stehen, wölbt dieser sich im Lauf des 18. Jahrhunderts zu einem wulstförmigen Gebilde. Die Rörken spielen offensichtlich mancherorts eine Rolle beim Gebrauch der Willkomme, denn z.B. ist ein Willkomm-Pokal der Schmiede zu Trebbin (1706) bekannt mit drei dazugehörenden Rörken, von denen eines die Inschrift hat:

»Diese Kannen gehören zu dem Willkomm 1706«.

In Anbetracht der Einbeziehung dieser Krüge in das Zeremoniell des Willkomm-Trinkens ist es nicht verwunderlich, wenn die ansonsten sehr
schlicht wirkenden Gefäße mitunter mit Messingintarsien kunstvoll ver- 171
ziert sind. Normalerweise herrscht freilich das eher bescheidene Aussehen vor. Obwohl die Rörken in beträchtlichen Stückzahlen gegossen, aber wohl nicht in großen Ehren gehalten werden (z.B. werden 1802 aus dem Besitz der Bremer Zinngießergesellen 122 Exemplare verkauft), sind sie heute recht selten geworden.

Von dem Krugtag der Riemer wird zwar berichtet, im Verlauf des Gelages werde auch der »größte Zinnen« hervorgeholt und vom Altgesellen seinem Mitschaffer gebracht, doch urkundlich ist der vorrangige Gebrauch eben der kleinen Rörken belegt. Das Gelage oder auch die »Einschänke« (beim Zuwandern eines Gesellen) bzw. die »Ausschänke« (beim Auswandern) beginnt, nachdem die Schenkkanne voll Bier oder Wein herangeschafft worden ist, mit folgenden Worten des Schaffers:

/4/ Krünitz, J.G.: Ökonomisch-technologische Enzyklopädie, oder allgemeines System der Staats-, Stadt-, Haus- und Land-Wirthschaft – Berlin 1779. – S.821

/5/ Wissel, R.: Des alten Handwerks Recht und Gewohnheit. Bd. II. – Berlin 1929. – S.450

»Also mit Gunst! So nehme ein jeder guter Gesell, ein zwei oder drei Röhrgen Bier vor sich und trinke einmal lustig herum und vergesse mich und meinen Schaffer auch nicht. Wenn aber Schenkgesellen und Jungen da sind, die zu Gesellen gemacht werden, schließen sie dieselben mit ein.«/6/

Der zu beschenkende Geselle hat, falls er ein zugewanderter ist, mit dem Rörken möglicherweise schon vorher Bekanntschaft gemacht. Solange sich nämlich der Oertengeselle nach Arbeit umschaut, kann er »ein Kandel« Bier nehmen. Kommt der Oertengeselle nicht innerhalb einer Stunde zurück, darf er sich noch einen zweiten Trunk genehmigen. Mit dem Fortgang des Gelages der Riemer wird auch das sogenannte Glücksrörken benutzt und das Trinken mit den Worten begleitet:

»Glück! Wem das Glück wiederfährt, dem wiederfahre es mit Freuden, Ich gieße das Bier in meinen Bauch, das gilt mir und einem rechtschaffenen Riemergesellen auch.«/7/

Von den Glücksrörken sind zwei Varianten bekannt. Die am häufigsten gegossene und benutzte ist ein Rörken mit hohlem Fuß und durch-
163 brochener Bodenplatte, über der sich ein bis drei Würfel befinden. Die
167 andere Machart ist ein Rörken mit einem Zifferblatt und einem Zeiger
164 auf dem Deckel; Blatt und Zeiger sind zumeist aus Messing. Mit den Würfeln oder durch das glücksradähnliche Drehen des Zeigers werden im allgemeinen die Trinkberechtigten ausgespielt. Der Würfelkrug ist dazu auf einen Zug zu leeren, danach umzudrehen und zu schütteln. Die Zahl gibt an, wer von links an gezählt als nächster trinken darf. Ähnlich werden Glücksradkrüge gebraucht. Eines der abgebildeten Rörken der Kupferschmiede ist ein sogenanntes Vexierrörken. Auf diesen besonderen Krugtyp wird noch zurückzukommen sein.

Einen recht ungewöhnlichen Zweck sollen die Glücksrörken beim
165 Gesellenmachen der Lübecker Rademacher zu erfüllen haben. Nach dem Trunk aus dem Willkomm und dem Vexierrörken wird das Glücksrörken geleert, dann über dem Kopf geschwenkt und gewürfelt. Die gewürfelten Augen sollen die Zahl der Wanderjahre angeben!/8/ Das erscheint zwar recht ungewöhnlich, doch es ist von den Wagnern mancherlei ähnlich Merkwürdiges vermeldet. So findet sich z. B. in der Ordnung der Wagner von Frankfurt/Main (1599) ein Passus, der ansonsten nicht allzu häufig vorkommt und übrigens auch den Gebrauch maßhaltiger Gefäße denkbar macht:

»Zum achten soll ein jeder Meister und Geselle von dem Handwerck seinen besonderen Namen haben und nicht geduldet werden, er hab dann denselben von der Gesellschaft erkauft und welcher Meister ein

Scheffler

/6/ Wissel, R.: a. a. O. – S. 159

/7/ Wissel, R.: Ebenda.

/8/ Warncke, J.: Handwerk und Zünfte in Lübeck. – Lübeck 1937. – S. 70

Namen kauft, der soll geben ein Gulden und ein halben Gulden davon zu betätigen, ein Gesell aber mehr nicht, als viel er eine Woche von seinem Meister zu Lohn hat, für die Bestätigung aber vier Maas Wein.«/9/

Zur Veranschaulichung sei das Ergebnis eines konkreten Namenskaufs angeführt: »Peter von Diepurg, uff unserm hantwerg gnant springe in die Rosen.«

Wahrscheinlich sind es auch die Wagner, die in Ochsenfurt im 16. Jahrhundert ein »Leiterstechen« durchführen. Mit metallenen Helmen und Schildern aus Stroh geschützte Gruppen bekämpfen sich mit auf Rädern montierten Leitern; die Anfertigung von Leitern gehört zu den Aufgaben dieses Handwerks./10/ Unter Wagner versteht man übrigens nicht bloß die Rad-, Wagen- oder Stellmacher, sondern z. T. auch
die Fuhrleute. Die Gravur auf dem Krug der Kleinfuhrleute von Stral- 169
sund deutet darauf hin, daß zu deren Aufgaben auch Fahrten mit der
Hochzeitskutsche gehören. Wie die Zinne zeigen, gibt es in Rostock sogar 157
eine Zunft der Karrenfahrer und in Rotterdam eine der Sackträger. 170

Den schon im 17. Jahrhundert so bezeichneten Vexierrörken liegt das lateinische Wort Vexation, d. h. Plackerei oder Neckerei, zugrunde. Die Krüge sind also so konstruiert, daß man sich entweder plagen muß, daraus trinken zu können, oder aber den Trick der richtigen Handhabung kennt. Weil der obere Lippenrand durchbrochen ist, verschüttet man auf jeden Fall beim Trinken fast alle Flüssigkeit, wenn das Gefäß normal zum Mund geführt wird. Nun müht man sich entweder derart, daß man das Getränk mit einer schwungvollen Bewegung in den Mund hinein katapultiert, oder aber man bedient sich der unauffällig am Lippenrand bzw. Henkel angebrachten Bohrung und saugt so die Flüssigkeit aus. Das wird dank einer doppelten Wandung möglich. Ohne Zweifel sind derartige Scherzgefäße vor allen in den Zünften der norddeutschen und skandinavischen Regionen zeitweise sehr beliebt. Die Nadlerzunft Stralsunds
schafft sich in ein und demselben Jahr (1686) ein Vexierrörken und dazu 166
noch einen teuren Vexierpokal an. Wie die Inschrift erkennen läßt, wird 177
der Pokal von den Nadler-Gesellen auch als Rörken angesehen:

»DIESE Z
ROCKEN HABEN
GESTIFFET DIE Z
SENCK-GESELLEN ALS
CHRISTIAN LVP HOLT
VON STRALSUND …
ANNO 1686«

/9/ Lenhardt, H.: Feste und Feiern des Frankfurter Handwerks. Ein Beitrag zur Brauchtums- und Zunftgeschichte. – Frankfurt/M. 1951. – S. 58

/10/ Kramer, K.: Ein »Leiterstechen« in Ochsenfurt. – In: Bayrisches Jahrbuch für Volkskunde. – Regensburg 1953. – S. 148

Die Besonderheit des Gefäßes besteht darin, daß es auf dem üblichen Weg weder geleert noch gefüllt werden kann, weil das Gefäßinnere durch ein in den Hals eingegossenes Zinnblech verschlossen ist. Das Bier oder der Wein sind also durch eine der sieben Röhren in den Pokal hineinzubringen und so auch wieder herauszubekommen. Es sind auch Vexierpokale bekannt, die normal gefüllt werden können, aber bei denen es zum Ritual gehört, sie nur über die Trinkröhren zu leeren. Da nur eines der sieben mit dem Gefäßinneren verbunden ist, besteht die Kunst für den zu Zunftangehörigen darin, schnell das richtige Trinkrohr zu finden.

In einigen Inventarien sind die Rörken als Kroos bezeichnet. Das ist aber eher ein Ausdruck für einen Krug schlechthin als für das spezielle Gefäß, denn z. B. zählt schon 1490 die Zunft der Lohgerber in Münster »20 tinnen krose« zu ihrem Bestand; zu diesem Zeitpunkt ist die Rörkenform noch völlig unbekannt. Das ist 1638 anders, als im Inventarium u. a. »40 zinn mengels kröse« ausgewiesen werden. Hier handelt es sich wohl um Rörken, die ein Mengel, d. h. ein viertel Liter fassen. /11/ Wesentlich
172 größer ist das prächtige Rörken der Lohgerber Rostocks von 1738, dessen Messingverzierungen und Volumen auf seinen vorrangig gemeinschaftlichen Verwendungszweck hindeuten. Die Gerber gehören zu jenen Zünften, von denen besondere Vorschriften für ordentliches Verhalten mit gleichzeitigem Ausweis eventuell erforderlicher Strafen vorhanden sind.
168 So muß man nach dem Statut der Brandenburger Lohgerber (und Schuhmacher) von 1424 »dem wercke eine halbe Tonne Bier zur Straffe geben«, wenn man »barschenklich« (ohne ordentliche Kleidung) zur Morgensprache kommt. Ähnliches ist von den Londoner Zinngießern bekannt, die ihre Versammlungshalle nur in sauberer Kleidung und niemals mit Schürze betreten dürfen. Mit dem Gebrauch von Glücksrörken könnte man hier nicht zum Zuge kommen, denn jegliche Glücksspiele sind streng verboten. /12/

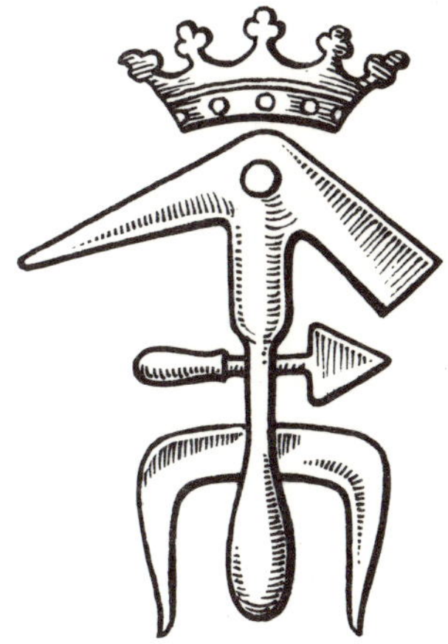

Schieferdecker

Auf den ordentlichen Umgang mit Kannen und Krösen und die gegebenenfalls erforderlich werdenden Strafen ist im Reglement der Osnabrücker Schuhmacher (1565) so hingewiesen worden:

»So ock jemantz sein beer, dat em tho drincken tho kompt, oder eines andern uth kannen oder krösen vorgethen (vergießen – D. N.) worde, mehr als he mit der Handt oder Fothe bedecken konde, ock so he mit den beer hen und her lopen undt uth dem huse verschenken worde, schal syne Poene syn tho geldern 2 kanne beeres.«

Solche Vorschriften sind nicht selten. Offensichtlich sind sie sehr vonnöten, denn noch 1742 äußert sich Zedler zu unfriedlichen Schmäusen folgendermaßen:

/11/ Pieper-Lippe, M.: Zinn im nördlichen Westfalen. – Münster 1980. – S. 34

/12/ Welch, Ch.: History of The Worshipful Company of Pewterers of the City of London. Vol. I. – London 1902. – S. VIII

»Unfriedliche (Schmäuse) hingegen und zuweilen auch höchst unglückliche sind diejenigen, da man zwar, dem äußerlichen Schein und Meinung nach, in Frieden zusammenkommt, wenn aber erst der Kopf von Wein, Bier, Branntwein und Taback erhitzet, alsdenn zu schimpfen, sticheln und prahlen, und zu verläumden, einander Lügen zu strafen, oder auf andere Weise zu schimpfen anfängt; da es dann erstlich auf des Krüge- und Gläser- einander an den Kopf und ins Gesicht werffen, Ohrfeigen geben, und mit trockenen Fäusten einander abschlagen, ankommt . . .«./13/

Trotz der disziplinarischen Vorschriften ist aber unter den Gesellen ab und zu auch das Austragen von Streitigkeiten mit der Faust in den Räumen der Herberge bei Aufsicht des Ältermanns erlaubt. Der Vorgang bringt das bereits erwähnte Zutrinken mit sich. Bei den Schuhknechten läuft die Angelegenheit gemäß einer Darstellung in der Chronik der »Freien Reichsstadt Frankfurt am Mayn« von 1706 so ab, daß es drei Runden gibt, die immer dann beendet sind, wenn einer der Kontrahenten zu Boden geht. Wenn nun alle »drey Gänge vorbey, so geben sie einander die Hände, und fragen, ob einer dem andern anjetzo vor einen braffen und ehrlichen Kerl hielte. Wann sie es bejahen, trinkt einer dem andern zu; darauf seynd sie wieder gute Freunde, obschon zum öfteren der eine stehet und ihm das Blut aus der Nasen und Maul läufet und dem anderen das Hembd auf dem Leibe zerrissen.«

Schlosser

Solche Vorgänge lassen die in der Regel besonders schönen Krüge 173/174
der Schuhmacher kaum ahnen. Der Krug der Weißenfelser Zunft von 175/176
1705 weist freilich inschriftlich aus, wer als bester Bruder angesehen wird 180
und deutet damit auf die mitunter recht derben Sitten hin: 181

»Ich War Alt, Und Klein Ungestalt/
Namen Mich Meine Hl. Brüder balt/
Lissen Mir Vergrößern In Dieser
Tapfer Gestalt / Zum Pfingest Bier
Wart Ich bekandt.
Vivat, Ihr Herrn Brüder, Wer
Mir Aus Sauffen kann
Der ist Der Beste Bruder.«

Was es mit der Inschrift auf dem recht repräsentativ wirkenden Krug der 184
Stralsunder Bäcker von 1723 auf sich hat »DIS IST DIE FASTBEKKER GESELLEN IHRE LACH KANNE«, ist nicht bekannt. Vielleicht stehen Krug und Textaussage in Beziehung mit dem »Abdanken des fromme Bruder-Vergleichnis-Biers«: Ist der Gruß eines

/13/ Zedler, J. H.: Grosses vollständiges Universal-Lexicon Aller Wissenschaften und Künste. – Leipzig u. Halle 1742. – S. 294

150 Krug einer korporierten Zunft der Gerber, Schneider, Wagner, Schuster, Böttcher und Steinmetzen; 1667, H. 46 cm
Museum des Kunsthandwerks, Leipzig
Ein Eichzapfen im Kruginneren zeigt an, daß der Krug maßhaltig gearbeitet ist.

151 Krug der Zinngießer zu Preßburg (Bratislava); 1659, H. 55,7 cm
Staatliche Museen zu Berlin, Kunstgewerbemuseum

152 Krug einer Zunft der
Nagelschmiede; 1803, H. 27 cm
Vogtlandmuseum Plauen

152

153
154

153 Krug einer Schmiedezunft, sächsische Provenienz; 1773, H. 26,5 cm
Kulturhistorisches Museum, Stralsund

154 Krug der Drechsler Stralsunds; 1813, H. 24,5 cm
Kulturhistorisches Museum, Stralsund
Der Deckel ist mit einer Messingplakette verziert, die u. a. Erzeugnisse des Drechslerhandwerks wiedergibt.

155 Krug einer Zunft der Nagelschmiede; 1724, H. 50 cm
Städtisches Museum, Zwickau

Folgende Seite

156 Krug der Gürtlerzunft Stralsunds; 1759
Kulturhistorisches Museum, Stralsund

157 Krug der Rostocker Karrenfahrer; 1789, H. 22 cm
Kulturhistorisches Museum, Rostock

158 Krug einer Schlosserzunft; 1661, H. 13 cm
Städtische Kunstsammlungen Görlitz
Vom Typ und von der Größe her dürfte es sich um einen Krug handeln, wie er gern zum Zutrinken benutzt wird.

159 Krug einer Tischlerzunft; 1683, H. 21 cm
Vogtlandmuseum Plauen
Der Krug ist mit Messingreifen verziert.

155

156
157

160 Krug der englischen Stuhlmachergesellen zu Rostock; 1828, H. 23 cm
Kulturhistorisches Museum, Rostock

160

158
159

161 Rörken einer Schneiderzunft, norddeutsche Provenienz; 1706, H. 30,6 cm
Museum des Kunsthandwerks, Leipzig

162 Rörken der Drechslerzunft zu Stralsund; 1751, H. 21 cm
Kulturhistorisches Museum, Stralsund

161

162

163 Glücksrörken der Stralsunder Zünfte der Wagner, Böttcher und Müller; 1659, H. 21,5 cm; 1706, H. 21,5 cm; 1711, H. 20,5 cm
Kulturhistorisches Museum, Stralsund
Für die Glücksspiele sind die Rörken mit Würfeln im Fuß ausgestattet.

163

164

164 Detail zum Glücksrörken der Greifswalder Kupferknaben (Abb. 167 r.)

165 Glücksrörken der Kleinfuhrleute bzw. Wagner Stralsunds; 1685, H. 21,5 cm
Kulturhistorisches Museum, Stralsund

166 Vexierrörken der Nadler zu Stralsund; 1686, H. 21,5 cm
Kulturhistorisches Museum, Stralsund

167 Glücksrörken der Stralsunder Kupferschmiede sowie der Greifswalder Kupferknaben; 1711, H. 21 cm; 1705, H. 21,5 cm
Kulturhistorisches Museum, Stralsund
Beide Rörken haben Messingspieluhren auf dem Deckel; das der Stralsunder Kupferschmiede ist zugleich ein Vexierrörken.

165

166

168
169

168 Krug der Weißgerbergesellen in Straubing; 1842, H. 24 cm
Gäubodenmuseum Straubing

169 Krug der Kleinfuhrleute bzw. Wagner Stralsunds; 1686, H. 16 cm
Kulturhistorisches Museum, Stralsund

170 Krug der Sackträger zu Rotterdam; 1. Hälfte 18. Jh., H. 38 cm
Historisches Museum, Rotterdam
Die Inschrift auf dem Deckel lautet: »Flappe Vant Sackedragers Gilden Anno 1741«.

171 Rörken einer norddeutschen Töpferzunft; 1751, H. 34,5 cm
Historisches Museum, Schwerin

172 Rörken der Lohgerber zu Rostock; 1738, H. 36 cm
Kulturhistorisches Museum, Rostock

170

173 Detail zu Abb. 174

174 Krüge der Schuhmacher zu Geyer; 1570, renoviert 1660, H. 49,8 cm
Staatliche Museen zu Berlin, Kunstgewerbemuseum

174

175 Krug der Schuhmacher zu Regensburg; 1583, H. 42,7 cm
Staatliche Museen zu Berlin, Kunstgewerbemuseum

176 Krug einer Schuhmacherzunft, sächsische Provenienz; 1685, H. 49,5 cm
Städtisches Museum, Zwickau

177 Vexierpokal der Nadler zu Stralsund; 1686, H. 21 cm
Kulturhistorisches Museum, Stralsund
Die Figur des Pokals fehlt.

177

175

176

178
179

178 Relief auf dem unteren Henkelansatz des Walzenkruges (Abb. 179)

179 Walzenkrug der Leipziger Weißbäcker; 1783, H. 31,5 cm Museum für Geschichte der Stadt Leipzig

180 Krug der Schuhmacher zu Weißenfels; 1705, H. 28,5 cm Museum Weißenfels

181 Detail zu Abb. 180

180

Gestalt, Zum Pfingest Bier,
1705
Ihr HERRN Brüder,
Der Mir Aus Sauffen kann,
Der ist Der Beste Bruder

182

183

182 Deckel vom Walzenkrug Abb. 183 rechts

183 Walzenkrüge einer sächsischen Bäckerzunft; 18. Jh., H. 30 cm
Museum Schloß Moritzburg, Zeitz

184 Krug einer norddeutschen Bäckerzunft; 1723, H. 25 cm
Kulturhistorisches Museum, Stralsund

JHRE. LACH. KANNE

185

186

187

185 Daubenkrug der Brauer in Landau; wohl 18. Jh., H. 24,2 cm
und geschnitzte Einlage im Boden des Daubenkruges
Museum Landau

186 Baumöl-Bierkrug einer Böttcherzunft; 1763, H. 23 cm
Muzeum narodowe, Kraków

187 Krug der Maurergesellen zu Rostock; 1794, H. 24 cm
Kulturhistorisches Museum, Rostock

188 Krug der Schifferzunft zu Rostock; 1814, H. 24,5 cm
Kulturhistorisches Museum, Rostock

189 Krug der Fischergesellen zu Rostock; 19. Jh., H. 24 cm
Kulturhistorisches Museum, Rostock

188

189

190 Krug der Gelbgießergesellen zu Lübeck; 1738
Museum für Kunst und Kulturgeschichte der Hansestadt Lübeck
Die reliefierten Darstellungen von Venus, Mars, Amor und Merkur am Leib des Kruges bestehen aus Messing.

191 Krug der Zimmerer zu Wolfenbüttel; um 1850, H. 24,4 cm
Stadt- und Kreis-Heimatmuseum, Wolfenbüttel

192 Krug einer Maurerzunft, schlesische Provenienz; 1778, H. 25 cm
Privatbesitz

190

191

OBER ALT GESELL
ALT GESELL
ALT GESELL
1778

195

193

194

193 Walzenkrug einer Fischerzunft; 1733, H. 31 cm
Museum Weißenfels

194 Walzenkrüge der Leipziger Fischerzunft; 1767, H. 37 cm; 1752, H. 30,5 cm
Museum für Geschichte der Stadt Leipzig

195 Detail zum Walzenkrug (Abb. 193)

17 33

196
197

196 Glücks- und Vexierrörken der Schlachtergesellen zu Schwerin; um 1800, H. 18,5 cm
Historisches Museum, Schwerin

197 Krug einer Weberzunft, sächsische Provenienz; 1812, H. 23,5 cm
Vogtlandmuseum Plauen

198 Birnenförmiger Krug einer Weberzunft; 1752, H. 34 cm
Österreichisches Museum für Volkskunde, Wien

198

199 Krug der Fleischer zu Joachimsthal (Jáchymov); 1656, H. 54 cm
Staatliche Kunstsammlungen Dresden, Museum für Kunsthandwerk

200 Krug einer vogtländischen Zunft der Zimmerer; 1745, H. 31,8 cm
Vogtlandmuseum Plauen

199

200

201 Krug einer Weberzunft; 1691, H. 39 cm
Museum für Kunsthandwerk, Frankfurt/Main

202 Stitzenförmiger Krug der Pfännerschaft zu Frankenhausen; 1671, H. 42 cm
Kreisheimatmuseum, Bad Frankenhausen

203 »Kausche« der Lüneburger Sülzer; 1677, H. 16,5 cm
Museumsverein für das Fürstentum Lüneburg

204 Schraubflasche einer Kürschnerzunft; 1. Hälfte 18. Jh., H. 23,2 cm
Slovenské národné múzeum, Bratislava

201

202

205 Krug der Leipziger Strumpfwirker; 1780, H. 31 cm Museum für Geschichte der Stadt Leipzig

203

204

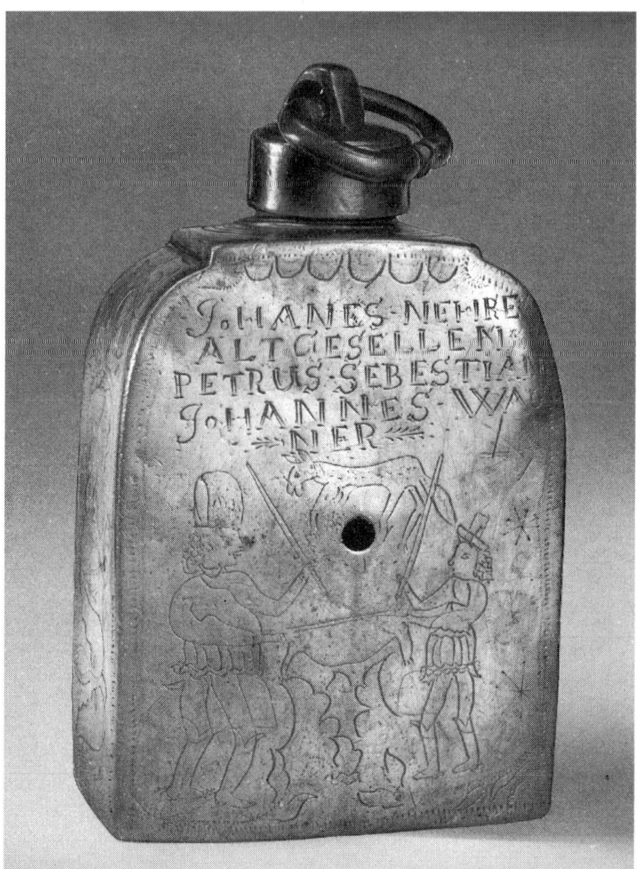

205

206 Doppelhenkliger Krug einer Tuchmacherzunft; 1642, H. 31 cm
Ehemals Tiroler Volkskunstmuseum, Innsbruck

207 Falsifizierter Krug einer Tuchmacherzunft; (datiert 1757), H. 35,5 cm
Gedenkstätte Crimmitschauer Textilarbeiterstreik, Crimmitschau

208 Detail zu Abb. 207: Marken am Außenboden des Kruges
Der Krug weist drei Meistermarken, aber keine Stadtmarke auf – eine Variante, die bei Falsifikaten häufig ist.

209 Facettenkrug einer unbekannten Zunft, mährische Provenienz; 2. Hälfte 16. Jh., H. 49,5 cm
Museum des Kunsthandwerks, Leipzig

210 Scharnierbacken des Facettenkruges, die gefällig mit Zähnchen verziert sind (Abb. 209)

207
208

209
210

211 Flachrelief auf der Vorderseite der Schraubflasche (Abb. 212)

212 Schraubflasche (Gestaltgefäß) einer Buchdruckerzunft; (datiert 1765), H. 20,5 cm Gedenkstätte Crimmitschauer Textilarbeiterstreik, Crimmitschau

212

211

213

213 Becher der Fischer zu Weißenfels; 1736, H. je 9,5 cm
Museum Weißenfels

214 Kelch einer unbekannten Zunft; 1834, H. 16 cm
Museum Weißenfels
Die in den Abb. 214 und 223 wiedergegebenen Formen sind in Sachsen häufig anzutreffen.

215 Becher einer vogtländischen Maurerzunft; 1841, H. 10,6 cm
Vogtlandmuseum Plauen

214

215

216 Becher einer Schuhmacherzunft, sächsische Provenienz; 1843, H. 12,5 cm
Museum Schloß Moritzburg, Zeitz

217 Becher einer norddeutschen Schuhmacherzunft; 1800, H. 9,8 cm
Historisches Museum, Schwerin

218 Becher der Rostocker Schuhmacherzunft; 1821, H. 16,5 cm
Kulturhistorisches Museum, Rostock

217

216

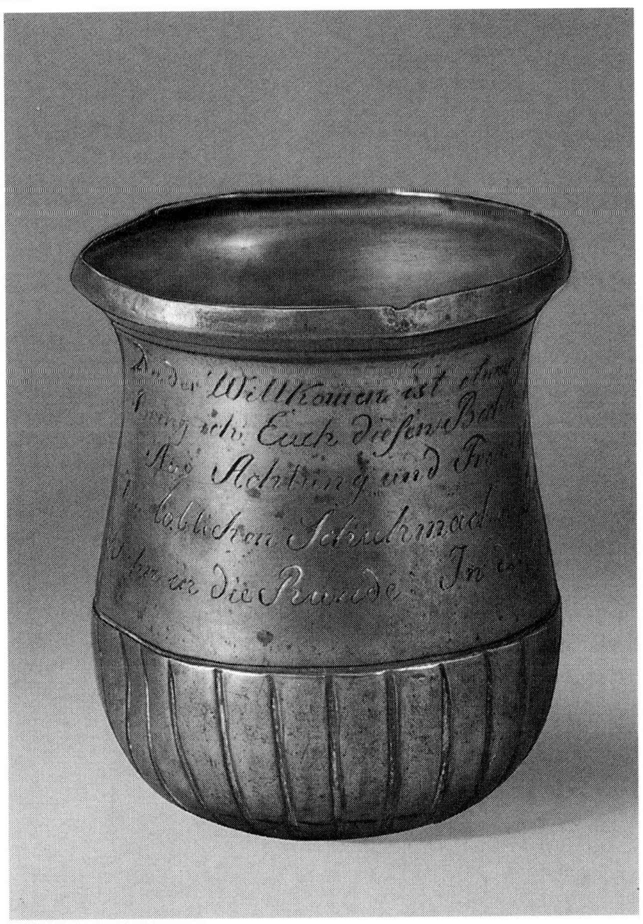

218

219 Krug der Löffelmacher-zunft zu Klein-Ramig bei Steyr; Anf. 17. Jh., H. 23,3 cm
Städtisches Museum, Steyr

220 Facettenkrug einer unbekannten Zunft; 2. Hälfte 16. Jh., H. 36,5 cm
Museum des Kunsthandwerks, Leipzig

221 Detail vom Facettenkrug (Abb. 220)

219

220

222

223

222 Facettenkrug einer Tuchmacherzunft; 1642, H. 23,9 cm
Museum des Kunsthandwerks, Leipzig

223 Pokalähnlicher Becher der Schuhmacher zu Weißenfels; 1848, H. 28,5 cm
Museum Weißenfels

224 Gefußter Deckelbecher der Tuchmacher zu Zeitz; 1841, H. 29 cm
Museum Schloß Moritzburg, Zeitz

225 Pokalähnlicher Becher der Brauer, wohl thüringischer Provenienz; Mitte 19. Jh., H. 24 cm
Museen der Stadt Gera, Museum für Geschichte

224

225

226 Lade, Ladestock und Zinn aus dem Bestand der Küferzunft von Karlshamn; 1810, H. 25 cm Nordiska museet, Stockholm Im Vordergrund Becher auf Ständern.

227 Links: Becher einer Stellmacherzunft; 1781, H. 15 cm; Rechts: Becher der Drucker und Formschneider; 1801, H. 14 cm Museen der Stadt Bautzen, Stadtmuseum

228 Links: Becher einer Sattlerzunft; 1746, H. 12,4 cm; Mitte: Deckelbecher einer Glaserzunft; 1730, H. 12 cm; Rechts: Becher einer Knopfmacherzunft; 1771, H. 11,5 cm Museen der Stadt Bautzen, Stadtmuseum

226

227

Folgende Seiten

229 Becher einer Weberzunft, sächsische Provenienz; 1771, H. 10,8 cm
Kreismuseum Grimma

230 Becher einer norddeutschen Bäckerzunft; 1791, H. 14 cm
Kulturhistorisches Museum, Rostock

231 Becher eines Hutmachergesellen; 1860, H. 13 cm
Kreismuseum Burg Gnandstein

232 Becher der Weber zu Zeitz; 1849, H. 11,5 cm
Museum Schloß Moritzburg, Zeitz

233 Becher der Weberzunft zu Rostock; 1530, H. 21,4 cm
Kulturhistorisches Museum, Rostock

228

229
230

231
232

233

LUNEBURG
15 ANNO 30

234

234 Becher der Schuhmacher zu Weißenfels; 1731, H. 11 cm
Museum Weißenfels

235 Becher einer vogtländischen Bäckerzunft; 1726, H. 12 cm
Vogtlandmuseum Plauen

235

236 Becher einer Müllerzunft, thüringische Provenienz; 1797, H. 17,5 cm
Museen der Stadt Gera, Museum für Geschichte

237 Becher einer Schmiedezunft, thüringische Provenienz; 1731, H. 30,3 cm
Museen der Stadt Gera, Museum für Geschichte

Folgende Seite

238 Stop der Rostocker Lohgerber; 1583, H. 34 cm
Kulturhistorisches Museum, Rostock

236

237

auf der Herberge eingetroffenen fremden Bäckers nicht richtig formuliert, steht ein Knopfloch offen oder gibt es – zumindest nach Meinung der anwesenden trinkfreudigen Gesellen – einen anderen Formfehler, kann der Herbergsvater gebeten werden, einen »sauberen Brudertisch« veranstalten zu dürfen. Am Brudertisch erfolgt dann die Anklage und die Verurteilung zu einem bestimmten Quantum Bier oder Wein. Es ruft wohl spöttisches Gelächter und die Forderung nach weiteren Strafen hervor, wenn der Fremde beim Trinken nicht nach Handwerksgewohnheit verfährt. Bei den Zünften Mitteldeutschlands
179 und Böhmens nimmt vor allem im 18. Jahrhundert der walzenförmige Krug jene Funktion ein, die in nördlicheren Regionen dem Rörken zu-
183 kommt. Die eingravierte Brezel auf Leib oder Deckel eines Kruges ist
182 ein bevorzugt verwendetes Motiv in allen Bäckerzünften. Während die entsprechende Gravur überaus deutlich ist, mutet das sächsische
178 Wappen auf dem Krug der Leipziger Weißbäcker fast versteckt an, weil man es auf dem unteren Henkelansatz plaziert hat.

Walzenförmig oder sich nach oben zu leicht verjüngend sind auch jene Gefäße, die zunächst allgemein als Birkenmeyer und später speziell als Lichtenhainer Krüge bezeichnet werden; im Gesellenbuch der Zinngießer Lübecks ist 1799 von »1 Balkemeyer« als Inventar die Rede. Nach einem im Volk kursierenden poetisch formulierten Rätsel wird mit Birkenmeyer ein Krug mit hölzernem Körper und messingnem Ablaßhahn verstanden:

»Mein Vater ist der Bach und daraus muß ich werden,
der Regen Leutenannt, die Mutter ist die Erden.
Mein Hauß ist hartes Holtz, und Messing meine Thür,
mein Hemd, das ist von Pech, der Birkenmeyer Zier.«/14/

Schmiede

Anfänglich sind die Krüge mit Birkenrinde verziert; die Grundkörper gewinnt man durch Herausschneiden (»Meien«) aus entsprechenden Baumstämmen. Im 18. Jahrhundert treten an Stelle der schmückenden Birkenrinde Zinnintarsien. Die Intarsien tragen die Zinngießer auf, die unverzierten Holzgefäße liefern die Böttcher. Weil solche Krüge im thüringischen Lichtenhain viel gebraucht und in dieser Gegend vor allem gefertigt werden, wirkt sich das hinsichtlich ihrer Bezeichnung zuerst nur regional, im 20. Jahrhundert dann verbreitet aus. Die zinnbeschlagenen Holzdaubenkrüge sind im Bestand der Zünfte nicht häufig anzutreffen, dennoch kommen sie auch außerhalb Thüringens vor. Der Lübecker ist bereits erwähnt worden. Bekannt sind u. a. weiter ein Krug der Brauer in Landau und einer der Schmiede- und

/14/ Ulischberger, E.: Rund ums Bier. Leipzig 1977. – S. 140

Schlosserzunft zu Marburg, die wohl beide vom Anfang des 18. Jahrhunderts datieren.

Von der Krakauer (Krakower) Zunft der Böttcher ist ein 1763 datiertes Gefäß erhalten geblieben, das als »Baumöl-Bierkrug« be- 186
zeichnet wird. Mit Baumöl ist Olivenöl gemeint, das (wie auch bittere Mandeln oder notfalls der Saft von grünem Kohl) dem Rausch entgegenwirken und damit manchem wackeren Zunftgenossen helfen soll, als Held in der Völlerei angesehen zu werden. Als trinkfest, aber dabei auch oft als zu leichtsinnig, gelten die Schiffer, die Abraham a Santa Clara so charakterisiert:

Schiffer »länden lieber an, wo gut Bier und Wein zu finden. Wie offt weiß man schon, daß dergleichen gewissenlose Gesellen sich zu starck überweint und nachmahls durch ihre Unachtsamkeit so viel Leute zu Grunde gangen.«/15/

Sicher ist sein Urteil viel zu absolut formuliert. Allerdings gibt es auf einem Antependium vom Altar der Schifferzunft in der St. Olafskapelle zu Nymwegen einen Ausweis lockerer Trinksitten. Ein Schifferknecht trinkt nämlich direkt aus einer sogenannten Hansekanne, einem gedrungenen, gebauchten Gefäß, das eigentlich zum Ausschenken bestimmt ist. Die bildliche Darstellung in der Umgebung des Heilands soll wohl moralisch fördernd wirken. Als unmittelbares Trinkgerät dienen den Schiffern
üblicherweise hingegen solche Krüge wie der aus dem Bestand des Kul- 188
turhistorischen Museums Rostock abgebildete.

Auch die Maurer werden bis auf den heutigen Tag gern mit reichlichem Biergenuß in Zusammenhang gebracht. Vielleicht stellt sich der eine oder andere Maurergeselle als ein Trinkheld dar, wenn gewöhnlich am Sonnabend »aufgeklopft«, d. h. in der Herberge Versammlung gehal-
ten wird. Wie auf vielen Walzenkrügen der Bäcker werden auch von den 187
Maurern Leib oder Deckel genutzt, um mittels Gravuren auf ihre Zunft 192
hinzuweisen, hier freilich kaum einmal mit Erzeugnissen des Handwerks, sondern mit Arbeitsgerät.

Auf die figürliche Ornamentik auf dem Zunftzinn verschiedener Ge-
werke ist im entsprechenden Abschnitt schon eingegangen worden. An 189
dieser Stelle sei nochmals auf die Krüge der Hutmacher, Fischer und 193
Gelbgießer verwiesen. An Gravuren bevorzugen die Fischer den Krebs, 194
nicht nur, weil er eines ihrer Fangobjekte ist, sondern auch wegen des 195
glückverheißenden Symbolgehalts. Der 1738 datierte Krug der Gelbgie- 190
ßer zu Lübeck ist von einem geschickten Zunftangehörigen mit Messingarbeiten ausstaffiert worden. Sicher ist es kein Zufall, im Deckelmedaillon die römische Göttin der Feldfrüchte (Ceres) wie auch die der Weis-

/15/ Weigel, Chr.: Abbildung der Gemein-Nützlichen-Haupt-Stände. Mit beygedruckter Lehr und mäßiger Vermahnung durch P. Abraham a Santa Clara. – Hall in Sachsen 1698. – S. 28

heit (Minerva) vorzufinden. Figürliche Ornamentik in Form reliefierter Zimmermannswerkzeuge, umrahmt von einer Kartusche, findet sich so-
191 gar noch auf dem erst um 1850 entstandenen Walzenkrug der Zimmerer
200 in Wolfenbüttel. Ähnlich den Schiffern und Maurern stehen die Zimmerleute in dem Ruf, gern einen nicht zu knapp bemessenen Schluck zu nehmen, wofür der Krug entsprechende Ausmaße haben muß. Aus großen Krügen wird sicherlich der »Bauwein« getrunken, der mancherorts üblich ist und z. B. 1545 eine vom Fürstbischof in Passau eingesetzte Kommission veranlaßt, die mengenmäßig beträchtlichen Forderungen zurückzuschrauben./16/ Man sollte sich freilich immer wieder einmal daran erinnern, daß die Trinklust und deren Befriedigung nicht den Alltag der Zimmerer wie auch anderer Handwerker und Gewerbetreibender prägt, aber solange man bei Kräften ist und ein wenig Geld hat, nutzt man durchaus alle Anlässe, um der Kargheit des Tages auf diese Weise zu entgehen. Das lustvolle Trinken ist reich an Varianten. Ruft man zum »Kleeblättlein« oder »Teufel« auf, sind drei Krüge hintereinander zu leeren, mit »Stengelein« (»Schwerenoth«) meint man sogar vier. Nach einer Pommerschen Chronik von 1536 wird in dieser Gegend ein Trinkspiel geschätzt, das als »den Fuchs schleifen« bezeichnet wird. Einer in der am Tisch versammelten Runde trinkt einen großen Krug an und läßt ihn dann bis zum Letzten umgehen. Der hat den Krug in jedem Fall auszutrinken, also auch, wenn noch unmäßig viel darin ist. Danach muß er einen neuen Krug antrinken, und so geht das weiter bis schließlich einer nicht mehr mithalten kann, weil er vom Alkohol besiegt worden ist. Bei den Bremer Schornsteinfegergesellen kann der Altgeselle jemand »zum Krug verurteilen«, wenn der sich unordentlich benommen hat. Jeder Geselle, der aus dem fällig gewordenen Strafkrug trinkt, hat danach den Deckel zu schließen, dann damit in der Luft eine Acht zu ziehen und ihn schließlich vor seinem Nachbarn abzustellen. Wenn dieser Kondition genug hat, den Krug völlig zu leeren, ist der vom vorhergehenden Gesellen wieder füllen zu lassen./17/

Schmiede

Von einer gewissen Wohlhabenheit kündet der 1656 datierte Zunft-
199 krug der Fleischer zu Joachimsthal (Jáchymov). Die Zonen aus Reliefzinn erinnern an die anspruchsvollen Arbeiten Nürnberger Zinngießer, die im 16. und 17. Jahrhundert einen hervorragenden Ruf genießen. Die Metzger Nürnbergs begehen seit 1614 den »Bratwurstlauf«, ein Fest, das bald zu dem bekanntesten der Metzger überhaupt wird und wo mancher Krug zu Ehren kommt. Hierbei geht es ähnlich feucht zu wie beim »Metzgersprung« in München, Meran, Salzburg und Zürich, der anläßlich der Freisprechung der Lehrjungen stattfindet. Mancher Krug wird

/16/ Schmid, W. M.: Illustrierte Geschichte der Stadt Passau. – Passau 1927. – S. 279

/17/ Ahnelt, J.: Organisation und Brauchtum des heutigen Bremer Handwerks und seine Geschichte. – In: Heimat und Volkstum. – Bremen 1961. – S. 91

auch gebraucht, wenn in Braunschweig die Knochenhauer als besondere Belustigung ihr »Ochsenjagen« durchführen. 1406 stellt ihnen der Rat dafür fünf Tonnen Bier zur Verfügung und kassiert als Gegenleistung wohl ausgesuchtes Fleisch. Die Bremer Knochenhauerzunft legt Wert auf ihren »Klosterochsenumzug«, der mit einem festlichen Gelage abgeschlossen wird. Der Klosterochsenumzug hat ein soziales Anliegen, nämlich das Verlosen einiger fetter Ochsen zu fordern, der Erlös kommt dem Kloster St. Johanni bzw. den Kranken zugute. Zum Loskauf soll angeregt werden, indem ein geschmückter Ochse durch die Straßen geführt
wird. Auf die Lust an Glücksspielen auch unter den Schlachtergesellen 196
deutet übrigens das abgebildete Rörken hin.

Schmiede

Der Humpen einer sächsischen Weberzunft von 1812 mag als Proto- 197
typ für solche Krüge stehen, die möglicherweise als verbreitete Trinkgeschirre bei dem aller sieben Jahre in München durchgeführten »Schäfflertanz« Verwendung finden, der in Erinnerung an das Pestjahr 1517 begangen wird./18/ Das nur leicht geschnäuzte prismatische Trinkgefäß
der Küfer in Sitten (Schweiz) von 1680 dürfte hingegen in sehr viel ge- 30
ringeren Stückzahlen vorhanden sein. Auch die birnenförmigen Krüge, 198
die im 18. Jahrhundert vor allem in Schlesien beliebt sind, trifft man heute wesentlich seltener an als die Walzenkrüge. Ihre Fertigung stellt an das Geschick der Zinngießer höhere Ansprüche, weil dabei »krumme Arbeit« zu leisten ist, d.h., es sind überwiegend gebauchte Teile zu gießen. 1752 sieht sich eine Weberzunft veranlaßt, sich durch die Inschrift auf einem birnenförmigen Zunftkrug gegen die Neider ihres Handwerks zu wenden:

»Christus hat sich dermassen
inn weissen Kleidern sehen lassen.
vier allen Kinsten auf Erden
sol das Handwerk gerimet werden.
Darum sein die Leyd nicht recht gescheid
Die an diesen Hand Werch tragen Neyd.«

Wie bekannt, gehören die Weber schon bald zu jenen Handwerkern, die am schwersten unter der aufkommenden Industrialisierung und verschärften Ausbeutung zu leiden und dann keine Neider mehr haben. Auf die Tatsache, daß ein im Museum für Kunsthandwerk in Frankfurt/
Main aufbewahrter Krug der Weber von 1691 einen »GESELLEN 201
SCHREIBER« ausweist, wird noch zurückzukommen sein.

Zwei von ihrer Linienführung her auffällige Krüge sind jene der
Pfännerschaft im thüringischen Frankenhausen (1671) und der Sülzer 202

/18/ Weber-Kellermann, I.: Volksfeste in Deutschland. – Hamburg 1981. – S. 66

203 in Lüneburg (1677). Schon im 15. Jahrhundert zählen Pfänner und Sülzer als Besitzer der Solebrunnen und Siedeeinrichtungen zur bürgerlichen Oberschicht; für sie sind bereits eine Anzahl Lohnarbeiter tätig. Der kleine gebauchte Krug ist den Älterleuten der Sülzer von einer Frau verehrt und als »Kausche« bezeichnet worden. Wie die Bezeichnung zustande kommt, ist unklar. Kausche (oder Kauß) ist in Osteuropa ein gelegentlich gebrauchter Ausdruck für eine halbkugelförmige Schale mit flachem Boden. Vielleicht gibt es einen Bezug zu dem in der Takelei als Kausch bekannten Metallkrug mit breitem Hohlrand, in den das Tauwerk eingelegt wird.

Im Vergleich zu den Pfännern und Sülzern geht es den Strickern, Söcklern oder Strumpfwirkern schlecht. Nachdem sich etwa mit Beginn des 17. Jahrhunderts die Kniehose in der Männerkleidung einführt, hofft dieses Handwerk auf etwas Auftrieb, doch zumeist ist die Hoffnung vergebens, und man muß noch einen Nebenberuf ausüben, um sich über Wasser zu halten. In Anbetracht solcher Umstände ist zinnernes Zunftgerät allgemein rar; der im Museum für Geschichte
205 der Stadt Leipzig aufbewahrte Walzenkrug von 1780 gehört zu den wenigen Zeugnissen für Zunftzinn der Strumpfwirker. Selbstverständlich gibt es schon einmal die eine oder andere Zunft der neben Strümpfen auch Hosen, Wämse und Mützen herstellenden Handwerker, der es zeitweilig einigermaßen gut geht. So ist beispielsweise belegt, daß die Strumpfwirker in Metzingen 1759 dem Bürgermeister eine Schraubflasche schenken. Damit soll nun auf Gefäße eingegangen werden, die einen aufschraubbaren Deckel haben und die als Schenk-, aber auch als Trink- und Vorratsgefäße zu benutzen sind.

Überwiegend sind die Schraubflaschen sechs- oder achteckig. Die aus dem Bestand des Slowakischen Nationalmuseums Bratislava wie-
204 dergegebene Flasche der Kürschner aus der ersten Hälfte des 18. Jahrhunderts ist mit nur vier Kanten ein seltener gefertigtes Stück. Unabhängig davon wird die Bezeichnung Schraubflasche für prismatische, rechteckige und für die ebenfalls seltenen runden Gefäße mit und ohne Schnabel bzw. Ausgußrohr gebraucht, wenn ein Schraubdeckel vorhanden ist. Natürlich kann auch ein Krug mit Klappdeckel gemeint sein, wenn in alten Dokumenten von Flaschen die Rede ist. So muß beispielsweise bei den Kürschnern in Riga der angehende Meister »2 Flaschen Wein und Butter-Kringel« geben, wenn er das Grauwerk (aus dem er das Meisterstück machen will) vorzuzeigen hat. Es bleibt die Frage, wie die Flaschen aussehen. Zum bequemeren Transport ist der feststehende oder bewegliche Ring auf dem Deckel bestimmt.

Schmiede

Gelegentlich bringen die Zinngießer aber stattdessen zwei seitliche Henkel an, zumal bei größeren Gefäßen. So ist eine 1756 datierte, vierkantige Schraubflasche der Schneiderzunft von Stadtamhof in Bayern bekannt, die bei einer Größe von 30,5 cm zwei seitliche Trageringe aufweist./19/ Es sei angemerkt, daß zuweilen auch doppelhenklige Krüge produziert werden, so u. a. jener der Tuchmacher mit der Datierung von 1642. 206

Die vierkantigen Schraubflaschen werden in der Gegenwart dann gern als altes Zunftgerät der Buchdrucker oder Buchbinder ausgewiesen, wenn ihr Aussehen einem Buch ähnelt. In den meisten Fällen ist das unrichtig, denn die buchähnliche Form ist als Trinkgefäß allgemein beliebt. Es sollte also zunächst einmal eine Inschrift auf Zunftzinn hindeuten, auch wenn das allein noch nicht viel zu besagen hat. Hinzu kommt nämlich, daß bei Schraubflaschen Falsifikate häufig sind. Die Kopien sind etwa vom Beginn unseres Jahrhunderts an entstanden und werden heutigentags in bestechender Manier gefertigt. Zuvor schon sind freilich Schraubflaschen gern von unzünftigen, hausierenden Handwerkern (»Bönhasen«, »Pfuscher«) produziert worden. Weil die Arbeiten der Hausierer nicht gemarkt sind, spricht man heute schnell von Fälschungen, obwohl das sachlich nicht berechtigt ist. Vor allen den aus Italien nach der Schweiz, Österreich und Deutschland eingewanderten Zinngießern verwehren die einheimischen Meister das Sich-Seßhaft-Machen, so daß diese ihre Arbeiten nicht mit einer registrierten Meister-, geschweige denn einer gültigen Stadtmarke versehen können. Außerdem sind sie darauf angewiesen, Produkte zu fertigen, die keinen großen Aufwand erfordern. Das sind u. a. Schraubflaschen, deren kompliziertes Teil – der Schraubverschluß – auf Vorrat gekauft oder bei passender Gelegenheit gegossen wird. Nach der Ordnung der Nürnberger Zinngießer von 1578 ist es den städtischen Meistern zwar verboten, »zienene Schrauben, die vber eine Vierdung eines pfunds schwer« sind, nach auswärts zu verkaufen, damit mit Nürnberg gemarkte Deckel nicht auf »boese Ziene betriegliche arbeit« kommen, doch man verkauft dann eben ungemarkte Erzeugnisse./20/

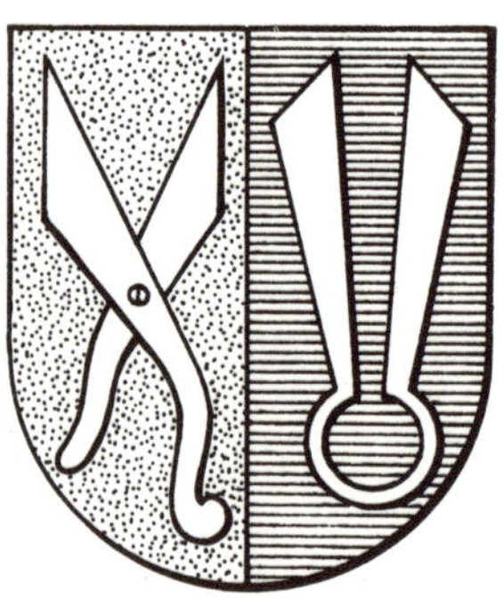

Schneider

Die abgebildete, vermutlich erst in unserem Jahrhundert entstandene 212
Schraubflasche der Buchdrucker beeindruckt durch die Ätzung des 211
Flachreliefs. Bei einer Größe von gut 20 Zentimetern kann ein kräftiger Zug genommen werden, ohne daß die Flasche gleich leer ist. Daß sich die Meister einen in puncto Trinklust eher zurückhaltenden Gesellen wünschen, ist begreiflich und geht aus einer Inschrift im Herbergsbuch der Linzer Buchbinderzunft hervor, die um 1700 zu Papier gebracht wird:

/19/ Katalog der Versteigerung der »Deutschen Zunft-Abteilung des nordischen Museums zu Stockholm«. – Köln 1910. – Nr. 1602

/20/ Demiani, H.: François Briot, Caspar Enderlein und das Edelzinn. – Leipzig 1897. – S. 68

»Wenn ich äß wie ein Mäuslein
Und trinkte wie ein Zeislein
Und arbeitet wie ein Pferd;
So hätten mich alle Meister lieb und wert!«/21/

Während die Buchdrucker vor dem Schleifen erst »Cornuten« sind, nennt man die entsprechenden Buchbinder »Pachanten« – Cornuten und Pachanten werden von ihren Zunftgenossen erst dann als vollwertige Gesellen angesehen, wenn sie beim Schleifen nicht die Tugenden des erwähnten Zeisleins zeigen. Ihre Namen graviert man danach in die Schraubflaschen ein, die wohl bei keiner Gesellschaft fehlen und als Gestaltgefäße möglicherweise auch eine Rolle beim Willkomm-Trinken innehaben.

Schneider

Wie erwähnt, sind die gefälschten Schraubflaschen der Buchdrukker und Buchbinder häufig von guter handwerklicher Qualität. In der Regel demaskieren sich die Stücke als Fälschung eher durch historisierende Zutaten und Inschriften als durch handwerkliche Mängel, wobei freilich bei der Neufertigung die Anlehnung an ein Original erfolgt
207 ist. So hat der Kopist des abgebildeten Krugs der Tuchmacher einen
208 Typ nachgestaltet, der in den niederländischen Zünften gehäuft auftritt und als »Rembrandt-Kanne« bezeichnet wird.

209 Abschließend sei noch auf einige besonders reizvolle Krüge mit
210 schöner Facettierung verwiesen, die gleichsam für das hervorragende
220 Können der alten Meister stehen sollen. Der Krug der Löffelmacher-
221 zunft in Klein-Ramig bei Steyr hat offensichtlich ein Pendant gehabt,
222 denn auf seinen facettierten Feldern trägt er die Allegorien auf den
219 Januar, April, Mai, Juli, August und September, während die übrigen sechs Monate fehlen.

Becher

Bereits 1374 werden im Inventar der »Heiligen-Leichnam-Gilde« zu Reval (Tallinn) »10 tinnenglasen« aufgeführt. Darunter werden Zinnbecher verstanden; der Ausdruck Glas wird zu jener Zeit und noch etwa die folgenden drei Jahrhunderte lang nicht selten für Becher gebraucht. Anläßlich der Maigrafenfestlichkeiten veranlaßt die »Große Gilde« in Reval sogar das Scheuern der Becher und gibt dafür z.B. 1527 insgesamt 15 Schillinge und 1543 das Doppelte aus. Das Scheuern und die Geldausgabe sind Anzeichen dafür, wie wichtig schon in früher Zeit die kleinen

/21/ GUGENBAUER, G.: Alt-Linzer Buchbindersprüche. – In: Heimatland. – Wien 1931, Nr. 25

Trinkgefäße sind und wie häufig sie benutzt werden. Im Lauf der Jahrhunderte nimmt die Anzahl der Becher im Besitz der Zünfte zu. Beispielsweise beläuft sich der Zinnschatz der Crossener Fischer im 17./18. Jahrhundert auf 2 Schleifkannen (von je 2 Liter), 1 Willkomm-Pokal, 2 Deckelpokale, 21 Walzenkrüge, 40 Becher.

Die Becher sind also hier wie in vielen anderen Zünften das am häufigsten vertretene Zinngeschirr. Abraham a Santa Clara wird wohl nicht gar so Unrecht haben, wenn er den Becher in die Charakteristik mancher
Gewerke einflicht und z. B. zu den Fischern schreibt: 213

»Die Fischer seynd sonst gute arbeitselige Leuth, aber zuweilen, was sie im Wasser gewinnen, das thun sie wiederum im Wein verzehren. Zu Zeiten kommt ein Fischer kaum aus dem Bach, da suchet er schon den Becher, welches zwar so sehr nicht zu tadeln wäre, wann nur die liebe Mäßigkeit anbey nicht zu Schaden kommt.«/22/

Das Anwachsen der Bestände an Bechern hat nicht zuerst seine Ursache in der Vergrößerung der Zünfte, sondern hängt mit dem Brauch zusammen, bei vielen Gelegenheiten einen Becher zu stiften oder stiften zu müssen. Darauf wird noch einzugehen sein.

Es drängt sich aber zunächst die Frage auf, warum die Becher trotz ihrer umfangreichen Produktion erheblich weniger auf die Gegenwart überkommen sind als viele andere Zunftzinne, vor allem Kannen, Krüge, Willkomm-Pokale und Teller. Das hat vorrangig damit zu tun, daß die Becher sehr oft ein Opfer der ausgelassenen Stimmung werden, also schlicht der Zerstörung anheimfallen. So ist das Zerschlagen von 56 Bechern in nur vier Jahren (1517 bis 1520) durch Angehörige der »Großen Gilde« in Reval (Tallinn) belegt, obwohl in deren Satzung von 1480 für das Entzweischlagen und »Durchbohren« Geldbußen vorgesehen sind, und zwar ein Ferding je Becher./23/ Andererseits ist aber schon von den Schuhknechten berichtet worden, daß diesen in der Herberge das Austragen von Meinungsverschiedenheiten mit der Faust erlaubt ist. Viel-
leicht ist es nur ein Zufall, der die abgebildeten Becher der Maurer hat 215
überleben lassen, denn auch diese dürfen mit körperlicher Gewalt Strei- 216
tereien ausfechten. Der Unterlegene hat den nach dem Kampf zu schlie- 217
ßenden »Vertrag« zu bezahlen. Dazu stellt sich gern die ganze Zunft ein, und falls beim »Pokulieren« (Zechen) mit den Bechern einer in der Runde als »schlechter Kerl« oder gar »Lügner« tituliert wird, kann das einen neuen Zweikampf und einen neuen zu vertrinkenden Vertrag erforderlich machen. Anders ist es, wenn man jemand als »Saufbruder« bezeichnet oder in der Hitze des Gelages eines anderen Becher zertreten wird – dann geschieht im Rahmen des Vertragstrinkens gar nichts.

/22/ Weigel, Chr.: Abbildung der Gemein-Nützlichen-Haupt-Stände. Mit beygedruckter Lehr und mäßiger Vermahnung durch P. Abraham a Santa Clara. – Hall in Sachsen 1698. – S. 160

/23/ Gahlnbäck, J.: Zinn und Zinngießer in Liv-, Est- und Kurland. – Lübeck 1929. – S. 64

Die Maurer in Magdeburg haben – wie auch die Steinmetzen – im 16. Jahrhundert die Forderung an ihre Lehrjungen, beim Aufdingen dem Meister neben einem Geldbetrag einen Zinnbecher zu geben./24/ Direkt an die Herberge müssen mancherorts die Schuhmachergesellen einen Becher liefern, wenn sie in Streit verwickelt sind. In Bielitz (Bielsko) verurteilen z. B. 1747 die Meister einige Streithähne dazu, je einen Becher von einem Quart Fassungsvermögen (hier etwa ein dreiviertel Liter) auf die Herberge zu schaffen./25/

Wie turbulent es bei den Morgensprachen gerade der Schuhmacher zugeht, drückt ein Protokoll einer ihrer Versammlungen in Husum vom Anfang des 17. Jahrhunderts aus. Es wird u. a. festgehalten, daß einer einem anderen »mit einem Fürlepell (Feuerlöffel – D. N.) ein loch dorch den Hodt In dem Koppe geschlagen« hat, »ock hefft Hans Gosch ein vulle Kanne behr in de Hand gehatt, vnd aver de Frouwens gegaten, dat ehnende Mutzen vnd Kleder natt geworden«./26/

223 Von den im Bild wiedergegebenen Bechern sind jene der Weißen-
214 felser Schuhmacher von 1848 bzw. einer unbekannten Zunft von 1834
Beispiele für typische Arbeiten sächsischer Zinngießer, die gern einen glockenähnlichen Gefäßkörper formen und diesen mit einem Schaft ver-
216 sehen. Gefußt war ursprünglich auch der abgebildete, 1843 datierte Becher aus Zeitz, der folgende Inschrift trägt:

»Da der Willkomm ist etwas schwer,
Bring ich Euch diesen Becher her.
Aus Achtung und Freundschaft
Der löblichen Schuhmacher Gesellschaft
Gefüllt reicht ihn in die Runde
In dieser fröhlichen Stunde.«

224 Der 1841 von den Zeitzer Tuchmachern einem Mitmeister anläßlich seines 50jährigen Meisterjubiläums gewidmete gefußte Deckelbecher wie
225 auch der etwa Mitte des 19. Jahrhunderts entstandene Becher der Brauer können um diese Zeit durchaus als Willkomm-Pokal dienen, soweit das entsprechende Zeremoniell überhaupt noch lebendig ist. Ein Jahrhundert zuvor ist unter den Brauern der Becher ein wichtiges Requisit beim Zutrinken. In Hamburg wählen die Gesellen vier »Alte« auf Lebenszeit und sechs »Vorsprachen«, die aller sechs Jahre wechseln. Von den vier Alten und den bisherigen Vorsprachen wird den neugewählten Vorsprachen zugetrunken, so daß jeder der Neuen eine Menge von Bechern zu leeren hat, denn es wird auf jeden Einzelnen getrunken, und jeder hat dabei mitzuhalten. Bei Strafe von vier Schillingen darf »niemand einiges

Schornsteinfeger

/24/ Müller, E. F.: Das Zunftwesen in Magdeburg. – Phil. Diss. Leipzig 1925. – S. 111

/25/ Kuhn, W.: Gott segne ein ehrbar Handwerk. Ein Bild des Zunftlebens der alten Zeit in Bielitz-Biala. – Plauen 1926. – S. 103

/26/ Wissel, R.: Des alten Handwerks Recht und Gewohnheit. Bd. II. – Berlin 1929. – S. 96

Geräusch machen, weniger ohne große Noth vom Tische aufstehen oder ein Wort sprechen«.

In manchen Gegenden sind die Hänselbecher für die Zünfte zu einem Begriff geworden. Ein Hänselbecher ist ein großes Gefäß, das von einem Neuling geleert werden muß, damit dieser sich bestimmte Rechte erwirbt; natürlich sind die Eingesessenen in den Umtrunk einbezogen. Wenn z. B. in Montabaur jemand erstmalig auf dem Markt seine Ware anbieten will, muß er sich »verhänseln« lassen. Anfänglich ist das wohl mit einer Wassertaufe verbunden, die bleibt dem Neuling später erspart, wenn er den »Hänswein« gibt. Im Ergebnis des Verhänselns auf dem Markt wird der Stand für die »Ausflieh« (den Verkauf) der Waren zugeteilt./27/ Aus der Meister Silbergeschirr und »der Gesellen Hänsel« wird von den Glasern zu Ehren ihres Patrons St. Lukas am Lukastag (18. Oktober) getrunken. Hier ist also die Funktion des Hänselbechers nicht mehr an das namensbildende Aufnehmen in eine Hanse, d. h. in eine Vereinigung gebunden. Es kann nicht oft genug betont werden, daß man selbst in den ansonsten auf exakte Formulierungen Wert legenden Zünften keineswegs sorgfältig mit Bezeichnungen umgeht. So wird z. B. 1798 vermerkt, ein Seifensiedermeister stifte der Bielitzer (Bielskoer) Tuchmacherzunft »einen großen zinnernen Becher im Futteral verwahrt. Sechs kleinere zinnerne Becher«, worauf dem Seifensieder angetragen wird, ihn als Mitbruder anzuerkennen, falls es ihm »beliebig« wäre./28/ Bei dem großen Becher handelt es sich aber exakter um einen Willkomm-Pokal. Es ist schon darauf verwiesen worden, daß Becher gelegentlich einem Willkomm zugeordnet werden, auch wenn der Pokal eigentlich zum Ausschenken wenig tauglich ist. Ein Willkomm und drei Becher sind z. B. auch von der Schifferzunft in Oldenburg vom Ende des 16. Jahrhunderts bekannt und gelten als älteste noch erhaltene Erzeugnisse Oldenburger Zinngießer. Die Zuordnung von Bechern zu einem Willkomm geht schließlich auch aus dem allgemein bei den Schornsteinfegergesellen vorgetragenen Spruch hervor, der vom Altgesellen beim Überreichen des »großen Geschenks« an einen Zugewanderten gerichtet wird:

Es soll »keiner den löblichen Willkomm nebst beiden Schenkbechern ohne Gunst angreifen, aufheben, entdecken, bedecken und niedersetzen, auch wieder an seinen gehörigen Ort und Stelle setzen, wo er zuvor gestanden hat.«/29/

Viel häufiger ist natürlich die Zuordnung der Becher zu einer Kanne
oder einem Krug. Man redet dann gelegentlich von einem »Abt mit 226
Mönchen«. Selten trifft man Becher mit zugehörigem Tablett oder Ständer an, wie es aus dem Bestand der Küferzunft von Karlshamn erhalten blieb.

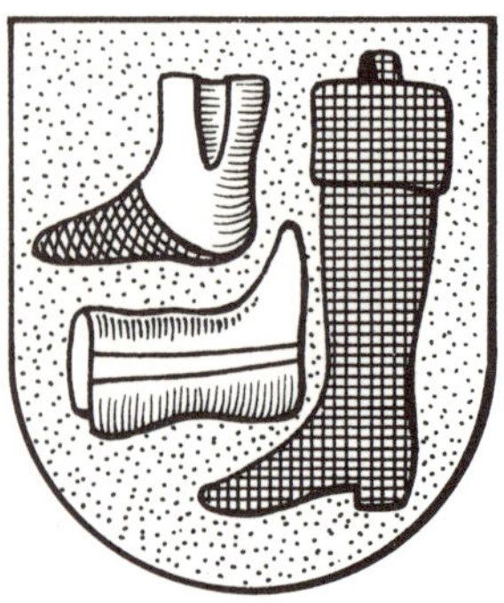

Schuhmacher

/27/ Gensicke, H.: Das Hänselbuch von Montabaur. – In: Nassauische Annalen. – Wiesbaden, Bd. 71 (1960). – S. 150

/28/ Kuhn, W.: Gott segne ein ehrbar Handwerk. Ein Bild des Zunftlebens der alten Zeit in Bielitz-Biala. – Plauen 1926. – S. 102

/29/ Wissel, R.: Des alten Handwerks Recht und Gewohnheit. Bd. II. – Berlin 1929. – S. 556

Die erst 1708 gegründete Zunft der Schornsteinfeger Braunschweigs
verfügt schon bald neben anderem Geschirr über zwei Dutzend kleine
Becher, von denen wohl ein nicht unerheblicher Teil der Zunft geschenkt
wurde. Von Schenkungen künden hin und wieder die Inschriften auf den
Bechern. »Gewidmet von den Meisterstöchtern Zum Andenken an den
4ten Februar 1849« steht u. a. auf dem abgebildeten Becher der Weber in
232 Zeitz. Mit schönen Gravuren werden solche Becher zusätzlich aufgewer-
229 tet. Zwischen 1618 und 1756 ist es unter den Rigaer Webern üblich, dem
Vorgesetzten beim Eintritt in die Zunft »Verehrungen« darzubringen;
anläßlich der Meisterpromotion erhält der jeweilige Obermeister einen
Zinnbecher zum Geschenk.

Bei der Zunft der Fuhrleute heißt es:

»Wen sie ihre Gülde hielten, gebe ein junger Meister 1 Thon Bieres und 1 Kreceptor«./30/

Unter Kreceptor (»Krewezepper«, »Kreiszaper«) wird ein kleiner
230 Becher verstanden, der in Norddeutschland auch als »Einmannsbecher«
bezeichnet wird./31/ Mitunter ist auf dem einen oder anderen Becher ein
Ratschlag etwa derart gegeben:

»DEME · ICK · BIN · ZV · KLEIN
DER · DRINCKE · MICH · TVE · MAL · VOREIN«

So steht es auf einem 1625 datierten Becher der »Polykarpusgilde« in
Delmenhorst. Ebenfalls kleine, aber mit einem Deckel versehene Becher
sind wohl jene Trinkgefäße, die in Dorpat (Tartu) als »Strieger« und in
Bielitz (Bielsko) als »Plätschen« bezeichnet werden: 1666 werden im In-
ventar der Dorpater »Großen Gildestube« insgesamt »50 Stück Strie-
gers« und 1747 in dem der Bielitzer Tuchmacher »3 Plätschen mit Dek-
keln« aufgeführt. Es kann durchaus sein, daß man auch im Raum um
Bautzen und Zittau spezielle Ausdrücke für die Becher hat, also auch die
227 abgebildeten besonders bezeichnet werden, doch das konnte bisher noch
nicht ermittelt werden. In der Schweiz und in Süddeutschland versteht
man unter einem »Stauf« eine sich nach oben hin ausweitende Becher-
228 form. Der Stauf ist zuweilen mit drei Füßen versehen, die im einfachsten
Fall lediglich Kugeln sind, aber auch Granatäpfel und – wenn auch selte-
ner – sogar als Tiere oder menschliche Figuren ausgebildet werden./32/
233 Wie die abgebildeten Becher der Weber von 1530 (mit den von Löwen
236 gehaltenen Wappen Lüneburgs und Braunschweigs), Müller (1797),
237 Schmiede (18. Jahrhundert), Bäcker (1726) und Schuhmacher (1731)
235 zeigen, sind staufähnliche Becher aber auch im mittel- und norddeut-
234 schen Raum bekannt.

Schuhmacher

/30/ Gahlnbäck, J.: Zinn und Zinngießer in Liv-, Est- und Kurland. – Lübeck 1929. – S. 67

/31/ Lindern, G. v.: Aus dem alten Zinnschatz der Gilde. – In: Die uralte Gilde oder Brüderschaft St. Polykarpus zu Delmenhorst (1454–1954). – Delmenhorst 1954. – S. 38

/32/ Hauser, A.: Vom Essen und Trinken im alten Zürich. – Zürich 1962. – S. 75

Bevor auf die in Norddeutschland und Skandinavien bis zum 17. Jahrhundert verbreiteten »Stops« eingegangen wird, soll einiges zum Branntwein bemerkt werden, für dessen Genuß die Becher vorrangig bestimmt sind. Das Trinken des Branntweins erfolgt einst wie heute gern im Verein mit Bier. Zusätzlich Semmeln oder anderes Weißbrot hat z. B. bei den Hutmachern ein Geselle auszugeben, wenn er zur Gesellenzusammenkunft, namentlich zum »blauen Montag«, nicht erscheint. Er fällt dann dem »Abbrennen« anheim, d. h. eine Eskorte der Gesellen holt ihn von der Werkstatt ab und führt ihn in die Herberge, wo die Getränke und Semmeln fällig werden./33/ Nachdem es um 1400 gelungen war, Alkohol aus vergorenem Getreide zu gewinnen, also der Weinbau nicht mehr Voraussetzung für den Branntwein war, breitete sich dieser immer mehr aus; im 18. Jahrhundert gehört er zu den wohlfeilen, in allen Schenken angebotenen Getränken. Schon im Mittelalter als Arznei in den Apotheken gehandelt, wird er jetzt als allgemein erschwingliches Gesundheitselixier gepriesen:

»Er wiederstehet allen Gebrechen und Kranckheiten, so von Kälte entstanden, insonderheit wärmet er das kalte, feuchte Gehirn und Haupt, und reiniget es von vielen phlegmatischen Feuchtigkeiten, stärcket des Menschen Gedächtniß, schärffet das Gesicht, Gehör, Sinne und Vernunfft; erfreuet und erfrischet das Hertz, benimmt das Hertzklopffen und Zittern, erquicket die Ohnmächtigen und fast Sterbenden.«/34/

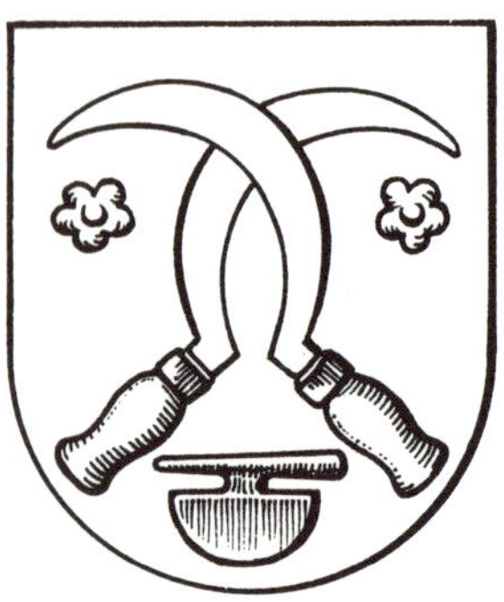

Schuhmacher

So nimmt es nicht Wunder, daß nicht nur auf den Zunftstuben, sondern an allen möglichen anderen Stellen und bei vielen Gelegenheiten Branntwein genossen wird. 1705 sieht sich beispielsweise der preußische König Friedrich I. veranlaßt, folgendes Edikt zu erlassen:

»Insonderheit ist Unser allergnädigster und ernstlicher Wille, daß auf dem Sonntag keine Bankette oder Gastereien des Mittags gehalten, weniger Hochzeiten, am selbigen Tag angestrebt, fürnehmlich aber in den Wein-, Bier-, Zunfthäusern und anderen Orten, wo geschenkt wird, keine Gäste gesetzt noch Wein, Bier, Branntwein vor 5 Uhr nachmittags verschenkt oder verkauft werden sollen . . .«./35/

In des Preußenkönigs Regierungsbereich gibt es übrigens eine nicht geringe Anzahl von Zinngießern, die zugleich als Branntweinbrenner gelten. So verlautet im Prenzlauer Bürgerkatastrum von 1724 über den Zinngießer Tobias Kannengießer:

». . . ist 62 Jahre alt, stehet seinem Handwerk wohl vor, brennt auch Branntwein . . .« und über den Zinngießer Michael Rehfeld 1735:

». . . ist 40 Jahre alt, besitzt 2 Häuser und 1 Garten, lebt von seinem Handwerk, brennt auch Branntwein . . .«./36/

/33/ Wissel, R.: Des alten Handwerks Recht und Gewohnheit. Bd. II. – Berlin 1929. – S. 195

/34/ Zedler, J. H.: Grosses vollständiges Universal-Lexicon Aller Wissenschaften und Künste. – Leipzig u. Halle 1733. – S. 1083

/35/ Schneider, W.: Berlin. Eine Kulturgeschichte in Bildern und Dokumenten. – Leipzig/Weimar 1980. – S. 204

/36/ Mirow, G.: Die Prenzlauer Zinngießer. – In: Heimatkalender Kreis Prenzlau. Prenzlau 1942. – S. 100

Der abgebildete prächtige Stop der Lohgerber mag so manchen Branntwein geboten haben und im 16. Jahrhundert beim Bruderschaftstrinken in der Herberge eine Rolle spielen. Bei den Loh- und Rotgerbern wird das mit folgendem Dialog eingeleitet:

Frage: »Ich sage mit Gunst! Für was erkennst Du mich?«

Antwort: »Ich sage mit Gunst! Für einen rechtschaffenen Loh- und Rotgerber-Geselle. – Ich sage mit Gunst! Für was erkennst Du mich?«

Antwort: »Ich sage mit Gunst! Für dasselbe.«

Dann wird auf den Tisch geklopft, angestoßen, getrunken, wieder geklopft und je nach Getränk die Hand gereicht: Beim Branntweintrinken zunächst Daumen und kleinen Finger und dann die ganze Hand, beim Biertrinken sofort die ganze Hand und beim Weintrinken beide Mittelfinger. /37/

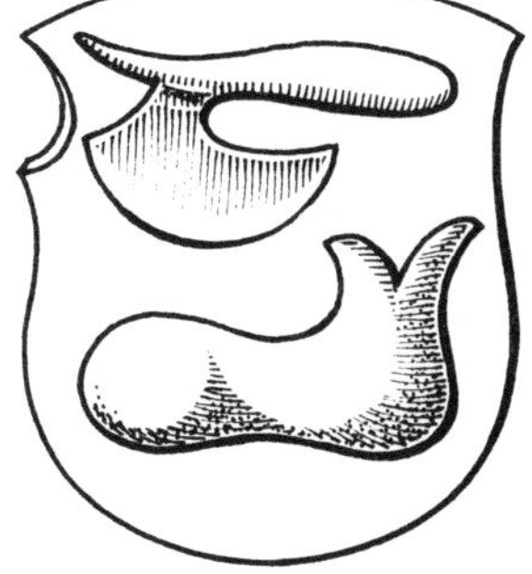

Schuhmacher

Allgemein ist der Stop für den Umtrunk bestimmt. Dem kommen die Doppelhenkel der oft schweren Gefäße entgegen. Die Reepschläger Hamburgs genießen am Krugtag ihr Brüder-Bier zuerst aus dem Willkomm (gleichsam zur zeremoniellen Eröffnung des Gelages), anschließend aus »3 Kleeberblättern« (vermutlich ein mit gravierten Kleeblättern verziertes Gefäß) und schließlich aus dem Stop. Letzterer wird ab und zu auch als Willkomm bezeichnet. So ist ein Stop aus dem Besitz der Schmiedezunft in Wildeshausen von 1631 bekannt, der folgende Inschrift trägt:

»SMEDE · AMPTES · WILKAMEN
Ein ehrlich Smede Ampt wirt wohl haben in Acht,
den dise Stof wirt zugebracht,
de wirt en entfangen,
in allen Ehren das Ber ausdrincken und en umkeren,
halten darneben guten Frede,
das er kein Broke legge in de Stede.
Anno Domini 1631, den 8. (?) Junii.« /38/

Das hier gebrauchte Wort »Stof« deutet auf die etymologische Verwandtschaft mit dem Stauf hin. Offensichtlich ist der Stop die niederdeutsche Form des mittelhochdeutschen »stouf«-Bechers. Der Ausdruck Stof wird übrigens nicht nur für die doppelhenkligen, ungedeckelten Becher gebraucht. Zum Beispiel werden 1553 in Lübeck anläßlich eines Nachlaßverkaufs u. a. aufgeführt: »4 stoepe myt leden«; unter Leden bzw. Liden werden Deckel verstanden. /39/

/37/ Wissel, R.: Des alten Handwerks Recht und Gewohnheit. Bd. II. – Berlin 1929. – S. 143

/38/ Strahlmann, F.: Erinnerungen an die Wildeshauser Zünfte. – In: Niedersachsen. – Bremen 26 (1920/21). – S. 91

/39/ Warncke, J.: Die Zinngießer zu Lübeck. – Lübeck 1922. – S. 5

6 ESSGESCHIRR

Wenn in der Gegenwart von Zunftzinn die Rede ist, meint man in den meisten Fällen vor allem das zeremoniell verwendete Schenk- und Trinkgerät. Das weniger augenfällige Eßgeschirr wird nicht selten völlig übersehen. Gewiß, vergleichsweise geben sich Teller wie Schüsseln recht bescheiden, doch im Rahmen des Zunftlebens spielen sie eine nicht wegzudenkende wesentliche Rolle. Auch wenn es nur in einigen Fällen unmittelbar mit dem Eßgeschirr verbundenes Brauchtum gibt, fehlen die entsprechenden Zinne kaum einmal bei einer der vielen Festlichkeiten. Es wird zu zeigen sein, daß zum Eßgeschirr nicht nur Teller, Platten, Schüsseln und Schalen zählen. Hinzu kommen Gewürzgefäße, von denen zumindest immer ein Salzbehältnis vorhanden ist. Während auf unsere Zeit noch einige der sogenannten Tragetöpfe überkommen sind, trifft das wohl nicht mehr auf die Tafelkränze zu. Das sind Hohlringe, die als Untersetzer für die heißen Geschirre dienen und die wegen ihrer Billigkeit für nicht beachtens- und behaltenswert angesehen werden. Ebenso dürfte es mit den Löffeln sein, die sicher einige Jahrhunderte lang in großen Stückzahlen zum Zunftbesitz gehören, aber heute sehr rar geworden sind. Hier soll angemerkt werden, daß in Verbindung mit den von Jahr zu Jahr zunehmenden Falsifikaten sich auch die Produktion neuer Löffel im alten Gewand großer Aufmerksamkeit erfreut. Zum Großteil sind die Ergebnisse inzwischen so überzeugend, daß viel Erfahrung im Umgang mit Zinn dazu gehört, Alt von Neu zu unterscheiden. Das trifft übrigens nicht nur auf die Kopien der Löffel zu. Bei der folgenden Erörterung des Eßgeschirrs wird schließlich auch mit darauf zu verweisen sein, daß selbst ein Handwaschbecken im Rahmen mancher Mahlzeit unentbehrlich ist.

In der Fastnachtsordnung der »Großen Gilde« zu Riga von 1613 findet sich folgender Hinweis:

»man gebraucht auch kein scheibenbrott, sondern tellore«./1/

Mit diesem Reglement wird der bis in das 17. Jahrhundert üblichen Sitte entgegengewirkt, sich beim Essen einer gemeinsamen Schüssel zu bedienen und die entnommenen Fleischstückchen auf ein Brot statt auf einen Teller zu legen. Durch solche und ähnliche Vorschriften wird es in den Zünften schon zum genannten Zeitpunkt zur Selbstverständlichkeit, daß jeder am Tisch Speisende einen Teller hat, während das im Alltag des Volkes erst nach 1700 allmählich Brauch wird. Suppenteller, d. h. solche mit tiefem Fond, spielen allerdings erst allgemein im 19. Jahrhundert eine Rolle. Innerhalb der Zünfte sind zwar einige bekannt, so z. B. bei den Maurern von Glogau (Glogów), doch auch noch um diese Zeit sind sie selten, und es dominiert jene Form mit nur wenig vertieftem Spiegel, die
245 z. B. der 1844 datierte Teller der Plauener Maurer wiedergibt.

Nun hat der Einzug der Teller in die Zunftstuben nicht ausschließlich mit den Tischsitten zu tun, sondern die Angelegenheit ist auch im Zusammenhang mit dem Preis des Zinngeschirrs zu sehen. Als beispielsweise 1636 in der Freien Reichsstadt Regensburg im Rathaus ein Bankett stattfinden soll, ist man nicht in der Lage, das infolge der Plünderung durch die Schweden zusammengeschrumpfte Zinn durch neues zu ersetzen, sondern muß Teller und Schüsseln bei den Bürgern ausleihen./2/ 1515 wird von der Basler Weberzunft ausdrücklich vermeldet, daß ihr »kostbares Eßgeschirr« aus Zinn besteht – ansonsten herrscht Holz als Material für Teller und Schüsseln vor./3/

Schuhmacher

Es ist schon angeklungen, daß die Weber in der Frühzeit handwerklicher Entwicklung durchaus noch zu den relativ bessergestellten Gewerken gehören, die sogar über eigene Herbergen mit nicht unerheblichem Zinnbestand verfügen, von dem bei jeder Versammlung immer etwas im Gebrauch ist. Begehrt in Straßburg ein Weber Aufnahme in die Zunft, haben die Zunftvorsteher nach der schon um 1400 herum entstandenen Satzung das Handwerk zu versammeln und zu fragen, »obe ieman keine untot wisse von deme, das die Zunft empfahen wil.«/4/ Falls ein Vergehen bekannt ist, kann es wohl in manchen Fällen durch die Schenkung eines Tellers ausgeräumt werden. Ganz und gar zwei Teller hat in Braunschweig ein Weber bei der Besichtigung seines Meisterstücks zu stiften.

/1/ Gahlnbäck, J.: Zinn und Zinngießer in Liv-, Est- und Kurland. – Lübeck 1929. – S. 87

/2/ Hupp, O.: Kunstschätze des Regensburger Rathauses. – Regensburg 1910. – S. 34

/3/ Brown, J. A.: Das Zinngießerhandwerk der Schweiz. – Solothurn 1930. – S. 36

/4/ Wissel, R.: Des alten Handwerks Recht und Gewohnheit. Bd. I. – Berlin 1929. – S. 61

Dabei darf er sich nicht sparsam zeigen und etwa recht kleine Teller spenden, sondern es wird nachhaltig auf ein Gesamtgewicht nicht unter zwei Pfund bestanden./5/

Die Übereignung von Tellern oder schlechthin von Zinngeschirr in Verbindung mit der Meisterwerdung ist nicht selten. In Hamburg ist 1619 für die Tischler festgelegt, daß »ein Tinnen geschirr so Vier vnd Zwanzig schilling die werd haben soll, Zu einer gedechtenisse« zu geben ist./6/ Andererseits haben die Gesellen die Chance, beim »Innungsschießen« einen Zinnteller zu erwerben, freilich nur, wenn sie zu den besten Schützen zählen. Der Nachschub an Tellern innerhalb des Bestands an Zunftzinn ist ähnlich den Bechern besonders vonnöten, weil das Geschirr arg strapaziert wird. Man schätzt ein, daß die durchschnittliche Lebensdauer eines Tellers beim täglichen Gebrauch auf keinen Fall fünf Jahre übersteigt./7/ Nun werden zwar die Teller in den Zünften nicht tagaus tagein benutzt, aber wenn sie gebraucht werden, dann sind sie, anders als im bürgerlichen Alltag, in ein häufig ausuferndes Fest eingebunden. Und die Anlässe zum Feiern sind so rar nicht! Ergänzend zu den bisher bereits genannten Ereignissen, die Grund zum Feiern geben, seien z. B. die regelmäßigen Gesellenauflagen in den »Vierwochenstädten« genannt. Der
1736 datierte Teller der Braunschweiger Ziegeldecker mag solche Zu- 240
sammenkunft erlebt haben, denn Braunschweig gehört wie Leipzig, Hannover oder Frankfurt/Main zu den Vierwochenstädten. Das bedeutet, hier ist den Gesellen das ausdrückliche Recht eingeräumt, sich aller vier Wochen zusammenfinden zu können. Oft hat zwar ein beisitzender Meister anwesend zu sein, aber das deutet wohl auch auf die Notwendigkeit hin, eine Respektsperson im Raum zu haben, die mäßigend auf die Tischsitten wirkt; es versteht sich von selbst, daß der anwesende Meister auch jeder Aktivität entgegenwirken soll, die der Zunftobrigkeit nicht ins Konzept paßt.

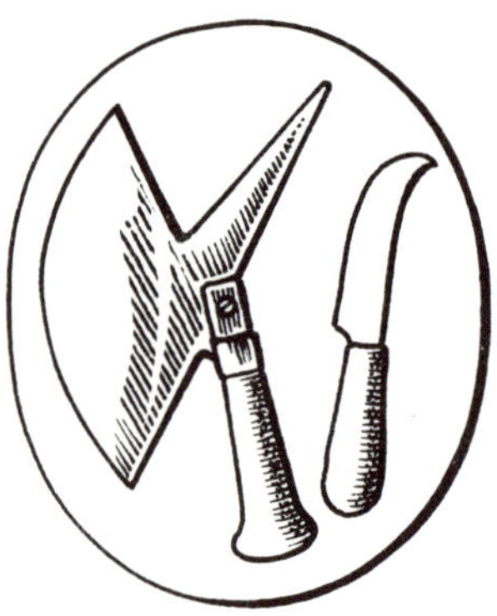

Schuhmacher

Nach einer Verordnung ist den Webern in Urach monatlich ein mit Speise und Trank verbundenes Tanzvergnügen gestattet. Ähnliches gibt es bei ihren Berufskollegen in Württemberg, die »zu mehrer Ergötzlichkeit« die Freiheit erhalten, monatlich eine entsprechende Festlichkeit zu begehen und dafür am St. Johannistag und zu Fastnacht sogar zwei Tage in Anspruch nehmen dürfen. Die Brauer pflegen den »Pfannenschmaus«, und zwar entweder zu willkürlichen Zeiten oder nachdem sie ein »Gebräude« vollendet haben. Offensichtlich werden bei den genannten Gelegenheiten nicht nur wie erwähnt die Teller, sondern auch die für den gemeinsamen Gebrauch bestimmten Platten arg strapaziert. Als sich beispielsweise 1604 und dann nochmal 1676 in Bern die Schuhmacher

/5/ Fuhse, F.: Handwerksaltertümer. – In: Werkstücke aus Museum und Archiv der Stadt Braunschweig. – Braunschweig VII, 1935. – S. 147

/6/ Fehring, M.: Sitte und Brauch der Tischler. – Hamburg 1929. – S. 62

/7/ Poole, J. W.: Early Pewterer Coverned in his Output by Economics. – In: New York Sun. – New York 1936, 2

240 Teller der Braunschweiger Ziegeldeckergesellen; 1736, Städtisches Museum, Braunschweig

241 Teller einer sächsischen Töpferzunft; 1793, 1807 und 1810, H. 22 cm
Kreismuseum Grimma

242 Teller einer Bäckerzunft, sächsische Provenienz; 1799, D. 24,5 cm
Stadtmuseum Zittau
Teller mit einer solchen reliefierten Ornamentik sind sehr selten.

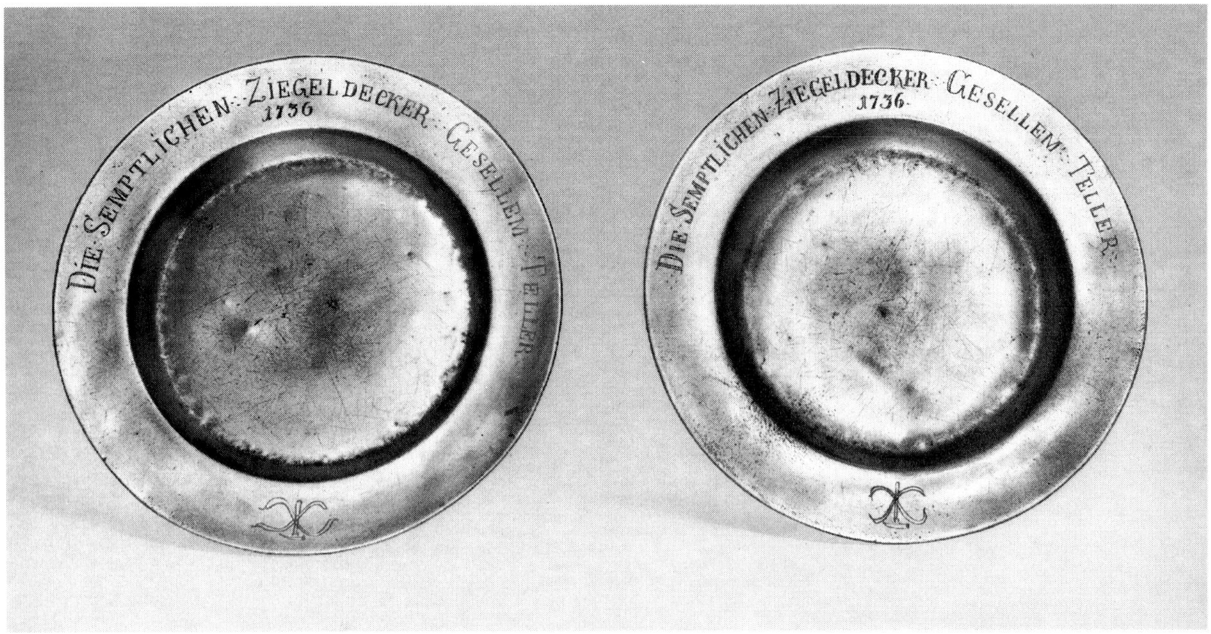

240

241

ANNO
HABEN DIE BRETZELN
MEISTER. CARL
1769
GEBACKEN
BENJAMIN QVEISER
DIE GESELLEN SIND GEWESE
IOH: FR: HEGEL IOH: IORDAN.
CAR: GOTL: SCHNABEL .. GOTL: ILLERSCH.
GOTF SALAMON GIPSER. INSPCTOR

243 Teller der »Klein-Gerdtner-Belibung« zu Rostock; 1756, D. 21,8 cm
Kulturhistorisches Museum, Rostock

244 Teller einer Böttcherzunft oder eines Böttchers; 1835, D. 25 cm
Museum für Thüringer Volkskunde, Erfurt

245 Teller einer Maurerzunft; 1844, D. 23,2 cm
Vogtlandmuseum Plauen
Die Ornamentik ist mit einem Punzeisen aufgeschlagen worden.

246 Teller der Zimmerleute zu Riga; 1858, D. 22,8 cm
Musej istorii goroda Rigi i morechodstwa, Riga

243
244

245
246

247 Teller einer Drechslerzunft, sächsische Provenienz; 1823, D. 23,5 cm
Museum Schloß Moritzburg, Zeitz

248 Teller einer thüringischen Fleischerzunft; 1792, D. 25 cm
Museum für Thüringer Volkskunde, Erfurt

249 Teller einer Fischerzunft; 1837, D. 33,5 cm
Kreismuseum Burg Gnandstein

250 Teller einer niederländischen Zunft der Fischkäufer; 1763, D. 25 cm
Musée de Archéologie de la Byloke, Gent

247
248

249
250

251
252

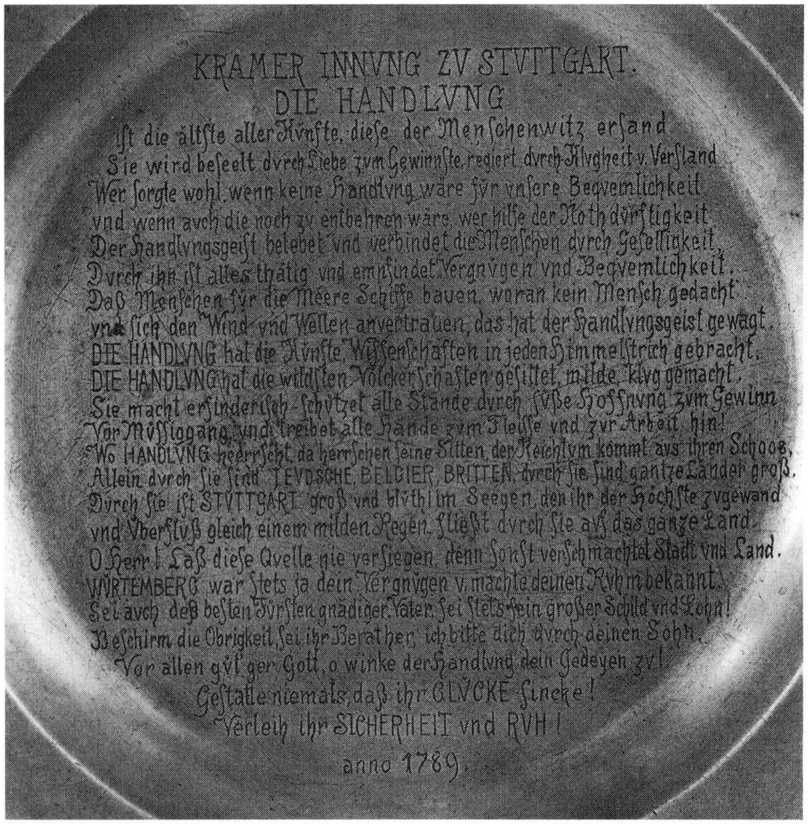

253
254

251 Falsifikat eines Zunfttellers der Kramer; um 1900 (datiert 1787/1789), D. 33 cm
Privatbesitz

252 Falsifikat eines Zunfttellers der Kramer; um 1900 (datiert 1737), D. 42 cm
Privatbesitz

253 Marken auf der Rückseite des Tellers (Abb. 251)

254 Marken auf der Rückseite des Tellers (Abb. 252)

255 Teller der Kramerzunft zu Zeitz; 1783, D. 39 cm
Museum Schloß Moritzburg, Zeitz

in treuem Gedencken gestiftet von Gottl. Christian Baumgarten.
DIE HANDLUNG
und Verstand. Wer sorgte wohl, wenn keine Handlung wäre für
die Menschen durch Geselligkeit, durch ihn ist alles thätig und empfindet Vergnügen
und Bequemlichkeit. Dass Menschen für die Meere Schiffe bauen, woran vorher
kein Mensch gedacht, und sich den Wind und Wellen anvertrauen, das hat
der Handlungsgeist gewagt. Die Handlung hat die Künste, Wissenschaften, in
jeden Himmelsstrich gebracht. Die Handlung hat die wildesten Völckerschaften gesittet
milde, klug gemacht. Sie macht erfinderisch, schützet alle Stände durch süsse Hofnung
zum Gewinn, vor Müssiggang, und treibet alle Hände zum fleisse und zur Arbeit hin.
Wo Handlung herrscht, da herrschen feine Sitten, der Reichthum kömmt aus
ihrem Schoos, allein durch sie sind Spanier und Britten, durch sie sind gantze
Länder gross. Durch sie ist ZEITZ auch gross und blüht im Seegen, den
ihr der Höchste zugewend, und Ueberfluss gleich einem milden Regen fliesst durch
sie auf das gantze Land. O Herr! Lass diese Quelle nie versiegen, denn sonst verschmachtet
Stadt und Land. CHUR SACHSEN war ja immer dein Vergnügen, und machte deinen
Ruhm bekannt. Sey auch dess besten Fürsten gnäd'ger Vater, sey stets sein
grosser Schild und Lohn! Beschirm die Oehnigkeit, sey ihr
Berather, ich bitte dich durch deinen Sohn. Vor allem
güt'ger Gott, o wincke der Handlung dein Gedeyen zu!
Gestatte niemals, dass ihr Glücke sincke, verleih
ihr Sicherheit und Ruh!
Anno 1783.

256 Steilwandschüssel einer norddeutschen Zunft der Straßenfischer; 1852, D. 22,5 cm
Kulturhistorisches Museum, Rostock

257 Gefußte Schälchen einer mecklenburgischen Schneiderzunft; 1804, H. 6 cm
Historisches Museum, Schwerin

258 Schöpftopf einer Schneiderzunft, sächsische Provenienz; 1774, H. 14 cm
Vogtlandmuseum Plauen

258

256
257

259 Gefußte Henkelschale der Rostocker »Leichen-Gesellschaft der Hauszimmerleute«; 1789, D. 22,5 cm
Kulturhistorisches Museum, Rostock

259

260
261
262
263

260 Schüssel einer ungarischen Schuhmacherzunft; 1739, D. 34 cm
Iparmüvészeti múzeum, Budapest

261 Schüssel einer Müllerzunft; 1844
Landesmuseum Joanneum, Graz

262 Zunftschüssel der Fischverkäufer, niederländische Provenienz; 1762, D. 42,5 cm
Museum Vleeshuis, Antwerpen

263 Schraubflasche der Bäckergesellen zu Basel; 1666, H. 33,5 cm
Historisches Museum, Basel

264 Löffel der Drechslergesellen zu Rostock; 1747, L. 39 cm
Kulturhistorisches Museum, Rostock

265 Zuckerlöffel der Pantoffelmachergesellen zu Rostock; 1825, L. 33,6 cm
Kulturhistorisches Museum, Rostock

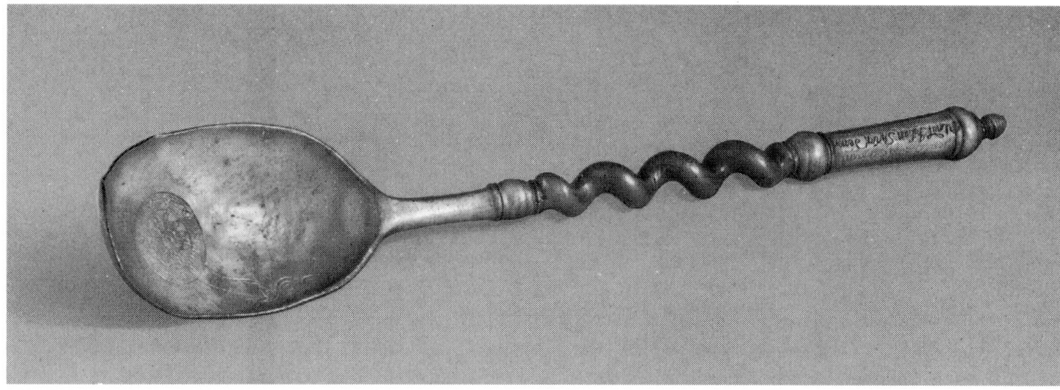

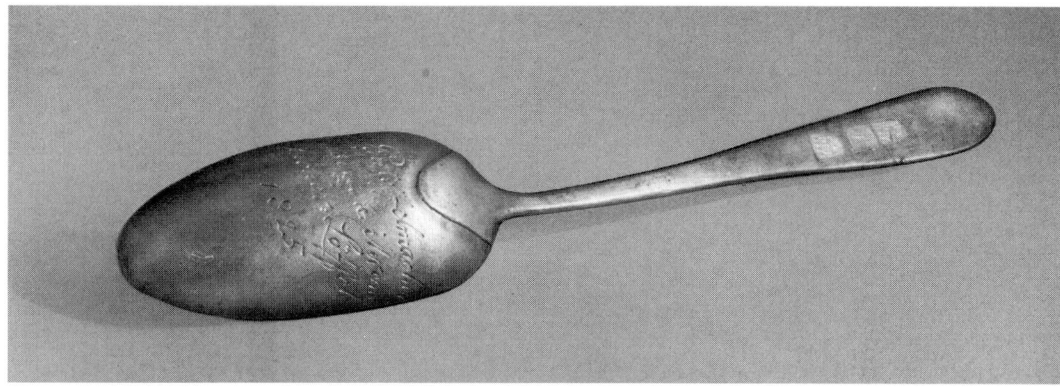

264
265

266

266 Weinkühlgefäß; 1753, L. 65 cm
Städtische Kunstsammlungen Görlitz

267 Terrine der Rostocker Schifferzunft; 1766, D. 24,5 cm Historisches Museum, Schwerin

267

mehrere Dutzend große Platten anschaffen, halten sie das Geschirr für besondere Anlässe im »Gewölbe« zurück, und der Stubenwirt wird veranlaßt, zu den weniger aufwendigen, regelmäßigen Vergnügungen das alte Geschirr auf den Tisch zu bringen./8/ Der Stubenwirt wird übrigens bei den Berner Schuhmachern gewählt, danach hat er zwei Bürgen zu stellen, die der Zunft die sorgfältige Bewahrung und Pflege vor allem des Silber- und Zinngeschirrs zu garantieren haben.

Wenn um 1600 von den Zünften bei den Zinngießern Teller und Platten bestellt werden, redet man allgemein von Plattware. Damit sind allgemein solche Geschirre gemeint, die aus dem Ganzen und nicht wie z. B. Kannen oder Krüge als Teilstücke gegossen und anschließend zusammengelötet werden. In der Schweiz schlägt man vor 1600 Teller wie auch Platten ganz und gar aus einer dünnen Schicht Zinn heraus, die zwischen zwei feuerfesten Massen gewonnen wurde. Aus völlig glatten Zinnscheiben werden mitunter die Breitrandteller herausgeschmiedet, deren Aussehen an umgestülpte Kardinalshüte erinnert und die man deshalb auch als Kardinalsteller bzw. -schüsseln bezeichnet. Von der Soester Schmiedezunft ist ein 1728 datiertes Exemplar erhalten geblieben. Starke Schnittspuren deuten auf den regen Gebrauch des Breitrandtellers hin, eine alte eiserne Aufhängeöse aber auch auf die Tatsache, daß dieser wie auch andere Kardinalsteller repräsentierend an die Wand gehängt werden. Der breite Rand bietet sich geradezu an, mit heraldischen Motiven ausgestattet zu werden, um die an sich schon ansprechende Form noch attraktiver zu machen. Natürlich werden auch die schmalen Ränder der allgemein üblichen Teller mit Gravuren versehen.

Bei der Aufnahme eines Lehrjungen in die Zunft der Kieler Schuhmacher ist es Pflicht der Meister, die Amtsgebühr zu tragen. Während das 1416 eine Tonne Kieler Bier ist, hat sich 1483 die Gebühr auf zwei Tonnen Bier und dazu eine Kost, bestehend aus Schinken, Butter, Käse und Brot sowie ein Pfund Fett erhöht./9/ Diese »Last« wird gern auf den Breitrandtellern präsentiert, die dementsprechend in England auch als »chargers« benannt werden. Der in Norddeutschland gängige Ausdruck »Schinkenschottel« oder »Bradenfat« drückt die Benutzung der Teller zum Auftragen von Schinken oder Braten aus, der z. B. nach der Amtsrolle der Schmiedezunft in Esens von 1586 zur Festmahlzeit des neuen Meisters (neben einer »Tonne Hamburger behrs . . . und eynem Bathaest« – gemeint ist Potthast, eine westfälische Spezialität aus Fleisch, Zwiebeln und Gewürzen) zu gehören hat. Schon 1542 ist in den Annalen verzeichnet, daß Joachim Wigers aus altem Zinngerät für die »Gesellschaft der Englandfahrer« in seiner Heimatstadt Hamburg zwei Braden-

/8/ Trechsel, E.: Die Gesellschaft zu den Schuhmachern von Bern. – Bern 1934. – S. 85

/9/ Hähnsen, F.: Geschichte der Kieler Handwerksämter. – In: Mitteilungen der Gesellschaft für Kieler Stadtgeschichte. – Kiel 1920. – S. 21

fate, 26 »Spisefate« (einfache Teller) und sieben »Salsere« (Salzbecher) gießt./10/

Große Platten werden auch in den Zünften gern zum Auftragen des Fischs verwendet. Insofern ist es sicher verständlich, daß Platten zum bevorzugten Zunftzinn der Fischer und Schiffer gehören. Nicht nur die Fischer, sondern auch andere Gewerke schätzen Fischgerichte, die auf Tellern mit schmalem Rand kredenzt werden. Berühmtheit hat in Basel eine Spezialität erlangt, der Gallertenschmaus (»Galrey«, »Gallereigen«), der in der Regel nur einmal im Jahr, und zwar am Neujahrstag, auf den Tisch kommt. Die erste Erwähnung der Neujahrsgallerte findet sich 1439 in den Akten der »Zunft zu Brotbecken«. Ob zu jener Zeit bereits Zinnteller verwendet werden können, ist fraglich – belegt ist lediglich die Reichhaltigkeit des »Fischgalreig«, der aus 220 Stück Fisch, sechs Lot Safran, 37 Lot Spitzwurz, vier Pfund Mandeln und 56 Maß Wein entstand./11/

Abgesehen von dem großartigen Schmaus am Neujahrstag und dem damit verbundenen Gebrauch der prächtigsten Zinne ist man vergleichsweise in den Schweizer Zünften zurückhaltender mit Essen und Trinken als im benachbarten Deutschland. Schon 1681 heben z.B. in Zürich Bürgermeister und Rat den Zwang auf, bei Verfertigung des Meisterstücks den Besuchern mit »lästige Schmauß« aufwarten zu müssen./12/ Der gewöhnliche Abendtrunk selbst einer wohlhabenden Zunft besteht in Zürich nur aus Brot, Käse und Wein. Dennoch ist der Zinnbestand nicht gerade gering. So beginnt hier die Schmiedezunft nach 1577, sich größere Mengen davon zuzulegen: sieben Dutzend Zinnteller gegenüber 214 hölzernen, dazu zinnerne Fischteller, Platten, Senfschüsseln und Kerzenstöcke.

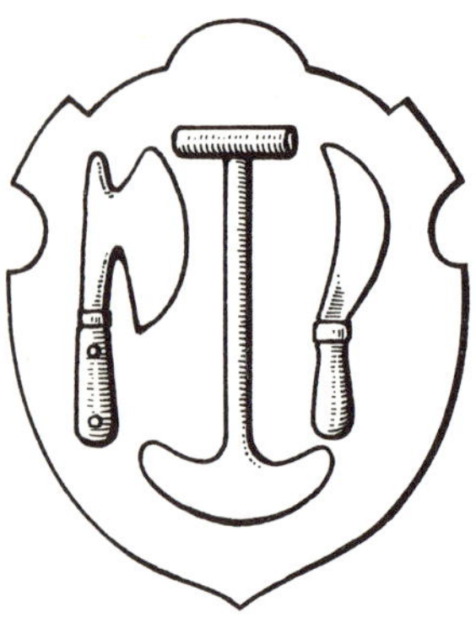

Schuhmacher

Auch wenn die Zunft zu Brotbecken zu ihrem Neujahrsgalrey und noch bei einigen anderen Gelegenheiten Butter reicht, ist hier eine Tellerart unbekannt, die in Norddeutschland häufig zum Bestand der Zünfte – so auch der Bäcker – gehört, nämlich die Butterteller (»botterfate«). Beispielsweise zählen 1598 zum Besitz der Lüneburger Bäcker:

»34 teller, 9 tafelkrensze, 26 spisefate, 4 grote kannen, 24 kleine kannen, 18 hoge salser (Salzfässer – D.N.), 4 botterfate . . .«./13/

Die Besonderheiten der Butterteller sind ihr stempelartiger Fuß und die kleine dornartige Erhebung in der Tellermitte, auf die praktisch der Butterberg gestülpt wird. Die im Inventar erwähnten Tafelkränze sind hingegen keine norddeutsche Spezialität, sondern z.B. auch in der Schweiz geläufig. Dabei handelt es sich um ringförmige Gebilde, die als Untersetzer für entsprechende Geschirre gebraucht werden, um das Verschmutzen des Tischtuches oder wenigstens des Tisches zu verhindern.

/10/ Hinze, E.: Die deutschen Zinngießer und ihre Marken. Bd. III. – Leipzig 1923. – S. 135

/11/ Wanner, G.A.: Zunftbrauch und Zunftstolz. – Basel 1976. – S. 40

/12/ Lutz, A.: Jünglings- und Gesellenverbände im alten Zürich und im alten Winterthur. – Affoltern 1957. – S. 106

/13/ Reinecke, W.: Lüneburger Zinn. (Das Amt der Lüneburger Zinngießer). – Lüneburg 1947. – S. 81

Tafelkränze sowohl aus Zunftbesitz wie auch aus den Haushalten sind kaum bis in die Gegenwart erhalten geblieben.

In Rothenburg ob der Tauber besteht noch 1808 eine merkwürdige Sitte, der sich ein künftiger Zinngießermeister zu unterwerfen hat: Von ihm wird nicht nur die Finanzierung einer Mahlzeit (bestehend aus Suppe, Rindfleisch, Braten, Salat, Wein, Bier, Brot, Kaffee, Tabak) für alle Meister verlangt, sondern dazu hat jeder einen Gulden »unter den Teller« gelegt zu bekommen. Das ist insofern schwerwiegend, als der Kandidat schon nicht zu knapp zur Kasse gebeten wird – zu zahlen hat er vier Gulden an den Zunftrichter, drei Gulden 45 Kreuzer den Geschworenen und einen Gulden 15 Kreuzer in die Lade./14/ Vermutlich hat der Tellergulden eine gewisse symbolische Bedeutung, gleichsam eine Art Rückgabe des als wandernder Geselle erhaltenen Zehrgeldes. Jedenfalls spielen in dieser Hinsicht Groschen und Zinnteller bei den Kupferschmiedegesellen eine Rolle. Trifft ein wandernder Kupferschmied ein, wird jemand in der Gesellenrunde aufgefordert, »er möge den Fremden nebst dem Groschen unter dem Teller in Obacht nehmen«;/15/ der Groschen ist wahrscheinlich das Ergebnis der Sammlung für den Fremden, aus dem später der »Patenpfennig« (das geregelte Zehrgeld) wird. Es ist nicht von der Hand zu weisen, daß vielleicht besonders aussagekräftig
242 gravierte Teller wie jener der Zittauer Bäckergesellen etwas mit der Sache zu tun haben. Entsprechend gravierte Inschriften sind aber wohl nicht bekannt. Möglicherweise dient ein bestimmter Teller auch für die Bekräftigung des sogenannten Gewiß-Groschens, der im Streitfall eine Funktion hat. Ist jemandem in der Gesellenrunde daran gelegen, einen Zeugen für den Streit zu haben, schmeißt er einen Groschen auf einen Teller und gibt dem Kontrahenten eine Ohrfeige. Die Beisitzenden verzechen dann den Groschen und verpflichten sich damit, Zeugnis von der Auseinandersetzung zu geben./16/

241 Die allgemein üblichen Zunftinschriften auf den Tellern lauten: »Das Löbliche Handwerk der . . .«, dann folgt die Datierung. Namen von Zunftmeistern oder Gesellen sind im Unterschied zu dem Schenk-, Trink- und Willkomm-Gerät selten aufgetragen. Auch vom Herbergsvater scheint es relativ wenige Tellerstiftungen zu geben.

Vermutlich streben diese nach repräsentativeren Zinnen, obwohl mancherorts ein Teller in zeremonielle Vorgänge eingebunden ist und damit eine gewisse Aufwertung erfährt. So hat beispielsweise der Herbergsvater der Freiberger Gürtler einem fremden Gesellen eine vom Handwerk des Ortes bezahlte Mahlzeit aufzutragen. Der Vorgang verläuft nach bestimmten Regeln, vor allem wenn sich der Geselle verpflichtet,

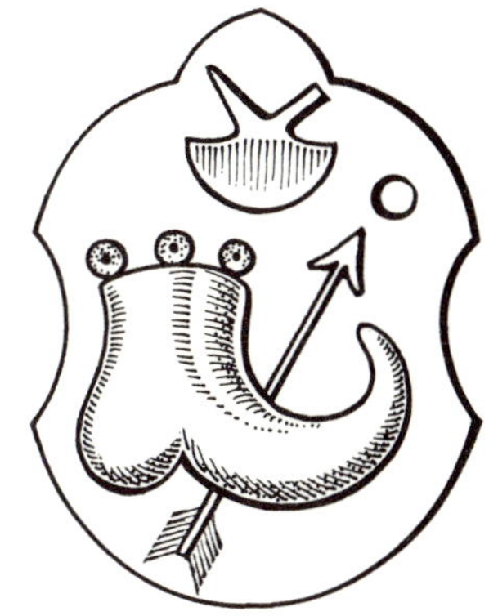

Schuhmacher

/14/ Schnurrer, L.: Das Zinngießerhandwerk in Rothenburg ob der Tauber. – Rothenburg 1981. – S. 10

/15/ Wissel, R.: Des alten Handwerks Recht und Gewohnheit. Bd. II. – Berlin 1929. – S. 285

/16/ Zedler, J. H.: Grosses vollständiges Universal-Lexikon aller Wissenschaften und Künste. – Leipzig u. Halle 1735. – S. 1393

wenigstens vier Wochen am Ort zu arbeiten. In diesem Fall wird ihm die Wahl zwischen einem gesottenen und einem gebratenen Gericht angetragen./17/ Offensichtlich auf die Bestimmung für den persönlichen Gebrauch verweist die Inschrift auf einem Teller aus dem Bestand der Gärtnerzunft in Rostock: »Gottlob Jochim Lehmert Anno 1719. Schreiber in der Großen Gärtner Beliebung.« Wie noch zu zeigen sein wird, ist auch auf andersartigem Zunftzinn die Funktion des Schreibers ausgewiesen. Das ist Ausdruck der ziemlichen Wertschätzung dieses Amtes. Übrigens gibt es in Rostock neben der »Großen-Gärtner-Beliebung« auch eine »Klein-Gärtner-Beliebung«, von der der 1756 datierte Teller kündet. 243

Die Weingärtner in Frankfurt/Main veranstalten am Urbanstag (25. Mai) einen Umzug mit Musik, Fahnen und dem Bild des Heiligen, das möglicherweise auch auf einem mitgeführten Teller graviert ist. Analoges ist von einem heute im Kunstmuseum Düsseldorf aufbewahrten Teller einer Wagenmacherzunft bekannt, der im Fond ihre Patronin (die heilige Katharina) aufweist. Die Mitführung unverzierter Teller ist bei Gedenktagsumzügen unwahrscheinlich, anders aber bei solch profanen Dingen wie z. B. dem gemeinsamen Badegang der Messerschmiedegesellen in Nürnberg. Dazu verlautet:

»1613 an der Aschermittwoch sind die Messerschmiedsgesellen ... ins Bad gegangen« mit »große Teller mit Küchlein und sulzen, welche ihnen der Meister im Bad nach altem Gebrauch geben, und große schenk Kandeln mit Wein ...«./18/

Neben den Zunftangaben sind heraldische Gebilde auf Tellern recht beliebt. Vor allem die in Siebenbürgen wirkenden Handwerker haben den Ruf, eine besondere Vorliebe für mit Zunftemblemen verzierte Teller zu haben. Allerdings kommt solchen Tellern kaum noch eine Gebrauchsfunktion zu, sondern sie dienen der Zierde der Zunftstuben. Nicht selten handelt es sich aber auch um Stücke, die ein Geschenk der Gesellen an einen Meister sind (z. B. anläßlich des Neujahrstages) und die dann im persönlichen Besitz des Meisters in dessen Haus verbleiben. Auf die Gravur der Spendernamen wird selbstverständlich in keinem Fall verzichtet. Üblicherweise sind die Handwerksinsignien in Gravur- oder Flecheltechnik aufgetragen; als Beispiel dafür sei auf den Teller des Zimmerers Heinrich Gottfried Poppe aus Erfurt verwiesen. Der ebenfalls aus dem 19. Jahrhundert stammende, im Rigaer Museum aufbewahrte Teller der einheimischen Zimmerleute trägt im Fond eine schmückende Kartusche aus Messing, deren Anfertigung ein gutes Stück Geld kostet. 246

In der Regel haben die »Präsentierteller« der Zünfte wenigstens 35 cm Durchmesser, während die im Maß darunter liegenden dem Ge-

/17/ Wissel, R.: Des alten Handwerks Recht und Gewohnheit. Bd. II. – Berlin 1929. – S. 167

/18/ Isenberg, H.: Altes Brauchtum im Handwerk. – Münster 1936. – S. 30

brauch dienen, falls sie nicht eine sehr prächtige Ornamentik tragen. Der
244 abgebildete Teller der Böttcher (datiert 1835) muß nicht notwendiger-
weise zum Zunftbesitz gehören, sondern kann auch Eigentum des Bött-
chers Andreas Schäfer sein. Natürlich streben die Handwerker nach per-
sönlichem Zinnbesitz und versehen dann die Stücke gern mit ihrem Na-
men und den Zeichen ihres Gewerkes. Eindeutiger auf Zunfteigentum
247 deuten jene Gravuren hin, die sich auf den Tellern der Drechsler (1823)
248 und der Fleischer (1792) befinden. Die mit »Ober-Vormund« bzw. »Un-
ter-Vormund« gekoppelten Namen auf dem Teller der Fleischer lassen
vermuten, daß einst das Stück einem Lehrling geschenkt worden ist.

Von der Beliebtheit realistischer Fischmotive auf dem Zunftzinn der
249 Fischer ist schon berichtet worden. Ein Fischpaar im Spiegel der Teller
ist ein häufig gebrauchtes Bild, und zwar nicht nur von den Fischern,
sondern auch von den berufsverwandten Gewerken wie z. B. den Fisch-
weichern oder den Fischkäufeln. Aufgabe der Fischweicher ist es, den
eingeführten Stockfisch gebrauchsfertig zu machen, die Fischkäufel sind
Zwischenhändler, die in manchen Städten (z. B. in Passau oder – wie der
250 Teller der »Viscoopers« zeigt – in Gent) eine eigene kleine Zunft bilden.

Die großen Fonds der Teller bieten sich naturgemäß dazu an, durch
ornamentale oder heraldische Verzierungen aufgewertet zu werden. Das
lockt seit nahezu 100 Jahren Fälscher auf den Plan, die sich im genannten
Sinne alter Teller bedienen. Hinzu kommt, daß seit der Wende vom 19.
zum 20. Jahrhundert ganz und gar Zunftteller imitiert oder als Phantasie-
produkte geschaffen werden, von denen heute noch eine stattliche Anzahl
255 kursiert. Unbestritten an der Spitze der Falsifikate liegt ein Teller einer
251 angeblichen Kramerzunft. Bestechend ist in jedem Fall der lange, sorg-
252 fältig gravierte Text, der in der ausführlichsten Fassung auf historisieren-
253 den Stücken etwa so lautet:
254 »Die Handlung ist die älteste aller Künste, die je der Menschenwitz
erfand, sie wird beseelt durch Liebe zum Gewinnste, regiert durch Klug-
heit und Verstand. Wer sorgte wohl, wenn keine Handlung wäre für un-
sere Bequemlichkeit? Und wenn auch die noch zu entbehren wäre, wer
hilfe der Nothdürftigkeit. Der Handleistungsgeist belebet und verbindet
die Menschen durch Geselligkeit, durch ihn ist alles thätig und empfindet
Vergnügen und Bequemlichkeit. Daß Menschen für die Meere Schiffe
bauen, woran vorher kein Mensch gedacht, und sich den Wind und Wel-
len anvertrauen, das hat der Handlungsgeist gewagt. Die Handlung hat
die Künste, Wissenschaften in jeden Himmelsstrich gebracht. Die Hand-
lung hat die wildsten Völkerschaften gesittet, milde, klug gemacht. Sie
macht erfinderisch, schützt alle Stände durch süße Hoffnung zum Ge-

Schwarzfärber

winn, vor Müssiggang, und treibet alle Hände zum fleisse und zur Arbeit hin. Wo Handlung herrscht, da herrschen feine Sitten, der Reichtum kommt aus ihrem Schoos, allein durch sie sind Deutsche, Spanier und Britten, durch sie sind ganze Länder groß. Durch sie ist ... groß und blüht im Seegen, den ihr der Höchste zugewandt und Überfluß gleich einem milden Regen fließt durch sie auf das gantze Land. O Herr, Laß diese Quelle nie versiegen, denn sonst verschmachtet Stadt und Land. ... wär noch immer dein Vergnügen und machte deinen Ruhm bekannt. Sey auch des besten Fürsten gnädiger Vater, sey stets sein großer Schild und Lohn! Beschirme die Obrigkeit sey ihr Berater! Ich bitte durch deinen Sohn. Vor allem gütger Gott, o wincke der Handlung dein Gedeyhen zu! Gestatte niemals, daß ihr Glücke sincke, verleih ihr Sicherheit und Ruh!« Anstelle der Pünktchen steht der Name der jeweils auserkorenen Stadt. Auch nur Teile aus diesem Text finden sich auf Falsifikaten. Ausdrucksweise und Orthografie deuten auf die Entstehungszeit um 1900 hin. Auf keinen Fall ist der Text dem 18. Jahrhundert zuzuordnen; entsprechende Jahreszahlen fehlen bei den Falsifikaten niemals. Selbstverständlich wird auch nicht auf Zinnmarken verzichtet, die entweder gut ablesbar, aber nicht identifizierbare Phantasieprodukte oder nicht deutlich erkennbar, d.h. »verschlagen« sind. Es ist prinzipiell verdächtig, wenn auf dem glatten, gut zugänglichen Tellerboden die Marken gleich mehrmals verschlagen sind, denn so ungeschickt kann kein Zinngießer sein, wiederholt das Punzeisen falsch anzusetzen.

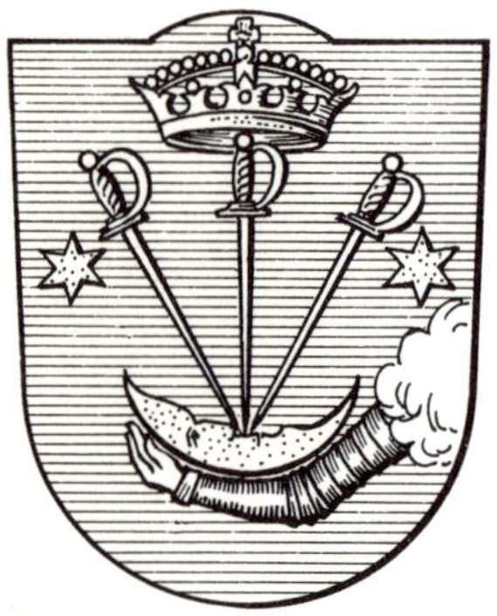
Schwertfeger

Ein zu hoher Bleianteil im Zinn ist zwar keine Fälschung im Sinne des Vortäuschens höheren Alters oder besonderer Provenienz, doch die Angelegenheit ist durchaus in diesen Zusammenhang zu stellen. Auch Zunftteller sind zu keiner Zeit vor dem Versuch gefeit, einen erheblichen Teil des teureren Zinns durch das wesentlich billigere Blei zu ersetzen. Wenn sich auf der Rückseite mancher Teller ein langgezogener, strichartiger Kratzer befindet, dann ist das häufig Anzeichen einer stattgefundenen Überprüfung der Materialqualität. Das kann u. a. mit dem »Probiereisen« erfolgen, indem dieses im erwärmten Zustand über den glatten Tellerboden gezogen wird. Nun läßt die Färbung der so entstandenen Ritze auf den Bleigehalt schließen. Die Trübung nimmt mit steigendem Anteil zu. Für den sündigen Meister bedeutet der Verstoß gegen die Materialvorschriften in jedem Fall die Auslösung einer Strafe. Es sind Fälle bekannt, wo neben der Geldbuße der Zinngießer verpflichtet wird, unter seine auf die Erzeugnisse einzuschlagende Meistermarke einen Punkt, den sogenannten Strafpunkt zu setzen. Heute sind so gekennzeichnete Zinne selten und damit sehr begehrte Sammlerobjekte.

Schüsseln und Schalen

Zuerst ist allgemein anzumerken, daß die Grenzen zwischen Tellern, Platten, Schüsseln und Schalen fließend sind. Symptomatisch dafür ist die Tatsache, daß man seit dem 16. Jahrhundert in Inventarien und anderen Verzeichnissen von »Schüsseltellern« redet. Im 18. Jahrhundert wird zwar die Schüssel als ein »Gefäß mit tiefem Boden und plattem Rand« enzyklopädisch festgeschrieben/19/, doch bis in die jüngste Zeit hinein werden z. B. auch Teller mit einer über das übliche Maß von ca. 20 bis 25 cm Durchmesser hinausgehenden Größe als Schüsseln bezeichnet. Auch innerhalb der Zünfte schließt man sich dem allgemeinen Sprachgebrauch an und übernimmt in die Inventarlisten die gängigen umgangssprachlichen Bezeichnungen für spezielles Eßgeschirr. So werden besonders große, mit breitem Rand versehene Schüsseln als »Potagenschüsseln« ausgewiesen; Potage ist ein zeitweilig recht beliebtes Fleisch- oder Fischallerlei. »Bratschüsseln« sind Geschirre mit einem eher flachen Fond und »mit einem schmalen Rand, darin das Gebratene aufgetragen und bequem zerlegt werden kann«. Für solche Geschirre kursiert auch die Bezeichnung »Assietten«. Unter »Mehlbeutelschüsseln« versteht man in Norddeutschland solche, die für das Auftischen eines Mehlpuddings oder großer Klöße aus Mehl, Fett, Milch, Hefe und Eiern bestimmt sind. Zu den Mehlbeuteln wird Fruchtsoße vor allem aus getrockneten Früchten gereicht. Vermutlich sind mit diesen Schüsseln jene gemeint, dic bcsscr als »Gupf-Schüsseln« bekannt sind. Der Gupf ist eine runde, buckelartige Wölbung in der Mitte des Fonds.

Seifensieder

257 Die im Bild wiedergegebenen gefußten Schälchen einer mecklenburgischen Schneiderzunft wird in dieser Gegend auch als »Kump« ausgewiesen. Gegenüber den Schüsseln haben Schalen keinen oder einen nur sparsam ausgeprägten Rand, aber auch hier sind die Grenzen fließend. Die tiefsten unter ihnen nennt man »Kummen«. Schalen fertigen die Zinngießer zu allen Zeiten viel seltener als Schüsseln, obwohl die Geschirre zu den ältesten Zinngerätschaften überhaupt zählen, die vom Handwerk hervorgebracht werden. So wird bereits 1375 in der Zunft der Hamburger Zinngießer verlangt, eine Schale als Meisterstück vorzulegen. Ist sie
259 mit einer Handhabe versehen wie z. B. die der Rostocker »Leichen-Gesellschaft der Hauszimmerleute« von 1789, redet man gelegentlich von »Köng« – in Estland ist der Ausdruck gang und gäbe. 1490 weist das Inventarverzeichnis der Londoner Zinngießerzunft »viij saltes of fyne metell« aus. Gemeint sind mit »saltes« offensichtlich Salzschalen, für die hier

/19/ Krünitz, J. G.: Ökonomisch-technologische Enzyklopädie, oder allgemeines System der Staats-, Stadt-, Haus- und Land-Wirthschaft in alphabetischer Ordnung. – Berlin 1782. – S. 531

1551 ausdrücklich festgelegt ist, sie aus »fyne metell« zu gießen./20/ Hinter dieser Festlegung verbirgt sich die Einsicht, daß der allgemein übliche Bleianteil von etwa 10% wegen der Aggressivität des Salzes zu hoch ist und zu gesundheitsschädlichen Folgen führen kann. Deshalb fordert man also Feinmetall, d.h. Zinn mit nur einer Spur zulegierten Bleis. Eine entsprechende Vorschrift findet sich übrigens über kurz oder lang in allen Ländern mit Zinngießerhandwerk. Salzschalen dienen den Zünften nicht nur zum Nachwürzen der Speisen. In einem Bericht über einen Zunftschmaus in Zürich (18. Jahrhundert) heißt es u.a.:

»Einige tunkten z.B. jeden Bissen Brot in Salz und Kümmel, ihren Durst zu schärfen.«/21/

Da nimmt es nicht Wunder, wenn innerhalb einer Zunft Salzschalen nicht nur einmal, sondern in größeren Stückzahlen vorkommen. Beispielsweise zählen schon im ersten Viertel des 16. Jahrhunderts folgende Zinne zum Inventar der Lübecker Schifferzunft:

»20 vate, 11 tzalser, 21 Plankenstoepe, 6 Quarterstoepe, 8 Kannen cleyn und grot, 15 luchter und 13 teller.«/22/

Die Salzer sind nicht nur für das körnige Salz bestimmt, sondern auch für eine salzige Tunke. Im Vergleich zu den Salzschalen sind die gewöhnlich in jeder Küche anzutreffenden größeren Gefäße, die Salzmesten, in Zunftbesitz sehr selten. Bekannt ist z.B. eine 1714 datierte aus dem Bestand der Tuchmacher in Breslau (Wrocław)./23/

Seiler

Die zwei häufigsten Formen von Schüsseln bzw. Schalen spiegeln sich in dem 1852 datierten Geschirr einer norddeutschen Zunft der »Straßen- 256
Fischer« sowie der »Visvercoopers Ambacht« (1762) einer niederländi- 262
schen Stadt wider. Geschirre vom erstgenannten Typ werden heute als Steilwandschüsseln bezeichnet, obwohl sie strenggenommen eher Schalen als Schüsseln sind; praktisch ist die Begriffsbildung freilich nahezu belanglos. Den Steilwandschüsseln begegnet man oft in gehenkelter Form. Ihr Durchmesser beträgt von etwa 10 bis reichlich 30 cm. Schüsseln und Schalen sind wie Teller und Platten in ihrem Aussehen durch den Drang nach größter Zweckmäßigkeit bestimmt. Auch deshalb gibt es anders als bei Kannen und Krügen (die mehr Ansatzpunkte zur Variation bieten) kaum regionale Besonderheiten. Auf eine Besonderheit ist allerdings zu verweisen, nämlich auf die Ohrenschüsseln, die zum Bestand norddeutscher, skandinavischer und niederländischer Zünfte gehören. Die parallel zum Boden am oberen Schüsselrand angebrachten ohrenförmigen Griffe sind in mancherlei Hinsicht besonders funktionstüchtig. So kann damit das Geschirr nicht nur bequem zum Mund geführt werden, falls das Auslöffeln zu umständlich erscheint, sondern man kann den In-

/20/ Massé, H.J.L.J.: Chats on Old Pewter. – New York 1971. – S.97

/21/ Hauser, A.: Vom Essen und Trinken im alten Zürich. – Zürich 1962. – S.91

/22/ Warncke, J.: Die Zinngießer zu Lübeck. – Lübeck 1922. – S.6

/23/ Hintze, E.: Die deutschen Zinngießer und ihre Marken. Bd. IV. – Leipzig 1926. – S.88

halt auch über einem Wasserbad warmhalten, weil die Schüssel dank der Ohren stabil in ein größeres Gefäß einzuhängen ist. Aus den Ohrenschüsseln werden sowohl kalte (vor allem Branntweinkaltschale) wie auch warme Gerichte (Braunbier-, Bohnensuppen u. ä.) genossen. Die in Norddeutschland verbreitete Bezeichnung »Kolleschal« deutet auf den Gebrauch für Kaltschalen hin, die auch in den Zünften beliebt sind. So hat bei den Hutmachern Braunschweigs ein Lehrjunge beim Freisprechen im 17. Jahrhundert die Pflicht, der Zunft ein Zinngeschirr zu geben. Dafür ist ausdrücklich festgelegt, daß das neben universell verwendbaren Schüsseln sowie Salsieren oder Kannen auch Kolleschals sein können./24/

Seiler

Natürlich sind Schüsseln und Schalen für den praktischen Gebrauch bestimmt. Es darf aber nicht unerwähnt bleiben, daß gelegentlich Schüsseln auch zum Zweck der Repräsentation angeschafft werden. Beispielsweise ist von dem Rigaer Zinngießer Peter Nahmse eine 1658 gestellte Rechnung an eine einheimische Zunft bekannt, in der ein »Stubenzeug aus Englisch-Zinn« aufgeführt ist. Dazu gehört mindestens ein Schaustück in Form einer Schüssel, das zur Repräsentation auf dem »Kannrück« oder »Glasebrett« plaziert wird. Wie schon zu den Breitrandtellern erwähnt, wird für besondere Arbeiten zuweilen die Treibarbeit praktiziert, d. h. die Bearbeitung des Zinns erfolgt mit einem Hammer. Die dadurch entstehenden konzentrischen Muster stehen dem Zinn gut zu Gesicht. Aber für den Hauptzweck der Schüsseln und Schalen ist die Verzierung belanglos, entscheidend ist ihre Brauchbarkeit bei Tische, wo sie bei reichhaltigen Schmäusen nicht wegzudenken sind. Auch in Riga lassen schon frühzeitig erlassene Gebote erkennen, daß das Streben nach nicht zu knapp bemessenen Mahlzeiten und dementsprechenden Geschirren groß ist. 1613 legt sich die »Große Gilde« von sich aus folgende Beschränkung auf:

»man soll auch iczo so woll in künfftigen Zeiten nicht mehr als drey gerichte oder essen auftragen lassen; die braten in vässer sollen kleiner gehawen werden, damit es der erbarkeit gemesz und nicht zum überflusz gereichen möge«./25/

Mit Vässern sind Schüsseln gemeint. Der Passus zielt auf das Fastnachtsessen, aber auch für andersartige Anlässe weisen manche Ordnungen der Zünfte die Erwartungen an Speise und Trank aus. Nach den Statuten der »Lukasgilde« in Dülmen (1575) hat man sich einmal jährlich zu einem »pflichtag« oder zu einer »beykunst« zusammenzufinden, zu der einer der Meister die Anwesenden zu bedienen und »einen schinkken, einen harst, jedes von sechß pfunden, sampt notturfftigen brott«/26/ zu spendieren hat. Ein Harst ist ein Stück Braten. Üblicherweise werden

/24/ Fuhse, F.: Handwerksaltertümer. – In: Werkstücke aus Museum und Archiv der Stadt Braunschweig. – Braunschweig VII, 1935. – S. 114

/25/ Gahlnbäck, F.: Zinn und Zinngießer in Liv-, Est- und Kurland. – Lübeck 1929. – S. 68

/26/ Pieper-Lippe, M.: Zinn im nördlichen Westfalen. – Münster 1980. – S. 163

Schinken und Harst auf einer Schüssel oder einem Breitrandteller dargeboten. Ähnlich sind die Forderungen bei den obligaten Essen anläßlich der Meisterwerdung eines Gesellen. Mehr oder weniger Zinngeschirr ist bei den Flensburger Schuhmachern vonnöten, die nach einem vollen und einem halben Meisteressen (für Meistersöhne bzw. bei Einheirat) unterscheiden. Entsprechendes ist von ihren Zunftkollegen in Tondern bekannt./27/ Daß während der Mahlzeit die Schüssel eine zentrale Rolle spielt, wird aus dem Zunftbrief der Schuhmachergesellen Freiburgs (Breisgau) von 1549 deutlich:

»Welcher Schuhknecht in des Vaters behausunge siech uff den Tisch setzen wurde, der sal ein halben groschen zur straf geben. Als sol kein Geselle in der Schüssel ungeneußig umbrasseln und vor andere greyfen.« /28/

Mit dem »Vater« ist der Herbergswirt gemeint. Wie z. B. die 1848 datierte Schüssel einer siebenbürgischen Müllerzunft zeigt, ist die Bezeichnung mancherorts noch bis zum 19. Jahrhundert gebräuchlich. 261

Eicheln, Blatt- und Blumenornamente auf der im Budapester Museum für Kunstgewerbe aufbewahrten Schüssel einer Schuhmacherzunft 260 geben dem Geschirr unverkennbar ein gewisses festliches Gepräge, das dazu angetan sein mag, dem »umbrasseln« oder schlechthin den unguten Tischsitten entgegenzuwirken. Nun gibt es aber in manchen Zünften auch Veranstaltungen, bei denen Schüsseln und Schalen im Mittelpunkt ganz und gar nicht gesitteter Vorgänge stehen. In Pommern sind z. B. zwei derartige Gaudis das »zu Wasser reiten« und »Parlecke trinken«. Beim erstgenannten Schabernack stellt man eine Schüssel bzw. Schale voll eines bestimmten Getränks in einiger Entfernung vom zu traktierenden Gesellen auf. Der muß nun auf allen Vieren mit einem anderen Gesellen auf dem Rücken zum Getränk hinkriechen und das ohne Hilfe der Hände ausschlürfen. Drastischer geht es beim Parlecke-Trinken zu, das eine Variante des Schleifens zu sein scheint. Der Wortführer trinkt sich aus einer großen Schale Mut an, und wenn sie fast leer ist, gießt er den Rest dem Delinquenten in das Gesicht und haut ihm schließlich das Geschirr auf den Kopf./29/

Die bisher erörterten Schüsseln und Schalen können gelegentlich auch mit zugehörigem Deckel vorkommen. Generell aber mit einem Deckel gefertigt werden die Terrinen, die sich aus den in der Renaissance üblichen Deckelschüsseln entwickelt haben. Die Terrinen sind vor allem Erzeugnisse des 18. und 19. Jahrhunderts und in den Zünften nicht allzu häufig. Das abgebildete Exemplar der Schifferzunft in Rostock von 1766 267 ist Silbervorbildern angelehnt, das gilt prinzipiell auch für die Terrinen aus späterer Zeit. Die Geschirre mögen nicht nur bei Tische, sondern

/27/ Wissel, R.: Des alten Handwerks Recht und Gewohnheit. Bd. I. – Berlin 1929. – S. 181

/28/ Wissel, R.: a.a.O. Bd. II. – S. 98

/29/ Rauers, F.: Kulturgeschichte der Gaststätte. – Berlin 1941. – S. 1211

ebenso beim Transport von Speisen über die Straße von Wichtigkeit sein. Ist man z. B. in Zürich aus triftigen Gründen verhindert, an einer Festmahlzeit teilzunehmen, darf man damit rechnen, wenigstens einen Teil der Speisen zugestellt zu bekommen; der Vorgang heißt »Bescheidessen«. Transportgefäße sind allgemein mehr noch die gehenkelten Töpfe mit losem Deckel, die im nordeuropäischen Raum häufig vorkommen. In Norddeutschland nennt man sie »Hangelpott« oder »Seeltopf«. Die letztgenannte Bezeichnung deutet darauf hin, daß die Töpfe ursprünglich einen Henkel aus einem Seil (»Seel«) hatten. Tragetöpfe wie auch Zinne
258 von der Art des 1774 datierten, heute im Vogtlandmuseum Plauen aufbewahrten tassenähnlichen Schöpftopfes einer Schneiderzunft spielen wohl im Zunftleben kaum eine Rolle.

Eine besondere Art Schüsseln bzw. Schalen sind die Handbecken. Bei Festlichkeiten ist es im allgemeinen durchaus nichts Ungewöhnliches, daß vor und nach der Mahlzeit mit einem Gießgefäß und einem Becken herumgegangen wird, damit sich jedermann die Hände abspülen kann. Auch die eine oder andere Zunft mag sich einer solchen Sitte anschließen. Jedenfalls sind in einigen Fällen sowohl das Vorhandensein eines Gießfasses (z. B. 1620 in der Stube der Schmiedezunft in Zürich) wie auch eines Beckens (z. B. 1770 von der sogenannten Zwingerschützengesellschaft in Breslau (Wrocław)/30/ bekannt. Übrigens verbindet sich bei den Schmieden mit der schon einmal erwähnten Posse »das Feuer anblasen« auch der Gebrauch eines Handbeckens. Bei der drastischen Zeremonie hängt der Altgeselle ein Handtuch über die Schulter, dessen Enden in ein mit Wasser gefülltes Becken eintauchen. Der loszusprechende Geselle muß dann unter allerlei Sprüchen »der Gesellen Handbecken und Handtuch aufheben« und sich das nasse Tuch »umtun«, wohl solange, bis er pitschnaß ist./31/

Steinmetzen

Im Städtischen Maximilian-Museum Augsburg beschreibt ein aus dem 17. Jahrhundert stammendes Bild die Auflage der einheimischen Bäckergesellen; u. a. ist eine in einem ovalen Becken stehende Schraubflasche wiedergegeben. Hierbei geht es offenbar um das Kühlhalten des in der Schraubflasche aufbewahrten Weins – Schraubflaschen von der
263 Art der 1666 datierten aus dem Historischen Museum Basel werden häufig als Vorratsgefäße für Getränke gebraucht. Die übliche Form der
266 Weinkühler gibt das entsprechende Bild aus dem Görlitzer Museum wieder. Typisch sind die über Maskarons angebrachten Klapphenkel und die Klauenfüße an den immer wuchtig wirkenden Becken. Völlig aus der Art geschlagen ist der von den Maurern und Zimmerleuten in Rotten-
32 mann verwendete Weinkühler. Die Besonderheit ist nicht nur das mehr

/30/ Hintze, E.: Die deutschen Zinngießer und ihre Marken. Bde. IV u. VII. – Leipzig 1926/31. – S. 100. – S. 401

/31/ Wissel, R.: Des alten Handwerks Recht und Gewohnheit. Bd. II. – Berlin 1929. – S. 222

kastenförmige Aussehen, sondern die Aufteilung der Hohlräume in drei Fächer. In das mittlere wird Eis eingebracht, rechts und links davon der Wein eingefüllt. Mittels der Ablaßhähne füllt man das Getränk unmittelbar in die Becher.

Wie z. B. das im folgenden aufgeführte Inventarverzeichnis der Emder Bäckerzunft von 1763 zeigt, verfügt die Organisation zwar über einen reichen Zinnbestand, doch ein Weinkühlgefäß fehlt:

»14 Schüsseln, 9 Kannen, 3 Durchlässe, 3 Füllkannen, 2 Schenkkessel, 1 Tintenfaß, 2 Koppen, 3 Gießkannen, 6 Salzfässer, 6 Senfbakken, 12 Kandelaber, 113 Teller, 1 Nachttopf, 2 Potagelöffel«./32/

Das deutet darauf hin, daß Kühlbecken ein selten benötigtes Geschirr sind. Auch in anderen Inventarien sind sie kaum einmal genannt.

Die zwei erwähnten Potagelöffel werden als Vorlegelöffel gebraucht, es handelt sich also um vergleichsweise recht große Löffel. Die für die gewöhnliche Benutzung bestimmten Löffel werden wohl als besonders preiswertes, schnellverschleißendes Gerät gar nicht erst registriert. Auf ihre Fertigung spezialisieren sich manche Zinngießer, die sich dann Löffelmacher nennen. Das ist auch in Emden so. Als hier 1595 die Zinngießerzunft gegründet wird, treten ihr zwölf Meister bei, einer davon bezeichnet sich als Löffelmacher. Eine entsprechende Spezialisierung findet auch in den Niederlanden statt, z. B. stellt 1651 der Rat der Stadt Leyden einen »Gildebrief der Zinngießer, Löffelmacher und Krugdeckelmacher« aus. Ursache für den großen Verschleiß sind der dünne Stiel und der nicht gerade sorgfältige Umgang mit dem Besteck. Die Stabilität erhöht sich auch nicht entscheidend durch das Hämmern des Zinns oder durch Gießen einer profilierenden Rippe auf dem Stiel. Wenn Löffel Jahrzehnte oder sogar Jahrhunderte überdauern, dann vor allem, weil eine Gravur
zur sorgfältigen Behandlung anregt. Beispiele dafür bieten je ein Löffel 264
der Drechsler- bzw. Pantoffelmachergesellen aus Rostock, die folgende 265
Inschrift tragen:

Steinmetzen

»Diesen Löffel hat Altgesell Berendt Eszmann und Johan Struck denen Kunstliebenden Drechsler Gesellen verehret 1747.«

»Die Pantoffelmacher Gesellen ihren Zucker-Löffel 1825.«

Die heute gelegentlich anzutreffende Sitte, aus Zinnlöffeln, vor allem solchen mit runder Laffe, Schnaps zu trinken, ist weder Zunftgewohnheit noch allgemein verbreitet, sondern eine Vorliebe unserer Zeit.

Überaus selten sind Gabeln. Sie werden zwar z. B. im Besitz der Goldschmiedezunft in Riga erwähnt,/33/ doch ihr Gebrauch erscheint wegen der Weichheit des Zinns kaum vorstellbar. Vielleicht ist nur das Heft aus Zinn gefertigt, während die Zinken aus härterem Metall sind.

/32/ Rensen, P. v.: Zinngerät der Emder Zünfte. – In: Upstaalsboomblätter für ostfriesische Geschichte und Heimatkunde. – Emden 1917/18. – S. 53

/33/ Gahlnbäck, J.: Zinn und Zinngießer in Liv-, Est- und Kurland. – Lübeck 1929. – S. 70

GERÄT FÜR KERZEN-BRAUCHTUM UND RAUCHSITTEN

Selbstverständlich haben die Leuchter dem praktischen Zweck zu dienen, mit den darin brennenden Kerzen den Zunftangehörigen Licht zu spenden, wenn sie sich zur Dunkelheit versammelt haben. Die Faszination und magische Kraft des Feuers bewirken jedoch gleichzeitig symbolische Vorstellungen, so daß sich brennende Kerzen in manches Brauchtum einbinden – und sei es auch nur die Hervorhebung der Festlichkeit eines Ereignisses durch das künstliche Licht. Freilich ist dazu speziell aus dem Leben der Zünfte nicht allzuviel bekannt, und manches nur Vermutung. Die hauptsächlichsten für den Umgang mit Licht und Tabak bestimmten Geräte können im Bild vorgestellt werden, wobei allerdings keine Stücke aus dem 17. Jahrhundert, geschweige denn aus vorhergehenden Jahrhunderten dabei sind. Das hat hinsichtlich der Tabakdosen und Tabakteller mit der Entwicklung des Rauchens zu tun; darauf und auf die Ursachen für die Rarheit alter Leuchter wird einzugehen sein. Für die zum Teil selbständige Anfertigung von Kerzen aus Modeln spielt Wachs eine gewichtige Rolle. Dementsprechend sollen die sogenannten Wachsstrafen bzw. ihre Anlässe erörtert werden. Ebenso von Interesse dürften die Anlässe für freiwillige oder unfreiwillige Spenden entsprechenden Geräts, vor allem von Tabaktellern sein. Das sind von der Funktion her vorrangig Aschenbecher. Dennoch werden seit dem 8. Jahrhundert diese Geschirre als Tabakteller bezeichnet. Zu verweisen ist auch auf die bereits in Verbindung mit den Trinkgefäßen erwähnten Schraubflaschen, die wie die Dosen als Vorratsgefäße für Tabak gebraucht werden. Schließlich wird zu zeigen sein, daß manche der Tabakteller mit Fidibusständern vereint sind, die mitunter auch noch Vorrichtungen für die Aufnahme von Pfeifenstopfern haben.

Leuchter und Modeln

Während es erst dem 15. Jahrhundert vorbehalten ist, die allmähliche Einführung der Kerzenleuchter im häuslichen Bereich mit sich zu bringen, kann man vermuten, daß dies in den Zünften wenigstens ein Jahrhundert früher erfolgt. Auch wenn diese Vermutung nicht durch Sachzeugen belegt ist, spricht doch die ausgeprägte religiöse Orientierung der sich organisierenden Handwerksvereinigungen und die besondere Bedeutung des Kerzenlichts im Rahmen religiöser Handlungen dafür. Freilich, letztlich ist es nicht allzu wesentlich, ob die Leuchter ein Jahrhundert früher oder später in das Zunftleben eingebunden werden, aber beachtlich ist doch die Tatsache, daß die Leuchter zu dem ältesten Zunftzinn zu zählen sind – ein Fakt übrigens, der nicht selten übersehen wird.

Daß Stücke selbst aus dem 16. Jahrhundert nicht mehr erhalten geblieben sind, kann auf ihr in der Regel wenig repräsentatives Aussehen zurückgeführt werden. Eine gewisse optische Aufwertung erreicht man durch das Anlöten einer Kartusche, wie es z. B. der Leuchter aus dem Bestand der Görlitzer Tuchscherer zeigt. Ungewöhnlich ist allerdings die 272
Verwendung einer Geweihgabel, was selbst bei Leuchtern für den Alltagsgebrauch nur gelegentlich vorkommt.

Es ist nicht unbedingt zuerst oder vor allem so, daß die Kerzen in den Zünften als reine Lichtspender verwendet werden, sondern es gibt gewichtigere und vielfältigere Gründe. Wenn z. B. die Gerber einen Lehrling zum Gesellen machen, haben zwei Lichter zu brennen. Das eine »zu Ehren der Bruderschaft«, das andere zum Tabakanzünden. So nahe liegen also symbolischer und praktischer Zweck beisammen. Praktische Bedeutung, aber eben durchaus nicht im Sinne des Spendens künstlichen Lichtes, hat ein Vorgang, der allgemein als »Licht versäumen« bezeichnet wird. Das heißt, so spät zu einer Zunftversammlung zu erscheinen, daß ein Licht bestimmter Größe heruntergebrannt ist. Üblicherweise befindet sich die entsprechende Kerze in einem Leuchter, aber es kommt auch vor, daß ein Wachslicht lediglich auf einen Teller geklebt wird. Die Gewohnheit, mittels einer brennenden Kerze bestimmter Dicke und Länge eine ungefähre Zeitmessung vorzunehmen, ist übrigens nicht nur in den Zünften verbreitet, sondern auch in anderen Bereichen, so z. B. bei Gerichtsverhandlungen oder bei Predigten.

Für die Bestellung bzw. den Kauf der Leuchter von den Zinngießern ist es wichtig, ob in der Zunft die teuren Wachs- oder nur die billigen

Talgkerzen gebrannt werden können. Im ersten Fall können die Leuchter einen Dorn haben, auf den die geschmeidige Kerze aufgedrückt wird. Wegen ihrer Sprödigkeit würde die armselige, lichtschwächere Talgkerze im gleichen Fall zersplittern. Deshalb erhalten für Talgkerzen bestimmte Leuchter eine Fassung, in die man die Kerze einstecken kann. Im Lauf der Zeit setzen sich solche Leuchter immer mehr durch. Der im 16./17. Jahrhundert gebrauchte Ausdruck »Kerzenstall« drückt veranschaulichend das Vorhandensein der Ummantelung aus.

Der vermutlich aus dem Besitz einer niedersächsischen Schuhma-
270 cherzunft stammende, 1729 datierte Leuchter fällt nicht nur durch die angelöteten Stege am Fuß auf, sondern auch durch die Tatsache, daß diese durchbohrt sind. Die Löcher sind natürlich nicht wie bei den Willkomm-Pokalen für das Anhängen kleiner Schilder bestimmt, sondern sie sollen die Befestigung des Leuchters mittels Draht oder Bindfaden z. B. auf einem Treppengeländer ermöglichen. Es gehört trotz aller Einbindung der Leuchter in das Brauchtum der Zünfte selbstverständlich dazu, sie lediglich als Lichtquelle einzusetzen. Das ist teilweise sogar durch Verordnungen geregelt. Unter den Schuhmachern ist eine diesbezügliche Regelung z. B. in Bern bekannt. Hier hat man in einem aus der Mitte des 16. Jahrhunderts stammenden Dokument unter Artikel 30 festgelegt, daß die Stubenwirtin für Licht auf der Treppe zu sorgen hat./1/ Zu jener Zeit mag das noch so erfolgen, daß der Leuchter am Treppengeländer oder anderswo angebunden wird. Zunehmend mehr kommen aber auch einfache »Kerzenstöcke« auf, deren Fuß im Zentrum von unten her hohl ist. So kann der Leuchter auf einen Dorn am Geländer oder an der Wand ge stülpt werden und derart sicher befestigt sein.

Stecknadler

In den Ordnungen der Schuhmacher spielt schon frühzeitig das für die Kerzen bestimmte Wachs eine Rolle. Beispielsweise verlautet in der Rolle der Rigaer Zunft von 1414:

»Item, welker broder so veele beers tho sich nimbt, dat he idt wedder gifft, schale beteren eine thonne beers und eine Mark Wachs.«/2/

Auf die Wachsstrafen wird noch zurückzukommen sein. Hier sei bereits angemerkt, daß manche Zünfte daraus selbst Kerzen gießen und für diesen Zweck zinnerne Modeln in ihrem Bestand haben. Die Schuhmacher scheinen aus heutiger Sicht ein Handwerk zu sein, in dem Wachs und Leuchter mehr als bei anderen von Gewichtigkeit sind. Das hat offenbar mit der Gewohnheit zu tun, daß die Schuhmacher (wie sonst in der Regel nur noch die Schneider) auch bei künstlichem Licht arbeiten. Hinzu kommen aber weitere Besonderheiten. Zum Beispiel wird in Kiel bei schwerer Krankheit eines Mitgesellen an dessem Krankenbett von je

/1/ Trechsel, E.: Die Gesellschaft zu den Schuhmachern von Bern. – Bern 1934. – S. 18

/2/ Wissel, R.: Des alten Handwerks Recht und Gewohnheit. Bd. II. – Berlin 1929. – S. 100

Stell-
und Rademacher

zwei Gesellen Nacht für Nacht Wache gehalten; möglicherweise wird das auch unter den Berufskollegen anderer Städte gemacht. Es ist einleuchtend, daß die Wache haltenden Gesellen für diese Aufgabe mit Kerzenstöcken aus Zunftbesitz gerüstet sind. Vom Kranken wird die Bereitstellung von Leuchtern nicht erwartet, wohl aber für jede Nacht ein »stoveken« Kieler Biers. Ist er dazu nicht in der Lage, wird ihm das Geld aus der »Büchse« der Zunft vorgestreckt. Freilich erfolgt das nur, wenn er dafür Bürgen erbringen kann – findet er diese nicht, hat der Kranke mit seinen Kleidern zu haften./3/

In den Annalen der Bäckerzunft in Emden ist 1807 verzeichnet, daß ein junger Meister bei der Aufnahme in die Organisation drei Kandelaber gestiftet hat. Damit sind überdurchschnittlich große Leuchter gemeint, von denen die Zunft inzwischen bereits ein Dutzend hat. Die ganze Fülle der Leuchter wird zur Geltung kommen, wenn zu Michaelis (29. September) der »Lichtbraten« oder die »Lichtgans« gefeiert werden. Das ist jener Tag, an dem wegen des kürzer gewordenen Tageslichts die Arbeitszeit verändert bzw. bei Kerzenlicht gearbeitet wird. In Münster und Augsburg ist der Lambertitag (17. September) der entsprechende Zeitpunkt, der übrigens nach und nach brennende Lichter auch auf den Straßen der feiernden Stadt mit sich bringt./4/

Einen besonderen Stellenwert hat das Kerzenbrauchtum in Verbindung mit den Begräbnisfeierlichkeiten. Die schon in Ordnungen der alten Bruderschaften fixierten Wachsstrafen bei Nichtteilnahme an Beerdigungen deuten auf die rege Kerzenproduktion hin; als Beispiel sei aus dem Statut der Dülmener Lukasgilde von 1575 zitiert:

»Item wan einer uth der gilden verstorve, soll ein jeder gildebruder sambt sein hausfrau den leichnam zur begrebnuß nachfolgen bey poen eines halben pundt wachßes.«/5/

An dem Hervorbringen des geschätzten Lichterglanzes im Rahmen des Beerdigungszeremoniells kann sich jeder Zunftangehörige beteiligen. Mitunter wird an die größten Kerzen bzw. Leuchter von den trauernden Zunftgenossen Geld für die Hinterbliebenen geheftet, so z. B. in der Zunft der Weinleute Basels./6/ Die prächtigsten Kerzen kommen in jedem Fall in Leuchter hinein, die auch bei dem anschließenden Zechen noch zu brennen haben. Das Trinken auf das Wohl der Gestorbenen hat zuweilen als »pocula caritatis« den Rang einer offiziellen Verrichtung – der Kerzenschein soll die Verbindung zwischen dem Toten und den Lebenden herstellen. In einigen Zünften wird sogar ausfindig gemacht, daß es dem Verstorbenen erquicklich und kühlend sein müsse, wenn am Jahrestag des Hinscheidens auf ihn getrunken wird. Natürlich müssen dazu

/3/ Hähnsen, F.: Geschichte der Kieler Handwerksämter. – In: Mitteilungen der Gesellschaft für Kieler Stadtgeschichte. – Kiel 1920. – S. 58

/4/ Kramer, F.: Das Licht im Volksbrauch. Jahresfeuer, Lichterumzüge, Bummellaternenzüge. – In: Jahrbuch für das Oldenburger Münsterland. – Vechta 1978. – S. 155

/5/ Pieper-Lippe, M.: Altes Dülmener Zinn. – In: Zeitschrift Westfalen. – Münster 1967. – S. 164

/6/ Weiss-Bass, E. F.: Weingewerbe und Weinleuten-Zunft im alten Basel. – Basel 1958. – S. 135

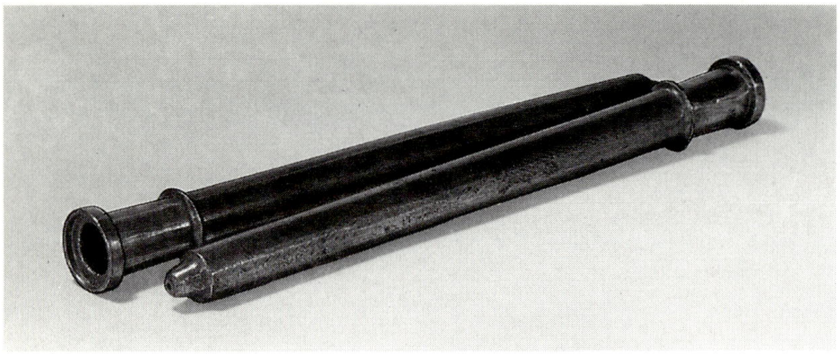

269

269 Model für das Gießen von Kerzen; 1800, L. 20 cm
Museum Schloß Moritzburg, Zeitz

270 Leuchter, vermutlich der Helmstedter Schuhmacher; 1729, H. 27,4 cm
Braunschweigisches Landesmuseum für Geschichte und Volkstum

271 Leuchter einer Weberzunft, sächsische Provenienz; 1860, H. 20,3 cm
Vogtlandmuseum Plauen

272 Leuchter der Görlitzer Tuchscherer; 1668, H. 33,5 cm
Städtische Kunstsammlungen Görlitz

270

271

273
274

275
276

277

278 Tabakdose der Braunschweiger Maurer; 1729
Städtisches Museum, Braunschweig

279 Tabakdose der Braunschweiger Sattler; 1728
Städtisches Museum, Braunschweig

278
279

273 Leuchter der Fischer zu Rostock; 2. Hälfte 18. Jh., H. 19 cm
Kulturhistorisches Museum, Rostock

274 Leuchter der »Bohsleut« (Bootsleute) zu Rostock; 1747, H. 17,6 cm
Kulturhistorisches Museum, Rostock

275 Leuchter der Pantoffelmacher zu Rostock; 1789, H. 19 cm
Kulturhistorisches Museum, Rostock

276 Leuchter norddeutscher Böttchergesellen; 1. Drittel 19. Jh., H. 22 cm
Kulturhistorisches Museum, Rostock

277 Tabakdose der Rigaer Böttcher; 1794, H. 11,4 cm
Musej istorii goroda Rigi i morechodstwa, Riga

280
281

280 Schraubflaschen sächsischer Tuchmacher; 18. Jh., H. je 34,5 cm
Städtisches Museum, Zwickau

281 Detail einer Tuchmacher-Schraubflasche; 1684
Städtisches Museum, Zwickau

282 Ampel; um 1800, H. 14 cm
Privatbesitz

283 Schraubgefäß einer slowakischen Faßbinderzunft; 1740, H. 27,7 cm
Slovenské národné múzeum, Bratislava

284 Tabakkasten der Rostocker Zunft der Schuhmacher; 1852, L. 24,5 cm
Kulturhistorisches Museum, Rostock

285 Tabakteller der Leipziger Schornsteinfeger; 1849, D. 25 cm
Museum für Geschichte der Stadt Leipzig
Das Behältnis in der Tellermitte ist für die Fidibusse bestimmt, das Rohr für den Pfeifenstopfer.

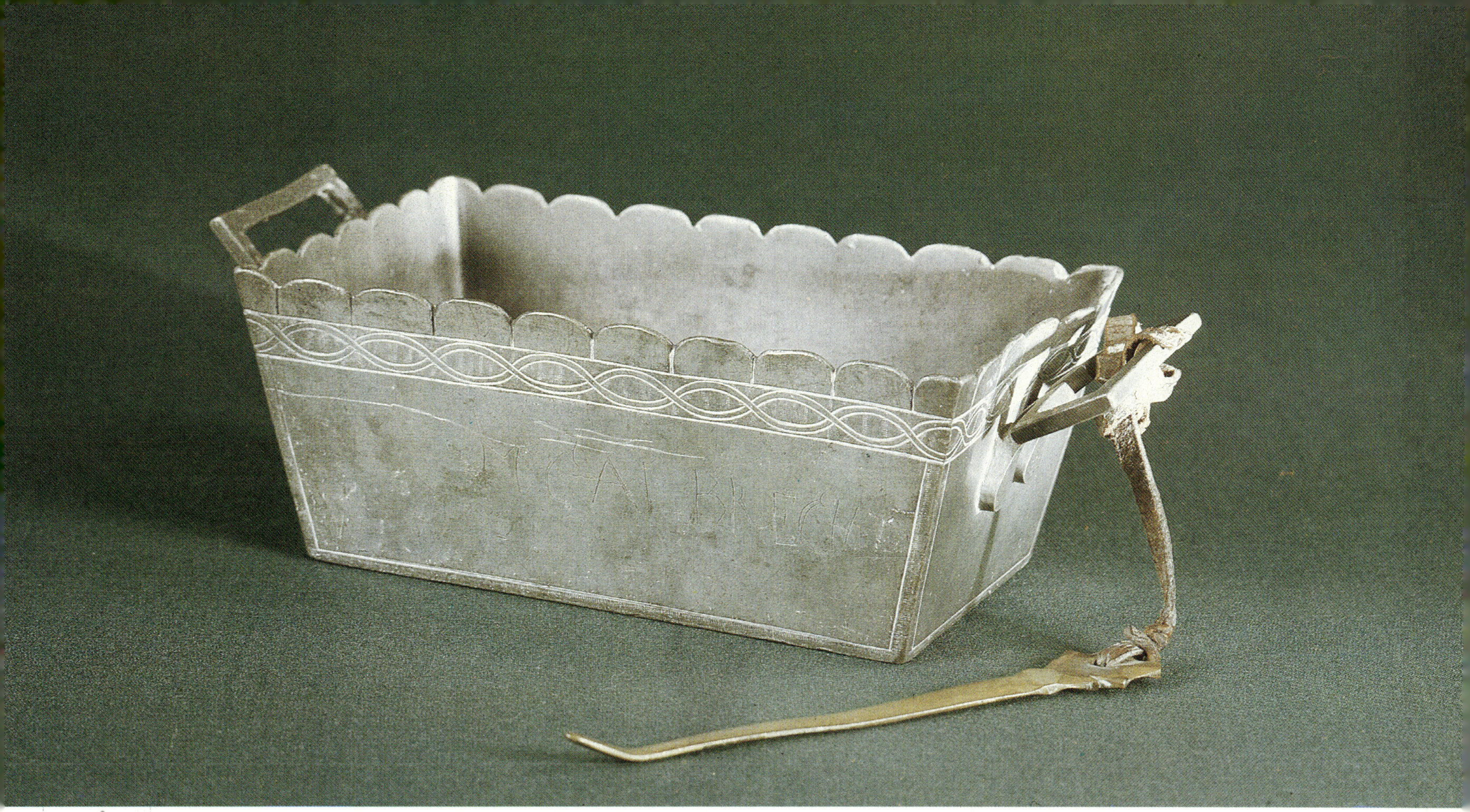

286
287

286 Tabakteller einer unbekannten norddeutschen Zunft; 1811, D. 27 cm
Kulturhistorisches Museum, Stralsund

287 Tabakteller der Schiffszimmerleute zu Lübeck; 1760
Museum für Kunst und Kulturgeschichte der Hansestadt Lübeck

288 Tabakteller einer dänischen Zunft; 1773, D. 24,5 cm Nationalmuseet København

289 Tabakschüssel der Rostokker Lohgerber; 1806, D. 27 cm Kulturhistorisches Museum, Rostock

288
289

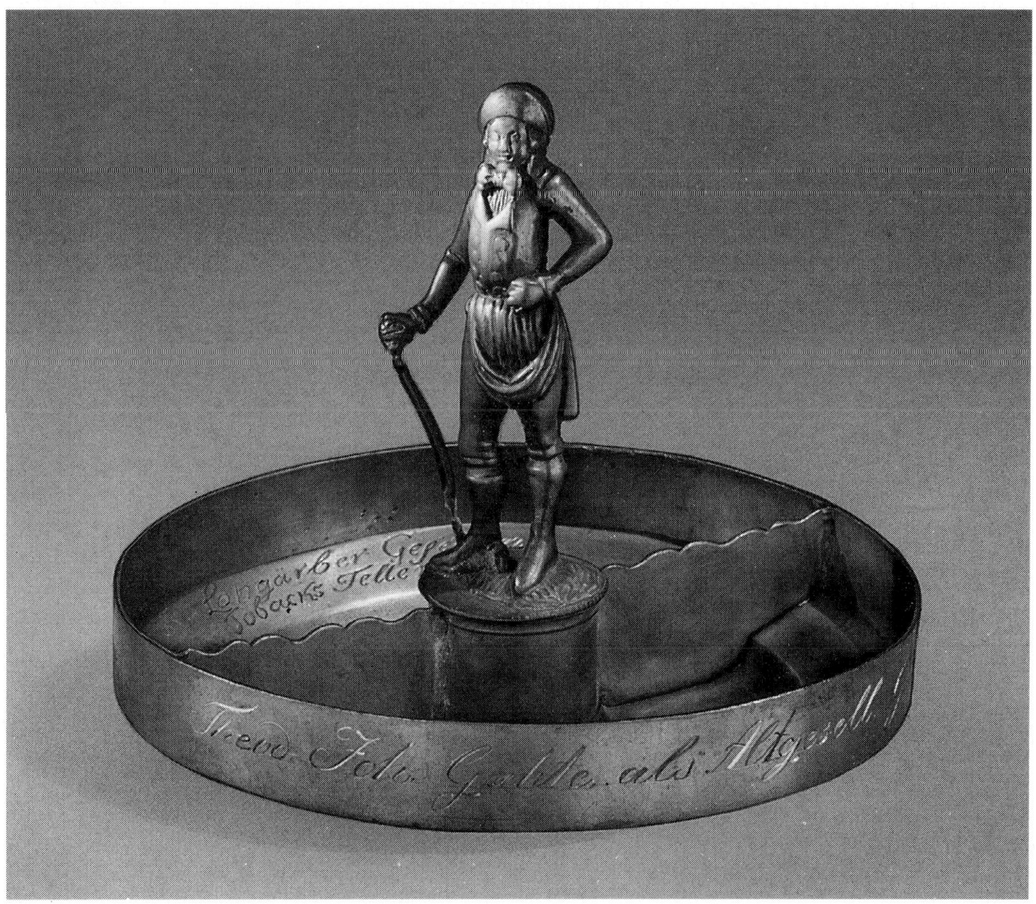

290 Tabakteller der »Lohgerber Gesellen« Rigas; 1810, D. 24 cm Musej istorii goroda Rigi i morechodstwa, Riga

291 Pfeife; gewidmet von den Damen des Pfeifenklubs zu Plauen; 1884, L. 49,5 cm Vogtlandmuseum Plauen

290

292

293

292 Tabakteller der Leipziger »Gold und Silber Drath Zieher Geselschafft«; 1725, D. 22 cm
Museum für Geschichte der Stadt Leipzig

293 Tabakteller einer norddeutschen »Trauer-Companie«; 1796, D. 24 cm
Historisches Museum, Schwerin

294 Tabakteller der Gerber; um 1787, D. 31 cm
Museum für Kunsthandwerk, Frankfurt/Main

294

295 Tabakschüssel der Maurergesellen zu Neustadt; 1730, D. 33 cm
Historisches Museum, Schwerin

296 Tabakteller vogtländischer Büchsenmachergesellen; 1826, D. 23,2 cm
Vogtlandmuseum Plauen

Folgende Seite

297 Tabakschüssel der Rad- und Stellmachergesellen Stralsunds; 1847, D. 22,2 cm
Kulturhistorisches Museum, Stralsund
Die Figur trägt in der linken Hand eine Pfeife.

295

296

bestimmte Sprüche aufgesagt werden. In Norddeutschland findet sich ein abergläubisches Brauchtum dann in den Zünften, wenn aus besonderen Gründen heraus der Verstorbene in der Zunftstube aufgebahrt ist. Dann stehen drei Leuchter auf dem Sarg, deren Kerzen erst nach der Rückkehr der Zunftangehörigen vom Begräbnis gelöscht werden dürfen. Zu gewöhnlichen Zwecken darf sie niemand wieder anzünden./7/

Es versteht sich, daß die Zünfte den einen oder anderen Leuchter in den kirchlichen Räumen belassen oder auch unabhängig von einer Beerdigung Leuchter stiften. Bekannt sind gestiftete Exemplare mit einer Größe bis über einen Meter, die ursprünglich an der Wand befestigt und im Laufe der Zeit oft als Standleuchter umgearbeitet werden. Ihre Kerzen brennen zu hohen Feiertagen und beim alljährlichen Gottesdienst zu Ehren des jeweiligen Schutzpatrons. Für die in der Kirche unterhaltenen Lichter der Zunft wird schon 1248 in der Ordnung der Korporation der Maurer, Gipser, Zimmerleute, Kübler und Wagner Basels die Zahlung von drei bis zehn Schillingen verlangt. Zumeist wird das in Wachs abgegolten, das bis zum Ausgang des Mittelalters auch sehr häufig bei Meisterpromotionen verlangt wird. Beispielsweise sei der Stiftungsbrief der Waldenburger Töpferzunft von 1388 genannt, in dem es heißt:

»Wir Frydrich von Schonburg, Herr zu Gluchow vnd vnsre Erben Bekennen vnd tun kunt in disem offen brife allen, dy in sehen, horen odir lesen, daß wir erloubit haben vnsren tophern zu waldenberg, das sy keynen yn nemen sullen by in meister zu syn noch das hantwerck by in zu tryben, der eyn vswendic man odir knecht ist, her brenge denne gute kuntschaft daz er eyn wol gehalten man sy, vnd sal in geben zu meisterrechte czwey phunt wachs vnd eyn firteyl bire.«/8/

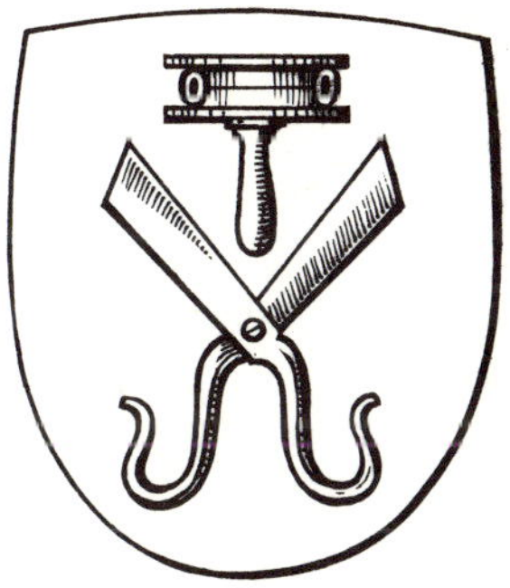

Strumpfstricker

Offensichtlich sind die Wachsstrafen bzw. -spenden nicht zuerst dafür vorgesehen, das Material für das Kerzengießen aus den zunfteigenen Modeln zu erbringen, sondern für die Verwertung in den Kirchen, der Kerzenbedarf ist enorm groß. Zu Luthers Zeiten braucht man allein in der Schloßkirche zu Wittenberg jährlich über 35000 Pfund Wachs; erst der Protestantismus bringt einen gewissen Rückgang mit sich. In Anbetracht des großen Bedarfs ist es verständlich, wenn mancherorts sogar das Aufdingen der Lehrlinge an Wachsspenden gebunden ist, so z. B. in den Zünften der Stadt Landshut. Aber es gibt auch Verordnungen, in denen ausdrücklich vom Wachs »behufs des Ambts Lichtes« gesprochen wird, beispielsweise in der 1756 datierten Rolle der Schmiedezunft in Melle:

»Es sollen keine Jungens zur Lehre gewonnen werden, die nicht echt gebohren und freyen Standes sind, noch sich wohl verhalten haben;

/7/ Strackerjan, L.: Aberglaube und Sagen aus dem Herzogtum Oldenburg. Bd. II. – Oldenburg 1909. – S. 217

/8/ Horschik, J.: Steinzeug. – Dresden 1978. – S. 49

sodann müssen dieselben, wenn sie mit ihren Lehrmeister eins sind, dem Ambte geben ein Viertel Bier und 1 Pfund Wax behuf des Ambts Lichtes.«/9/

Um den Bedarf für die eigenen Zwecke kostengünstig befriedigen zu können, werden besonders in weniger wohlhabenden Zünften die Kerzen selbst gegossen. Das geschieht vermutlich durch den Herbergsvater, der sie mitunter in die »Zunftmutter«, d.h. in die Lade zur Aufbewahrung gibt, wenn die Zunft nicht noch aus besseren Zeiten über einen großen Zinnkasten verfügt. Es kommt wohl sogar vor, daß man nur die billigen »Unschlittkerzen« gießt – Unschlitt ist die Bezeichnung für das Rohfett von Rindern und Schafen. Selbstverständlich gehören Modeln verschiedenster Größe nahezu immer zum Bestand der Seifensiederzünfte, die damit ihrerseits von zuweilen ausschließlich auf die Modelherstellung spezialisierten Zinngießern beliefert werden. Die Modeln bestehen für den professionellen Betrieb in der Regel aus zwei Teilen, der eigentlichen Kerzenform und einer Art Trichter zum Eingießen des geschmolzenen Wachses oder Talgs. Abgesehen von den Seifensiedern genügen den Zünften hingegen Modeln ohne Güssel (Trichter). Die Modeln sind selten mit einer Stadt- oder Meistermarke gekennzeichnet und auch selten als Zunfteigentum ausgewiesen. Das erklärt sich durch den hohen Bleianteil der Legierung und den daraus resultierenden geringeren Entstehungskosten; die Modeln sind also vergleichsweise zu anderem Zinngerät 269
kein nennenswertes Wertobjekt. Der das allgemeine Maß erheblich überschreitende Anteil des preiswerten Bleis ist vertretbar, weil die Modeln weder mit Speise und Trank in Berührung kommen und so keine gesundheitlichen Schäden hervorrufen können noch weil sie im repräsentativen Zinnglanz erstrahlen sollen. Geschäftstüchtige Zinngießer bieten natürlich auch teure Modeln aus einer »Composition von Zinn und einigen anderen Metallen« an, die nach ihrer Behauptung zu besonders schönen Kerzen führen sollen. Es gibt aber keine Anzeichen dafür, daß die Zünfte von einem solchen Angebot bemerkenswerten Gebrauch machen.

Die Verwendung der lichtärmeren und dazu übelriechenden Unschlittkerzen selbst in den prächtigsten Leuchtern einer Zunft drückt auf besondere Weise die Kostbarkeit des Wachses aus und macht verständlich, warum immer wieder Anlässe für Wachsspenden und -strafen gefunden werden. Um noch auf andere Weise die Kostbarkeit des Wachses zu belegen, sei erwähnt, daß ein ausgelernter Zinngießerlehrling in Schleiz nur dann von der Zunft einen Lehrbrief erhält, wenn er das Wachs zum Siegeln der Urkunde selbst besorgt./10/ Auf die Wachsspenden in der einen oder anderen Zunft ist schon verwiesen worden – in

/9/ Kohlmann, Th.: Zinngießerhandwerk und Zinngerät in Oldenburg, Ostfriesland und Osnabrück (1600–1900). – Göttingen 1972. – S. 311

/10/ Hänsel, R.: Die Zinngießer in Lobenstein und ihre Marken. – In: Oberlandbote. – Schleiz 1 (1955/56). – S. 222

Magdeburg z. B. gilt ausnahmslos für alle Zünfte, bei der Meisterwerdung neben Zinn und einem Faß Zerbster Bier Wachs von dem Gesellen spenden zu lassen./11/

271 Der erst im 19. Jahrhundert entstandene, 1860 datierte Leuchter einer vogtländischen Weberzunft hat wahrscheinlich nichts mehr zu tun mit den strengen Wachsstrafen in diesem Handwerk, die recht weit zurück zu verfolgen sind. Beispielsweise sei aus dem Statut der Woll- und Leineweber Berlin-Cöllns von 1331 an entsprechenden Vergehen genannt:

Verspielen von mehr als drei Pfennig am Tag mit Würfeln oder mit Kegeln, Verspielen von Stiefeln bzw. Schuhen oder Hemd und Hose,
ungerechtes oder unbilliges Beschimpfen eines Gesellen,
für mehr als nur einen Tuchmachermeister arbeiten,
Arbeiten am Sabbat nach dem ersten Läuten der Vesper,
Arbeiten bei Licht,
bei Ungehorsam gegenüber dem Meister,
beim barfüßigen Betreten der Straße oder dem Überqueren nur im Hemd, beim Würfeln auf der Straße mit Schauspielern oder Gauklern.

Entsprechend ist in dieser Zunft festgelegt, wann bei Verrichtungen außerhalb der Zunftstube Kerzen zu brennen haben: Bei der Beerdigung von Gesellen in vier großen, bei Lehrlingen in vier kleinen Leuchtern. Außerdem haben an jedem Sonn- und Festtag in der St. Marienkirche Berlin bzw. in der St. Petrikirche Cölln zwei große Kerzen vor dem heiligen Kreuz zu brennen./12/

Es ist zwar fraglich, ob bei Fronleichnamsprozessionen von den Zünften auch Leuchter mitgeführt werden, aber es ist ein von den Bäckergesellen in Kolmar belegter Fakt dennoch aufschlußreich, nämlich die Tatsache, daß diese Gesellen deshalb unmittelbar hinter dem Sakrament prozessieren dürfen, weil sie die vornehmsten Kerzen haben; 1495 werden sie übrigens von anderen Handwerkern darin übertrumpft. Den Bäckergesellen in Dingolfing genügt es 1736 nicht mehr, lediglich Kerzen und Leuchter in ihrer Kapelle zu haben, sondern es soll zu allen Marienfesten und Samstagen nachts ein Öllicht brennen, das von der Zunft zur Verfügung gestellt wird. Im Inventar der entsprechenden Zunftkapelle
282 ist 1809 noch eine zinnerne Ampel aufgeführt./13/ Es ist durchaus nichts Besonderes, daß Zünfte wie Andachtsbruderschaften in Kirchen Seitenkapellen stiften und diese u. a. mit Leuchtern und Ampeln bestücken. In der Dingolfinger Stadtpfarrkirche St. Johannes finden sich solche Kapellen z. B. der Bäcker, Schuhmacher, Zimmerer und Schneider. Während belegt ist, daß sich die Zimmerer zinnerne Leuchter anschaffen, müssen

Strumpfwirker

/11/ Müller, E. F.: Das Zunftwesen in Magdeburg. – Phil. Diss. Leipzig 1925. – S. 126

/12/ Schneider, W.: Berlin. Eine Kulturgeschichte in Bildern und Dokumenten. – Leipzig/Weimar 1980. – S. 61/62

/13/ Markmiller, F.: Das Kerzenbrauchtum der Dingolfinger Handwerke. – In: Der Storchentum. – Dingolfing 11 (1976). – S. 86

die Schneider 1750 bekennen, sie wären so verarmt, daß sie nicht einmal das Ewige Licht aufbringen könnten. Mit dem Ewigen Licht meint man zu jener Zeit nicht ein Gerät wie die abgebildete Ampel, sondern lediglich eine große Kerze.

Der Leuchter der norddeutschen Zunft der Böttchergesellen ist wie 276
die meisten Leuchter des 19. Jahrhunderts mit einer abnehmbaren Fassung für die Kerze ausgestattet. Auch in vielen Zünften gehört es wie in den Bürgerhaushalten zur Selbstverständlichkeit, die zu Stümpfen herabgebrannten Kerzenreste nicht wegzuwerfen, sondern wiederzuverwenden. Wenn nun die Dingolfinger Schneider nicht einmal die so wichtige große Kerze stiften können, verdeutlicht das wohl nachdrücklich die ganze Erbärmlichkeit ihrer sozialen Lage.

Es ist schon darauf verwiesen worden, daß Modeln nur in wenigen Ausnahmen mit Marken oder Inschriften versehen werden. Eine solche Ausnahme sind die Erzeugnisse eines Zinngießers in Wertheim, der um 1800 die Inschrift

»VITUS · POPP · FORMEN · GISER ∵ IN WERTHEIM:«

auf seine Formen aufträgt. Äußerst selten sind die Inschriften reliefiert, also gleich mit gegossen. Wesentlich häufiger kommt das bei Leuchtern vor, wobei insbesondere Werkstätten von Zinngießern in Karlsbad (Karlovy Vary) diese Manier lieben. Die abgebildeten, aus dem 18. Jahrhun- 275
dert stammenden Leuchter einer Pantoffelmacher- bzw. Fischerzunft 273
sind Silbervorbildern nachgestaltet. Die Zinngießer Karlsbads und auch ihre Zunftgenossen in Frankfurt/Main erreichten auf diesem Gebiet eine hervorragende Meisterschaft, die ihnen auch von weitab wirkenden Zünften Bestellungen einbringen.

Es gibt keinen Hinweis darauf, warum der Schaft mancher solcher wie auch jüngerer Leuchter mit einem Gewinde versehen und auf den Fuß aufgeschraubt ist. Gegen die Vermutung, das könnte für das Auswechseln der Kerzen von Bedeutung sein, spricht die Tatsache, daß derartig konstruierte Leuchter auch mit abnehmbarer Fassung (wie z. B. 274
jener der »Bohsleut«) vorkommen.

Tabakspinner

Tabakdosen und Tabakteller

In gewisser Weise haben Leuchter mit brennenden Kerzen auch ihren Platz in einer rauchenden Gesellschaft. Johann Heinrich Zedler beschreibt das 1740 allgemein so:

»Es ist keine Gesellschaft ohne Taback beliebt, vergnügt und angenehm; ja in den Bier- und Weinhäusern kan fast kein Bier oder Wein mehr getrunken werden, es müssen denn auf jedem Tisch ein paar brennende Lichter stehen, da muß die gantze Stube voller Rauch und Schmauch seyn, sonst kan das Bier, oder der Wein nicht flüssen.«/14/

Im 18. Jahrhundert ist das Tabakrauchen in den Zünften schon populär, wenn es auch immer noch bei bestimmten Zeremonien streng untersagt ist. Die einstmals von der Kirche ausgesprochenen Verbote, zuweilen mit ironisierenden Flugblättern der Art

»Mein lieber Teutscher komm herbey/
Schaw an/Liß/
und betracht das new Allamodische Affenspil«

publiziert, werden durchaus noch beachtet. Erst der Zeit des Biedermeier ist es vorbehalten, jene Unbeschwertheit und Selbstverständlichkeit des Rauchens mit sich zu bringen, die einzelne Zünfte im nennenswerten Umfang veranlaßt, zur Vervollständigung des Wohlgefühls das erforderliche Zinngerät zu erstehen. Die meisten der für die Aufbewahrung des Tabaks bestimmten Dosen oder die für die Asche und das Ablegen der Pfeifen vorgesehenen Teller stammen daher aus dem 19. Jahrhundert. Während aus Zedlers Worten noch der Vorbehalt gegen das Rauchen deutlich herausklingt, ist rund 100 Jahre später der allgemeine Tenor das ganze Gegenteil. So gehört es nun für jede noch intakte Zunft zur Ehre, wenigstens eins der modernen Rauchgeschirre zu besitzen. Als Beispiel für die grundsätzliche Position gegenüber dem Genuß des Tabaks sei eine Stimme von 1844 zitiert:

»Das Tabakrauchen, das heißt, das solide Tabakrauchen, gehört ... zum Comfort und so wie jeder zu bedauern ist, der noch nie ein fröhliches Mahl unterm freien, heiteren Himmel einnahm, eben so ist auch jener zu beklagen, welcher nie in Erfahrung brachte, was es für ein Vergnügen sei, an einem schönen Sommernachmittage in einer kühlen, luftdurchsäuselten Laube zu sitzen, und aus einer wohlgepflegten Pfeife zu rauchen, bei deren Genuß jede innere Aufregung in angenehmen Schlaf gelullt wird,

Täschner

/14/ ZEDLER, J. H.: Grosses vollständiges Universal-Lexicon Aller Wissenschaften und Künste. – Leipzig u. Halle 1740. – S. 662

und sich eine nicht zu trübende Ruhe über das Antlitz des Genießenden bereitet.«/15/

Die für die Beilegung der »inneren Aufregung« erforderlichen Pfeifen (falls sie aus Ton sind) wie auch der Tabak sind billig zu erstehen, anders aber die Dosen, die von den Zinngießern als »krumme Arbeit« teuer berechnet werden können. Mit krummer Arbeit ist bekanntlich die Herstellung solcher Gegenstände gemeint, die gekrümmte Flächen enthalten und insofern besonderes Geschick beim Gießen und Zeit zum Zusammenlöten der Einzelstücke erfordern. Die Tabakdosen sind freilich in der Regel bloße zylindrische Gebilde mit einem flachen, oft geknauften Deckel und so durchaus erschwinglich. Wirklich teuer wird die Sache erst dann, wenn die Dosen gefußt und reichlich profiliert sind (wie z. B. die der Braunschweiger Maurer von 1729), der Deckel getreppt und mit einer 278
Deckelfigur versehen ist. Einen entsprechenden Ruf haben die anspruchsvollen Tabakdosen aus der Werkstatt des Augsburger Zinngießers Johann Wilhelm Betke, der im 18. Jahrhundert mit der Behauptung Reklame treibt, er habe eine ziemliche Fertigkeit für auf Silberart faconierte Dosen. Ähnlich aufwendig gefertigt sind die Geräte einiger Zinngießer aus dem Bergischen Land, die in der ersten Hälfte des 19. Jahrhunderts »Rauchtabaksdosen im neuesten Geschmack mit Arabesken und Verzierungen von Block- und Kronenzinn, lackiert und vergoldet« /16/ offerieren.

Die Deckelfigur hat im Unterschied zu der auf Willkomm-Pokalen nicht nur eine repräsentative bzw. symbolische Bedeutung, sondern auch eine Gebrauchsfunktion. Durch das Gewicht der Figur wird nicht selten erreicht, daß der Deckel fest aufliegt und so das Aroma gut konserviert wird. Es ist auch üblich, vom Zinngießer zusammen mit der Dose eine passende Bleischeibe zu beziehen, die unmittelbar auf den Tabak gelegt wird – vom Typ her handelt es sich meist um solche Gefäße wie die der 277
Rigaer Böttcher oder auch der Braunschweiger Sattler. Das zusammenge- 279
preßte Kraut behält dank der verdichtenden und gewissermaßen isolierenden Bleiplatte besser die gewünschte Feuchtigkeit. Die Bleischeiben sind mit einem Knauf versehen, der gelegentlich zu einer Tierfigur modelliert ist, z. B. einem Hahn. Es soll nicht unerwähnt bleiben, daß mancherorts den Zinngießern das Recht eingeräumt wird, selbst die Tabakdosen aus Blei zu fertigen. So heißt es im Entwurf der Rostocker Ordnung von 1773:

»Auch steht es einen jeglichen Amptsmeister zu in Bley zu arbeiten und davon zu verfertigen bleyerne Röhren, Tobackdosen, Hagel, Tindtefäßer und was sonsten nahmen haben mag und von Bley verfertiget werden kan.«

/15/ Wien und die Wiener in Bildern aus dem Leben. – Mit Beiträgen von Adalbert Stifter, C. E. Langer, C. F. Langer, Nordmann, A. Ritter von Perger, D. E. Reiberstorffer, Ludwig Scheyrer, Franz Stelzhammer, Sylvester Wagner u. a. – Pesth 1844. – S. 111

/16/ Viebahn, E.: Bergisches Zinn. – Wuppertal 1978. – S. 67

Aber offensichtlich ist mit solcherart Dosen wenigstens bei den Zünften kein Geschäft zu machen.

Viel besser noch als eine Deckelfigur oder eine Bleiplatte hält ein
283 Schraubverschluß den Tabak frisch, so wie ihn die Gefäße einer slowa-
280 kischen Faßbinderzunft bzw. sächsischer Tuchmacher tragen. Ob der
281 schlangenförmige Deckelring des erstgenannten Gefäßes im 18. Jahrhundert noch Symbolwirkung hat, sei dahingestellt. Von den Tuchmachern ist belegt, daß schon im 18. Jahrhundert Tabakspenden eine Rolle spielen. Beispielsweise hat 1783 in Frankfurt/Main der Prüfling bei Fertigstellung des Gesellenstücks statt des früheren Biers und Branntweins ein reichhaltiges Frühstück, bestehend aus Wein, Bier, Tabak, Pfeifen, Kaffee und sogar Musikbegleitung zu spendieren./17/ Wenn der Tabak zum sofortigen Verbrauch auf den Tisch gebracht wird, kommt er mitunter in
284 einen deckellosen Kasten, so wie er samt Pfeifenstopfer aus Messing von der Rostocker Schusterzunft erhalten geblieben ist. Nennenswert ist in diesem Zusammenhang auch ein 1910 versteigerter und dann wohl verschollener Tabakkasten einer Hutmacherzunft, der sich als zylindrisches Gefäß in Hutform auf drei Löwentatzen präsentierte./18/

Für die Aufbewahrung des Pfeifenstopfers sind die Tabakteller gelegentlich mit besonderen Hilfsmitteln ausgestattet. Ein Beispiel bietet der
285 Teller der Leipziger Schornsteinfegerzunft von 1849 mit dem an dem Kelch anliegenden Rohr, das zur Aufnahme des Stopfers bestimmt ist. Der Kelch oder – wie auf dem Tabakteller vogtländischer Büchsen-
296 machergesellen von 1826 – ein mittig aufgelöteter Becher sind für die Fidibusse bestimmt. Bevor man 1848 die Sicherheitszündhölzer erfindet und sich diese allgemein einführen, ist der Fidibus ein wichtiges Requisit nicht nur für die Raucher. Der Name soll von Fidelibus fratribus (»für vergnügte Brüder«) herrühren. Als das Rauchen noch als unanständig galt, hat man sich mit diesen Worten auch in den Zünften zu geheimen Tabaksgesellschaften eingeladen und verwendete dann die damit beschriebenen Zettel zum Anzünden der Pfeifen. Wie hoch der Verbrauch von Fidibussen ist, zeigt z. B. die Tatsache, daß von der Lüneburger Zinngießerzunft keine Jahresabrechnungen mehr vor 1735 vorhanden sind, weil diese nach Vorlage und Bestätigung in der Morgensprache zum Anzünden des Tabaks Verwendung fanden. Fidibusbehälter sind zweckmäßigerweise zumeist mit den Tellern fest verbunden, aber es gibt auch Werkstätten, die zylindrische Fidibusständer ohne weiteres Zubehör fertigen, z. B. die des Zinngießers Joseph Stephan d. J. in Troppau (Opava) um 1800. Der Vollständigkeit halber sei darauf verwiesen, daß die Fidibusse nicht ausschließlich in der Flamme einer Kerze, sondern

Tischler

/17/ Lenhardt, H.: Feste und Feiern des Frankfurter Handwerks. Ein Beitrag zur Brauchtums- und Zunftgeschichte. – Frankfurt/M. 1951. – S. 59

/18/ Katalog der Versteigerung der »Deutschen Zunft-Abteilung des nordischen Museums zu Stockholm«. – Köln 1910. – Nr. 417

manchmal auch an glimmenden, in Zinnbecken (»Fuertess«) aufbewahrten Kohlen entzündet werden – aus Zunftbesitz sind solche Kohlebecken nicht bekannt./19/

Soweit man von einer offiziellen Ausrüstung der Gesellen sprechen kann, gehören im 19. Jahrhundert Tabakbeutel und Pfeife dazu. Als 1884 die »Damen des Pfeifenklubs zu Plauen i.V.« einer Handwerker- 291
vereinigung die im Bild wiedergegebene, fast einen halben Meter lange Pfeife widmen, ist das wohl ein Geschenk von besonderer Großzügigkeit. Auch wenn das Exemplar zu diesem Zeitpunkt kaum noch die althergebrachte Zunftorganisation vorfindet, ist es wohl für den kollektiven und nicht für den Gebrauch durch einen einzelnen bestimmt. Zinnerne Pfeifenköpfe werden schon ein Jahrhundert früher gefertigt und vertrieben, so z. B. von dem Lübecker Meister Anton Caspar Plagemann bzw. dem Schleswiger Meister Hinrich Wilhelm Conrady. Die gegenüber den Tonpfeifen wesentlich teureren aus Zinn werden vermutlich auch in manchen Zünften geraucht, Belege dafür scheint es aber nicht mehr zu geben. Aus der Zeit um 1800 ist eine handgeschriebene Visitenkarte mit folgendem Text erhalten geblieben:

»Johann Peter Arrenberg
Comps.-Fabrikant in Elberfeld.
Sind zu haben Feine Compositionspfeifenrürckesbände und Pfeifen Kopsbeschläge, wie auch von allen Zorten Löffels auch Sporen schnallen und schnupftabaksdosen und dergleichen.«/20/

Tischler

Mit den Compositionspfeifenrürckesbänden sind Pfeifenkopf- und Rohrbeschläge gemeint, Composition ist der Ausdruck für eine ganz bestimmte Zinnlegierung. Die erwähnten Schnupftabakdosen gehören mehr noch als die Pfeifen zum persönlichen Eigentum der einzelnen Zunftgenossen und sind insofern kaum zum Zunftzinn zu zählen. Seit dem 18. Jahrhundert sind sie jedoch auch bei Handwerkern beliebt.

Besondere, auf das Rauchen innerhalb des Zunftgeschehens ausgerichtete Vorschriften sind nur spärlich bekannt. Der Tabakteller der Schiffszimmerleute zu Lübeck von 1760 mag durchaus erlebt haben, daß 287
ihn mancher auf der Herberge angekommene Geselle sehnsüchtig anblickt, der Wanderbursche aber erst auf das Eintreffen des Kommodgesellen zu warten hat. Bevor dieser nicht kommt und den Fremden zum »kommod machen« auffordert, darf er weder den Rock öffnen noch den Hut ablegen, geschweige denn rauchen./21/ Möglicherweise hängt bis dahin der Tabakteller auch an der Wand. Manche Geschirre sind dafür wie z. B. jener einer norddeutschen »Trauer-Companie« mit 293
einer Hängeöse versehen. Auf der Gesellenherberge des Braunschweiger

/19/ Altes Zinn aus dem westlichen Niedersachsen. – Ausstellungskatalog Museumsdorf Cloppenburg. – Löningen 1972. – S. 73

/20/ Viebahn, E.: Bergisches Zinn. – Wuppertal 1978. – S. 64

/21/ Wissel, R.: Des alten Handwerks Recht und Gewohnheit. Bd. II. – Berlin 1929. – S. 410

299 Tischzeichen oder Herbergsschild einer Bäckerzunft;
1752, H. 43 cm
Landesmuseum Joanneum, Graz

299

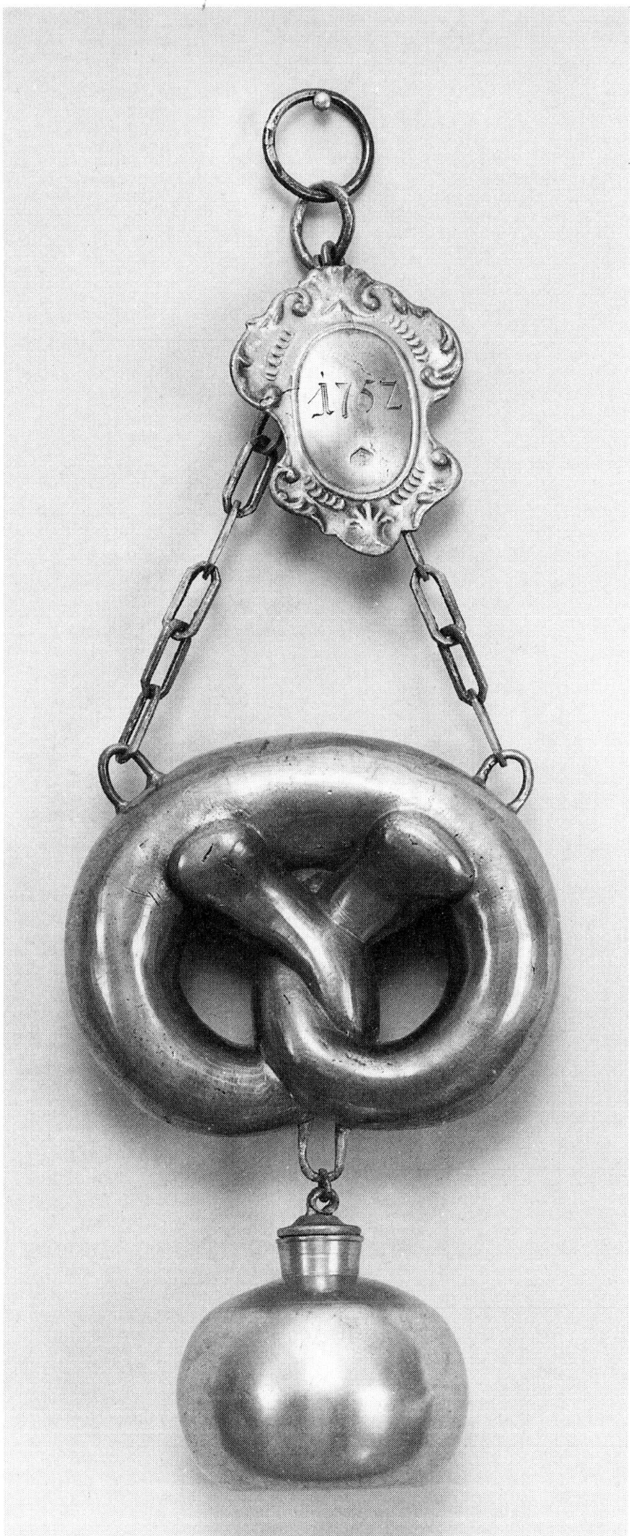

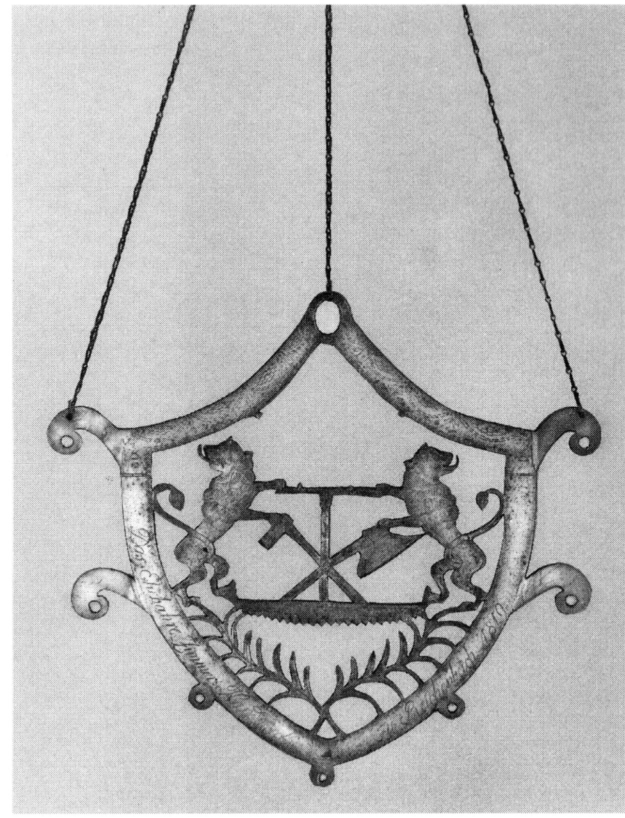

300

301

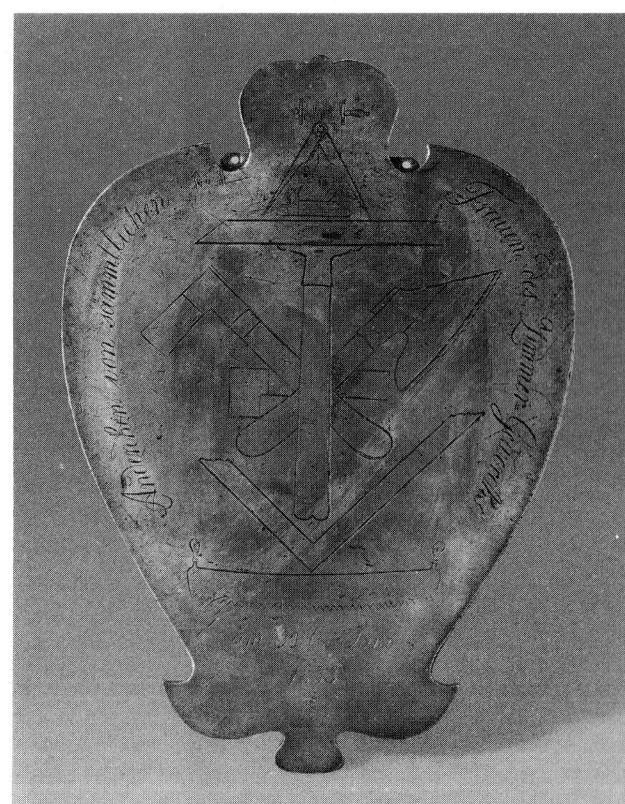

300 Schild der Zimmerer zu Reichenbach (Vogtland); 1819, H. 40,5 cm
Vogtlandmuseum Plauen

301 Schild der Zimmerer, vermutlich zu Erfurt; 1833, H. 30 cm
Museum für Thüringer Volkskunde, Erfurt

302 Tischzeichen der Bäcker in Landau; 1807, H. 34,8 cm
Museum Landau

302

303/304 Vorder- und Rückseite des Schildes der Hafner an der Bina; 1818, H. 42 cm

Heimatverein für den Landkreis Vilsbiburg

303
304

305/306 Vorder- und Rückseite des Schildes der Nagelschmiede in Vilsbiburg; 1815, H. 35 cm

Heimatverein für den Landkreis Vilsbiburg

305
306

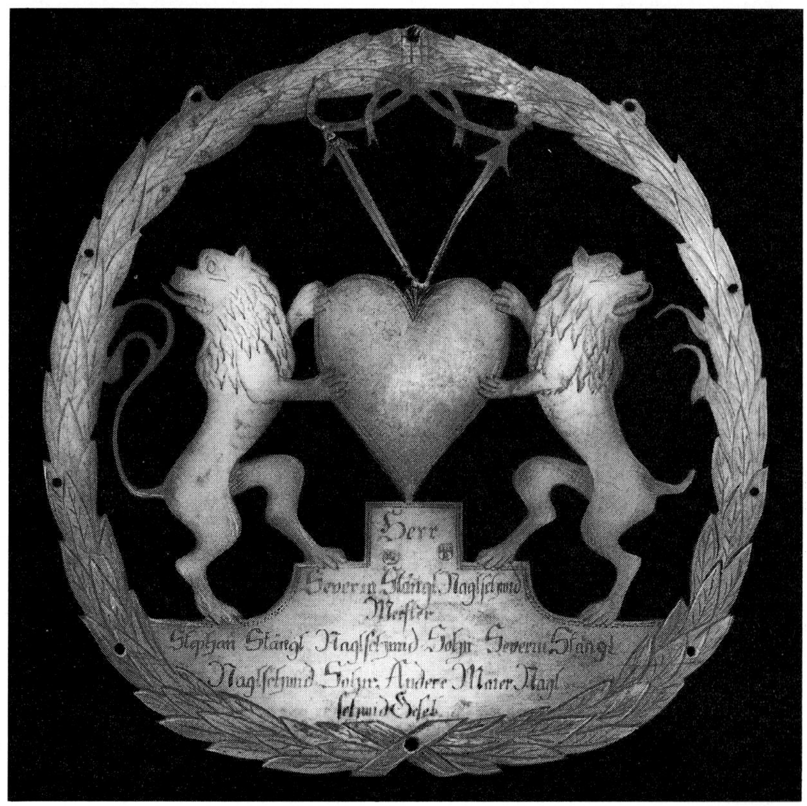

307 Schild der Maurer in Straubing; 1. Drittel 19. Jh., H. 36 cm
Staatliche Museen zu Berlin, Kunstgewerbemuseum

307

308 Gesellenzeichen der Weißgerber, vermutlich zu Görlitz; 1660, H. 8 cm
Städtische Kunstsammlungen Görlitz

309 Zunftzeichen einer norddeutschen Böttcherzunft; 1811, H. 12,5 cm
Historisches Museum, Schwerin

309

308

310 Schilder der Maurer, Steinhauer und Ziegeldecker; Anfang 19. Jh., H. 5,5 cm
Museum Schloß Moritzburg, Zeitz

310

311 Schild der Glocken- und Geschützgießer, sächsische Provenienz; 1741, H. 36 cm Städtische Kunstsammlungen Görlitz

312 Schild der Schmiede zu Basel; 2. Hälfte 18. Jh., H. 27,9 cm Schweizerisches Landesmuseum, Zürich

312

311

MEISTER

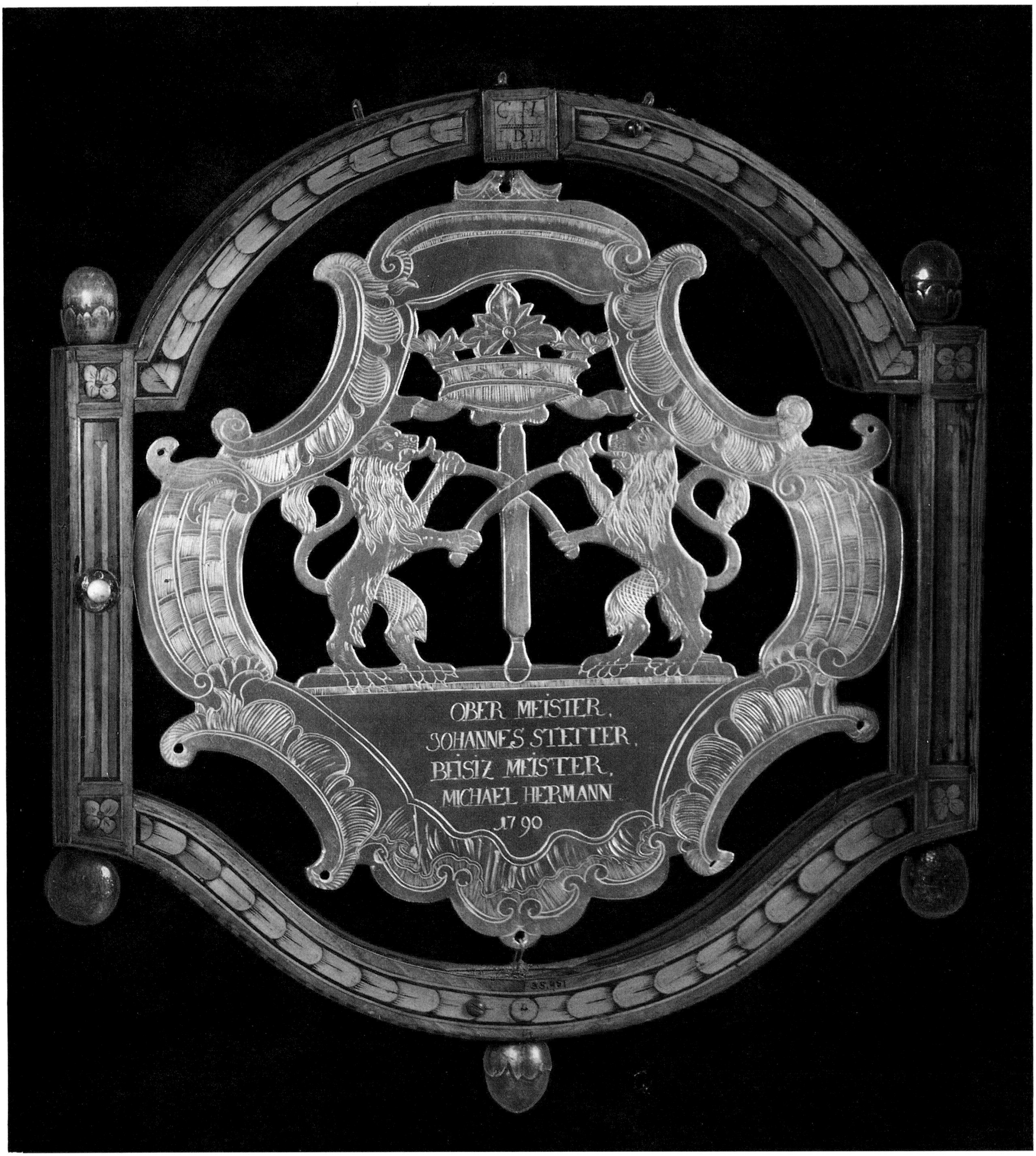
OBER MEISTER.
JOHANNES STETTER.
BEISIZ MEISTER.
MICHAEL HERMANN.
1790

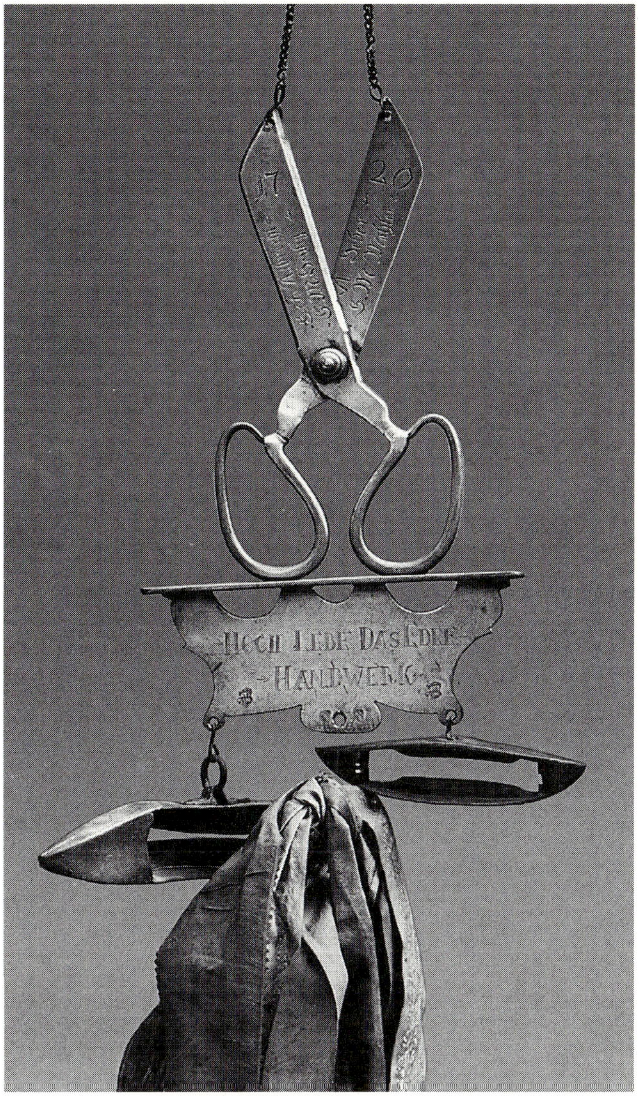

314

315

313 Zeichen einer Gerberzunft; 1790, H. 51 cm
Österreichisches Museum für Volkskunde, Wien
Das Zeichen ist mit Eichenholz umrahmt und verglast.

314 Zeichen, vermutlich einer Korporation von Schneidern und Webern; 1720, H. 46 cm
Museum für Thüringer Volkskunde, Erfurt
Eines der Weberschiffchen ist aus Holz gefertigt.

315 Zeichen einer Schneiderzunft; wohl um 1790, L. 29 cm
Österreichisches Museum für Volkskunde, Wien

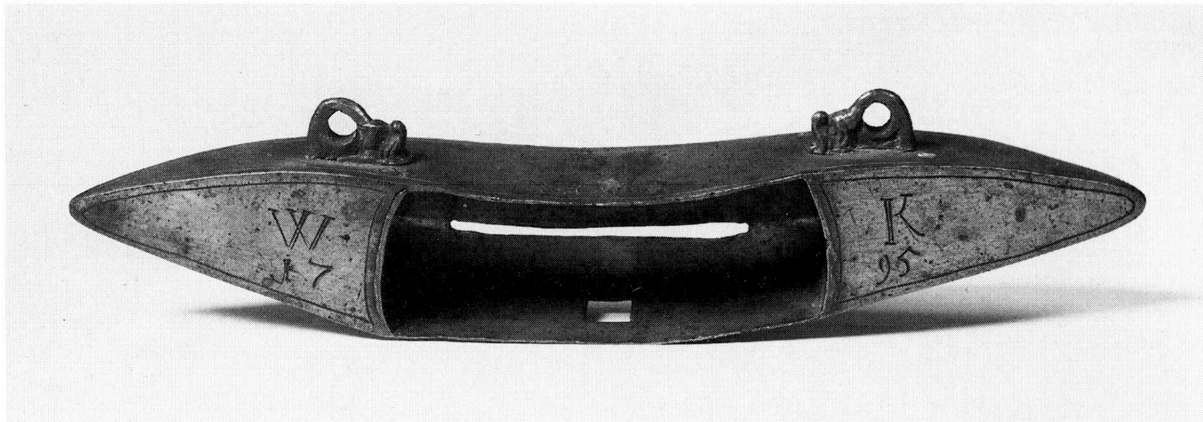

316

317

316 Zeichen einer Weberzunft; 1795, L. 27,5 cm
Kunstgewerbemuseum Köln

317 Zeichen der Schreiner, wohl zu Gmünd; Anfang 19. Jh., L. 24 cm
Städtisches Museum Schwäbisch Gmünd

318 Krone der Weber zu Erfurt;
1776, H. 34 cm
Museum für Thüringer Volkskunde, Erfurt

319 Zeichen einer norddeutschen Maurerzunft; 1835, H. 28 cm
Historisches Museum, Schwerin

320 Schiefergießform für Henkelteil; 19. Jh., L. 33 cm
Museen der Stadt Gera, Museum für Geschichte

321 Zeichen der Schlosser, Uhr- und Büchsenmacher in Passau; 1630, L. 56 cm
Oberhausmuseum Passau

319

320

321

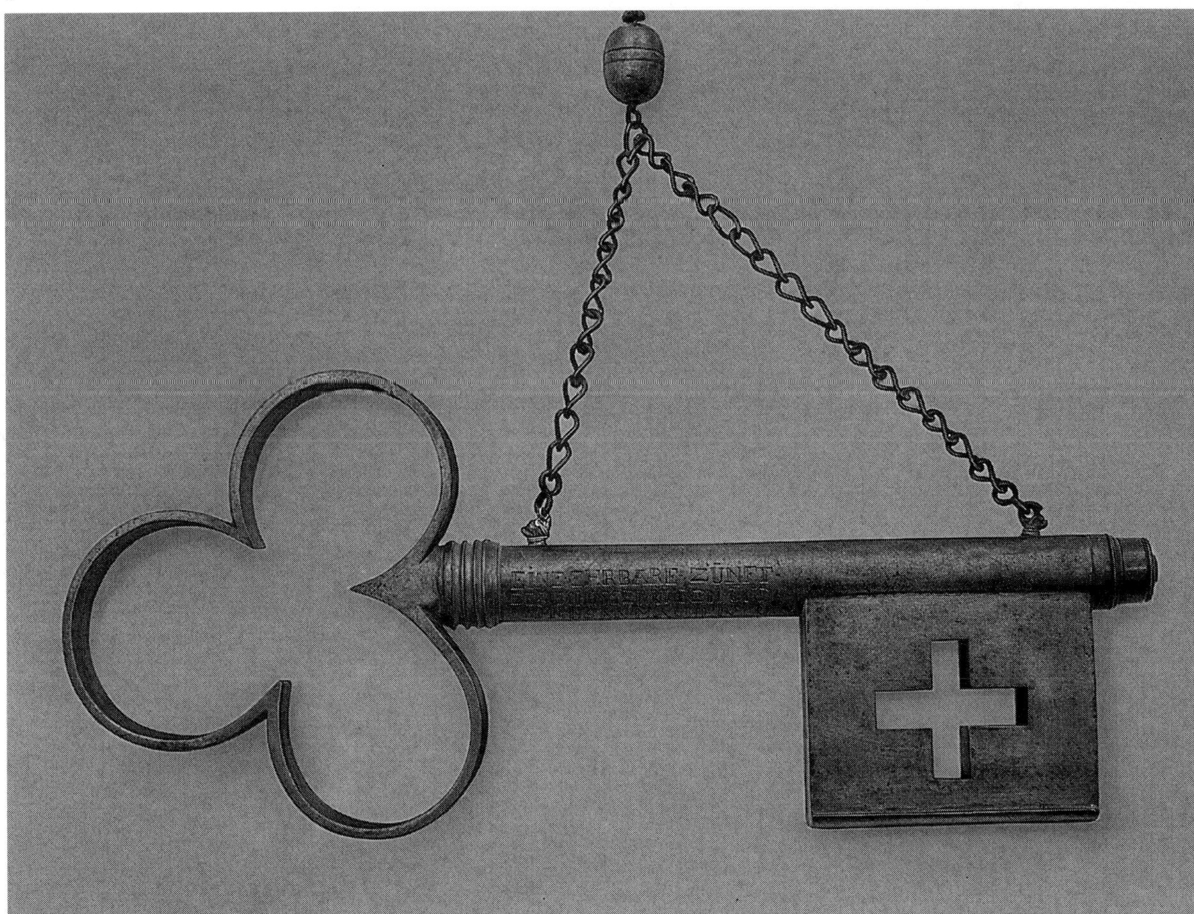

322 Zeichen einer Schornsteinfegerzunft; 1819, L. 23 cm
Kulturhistorisches Museum, Rostock

322

323 Gußeiserne Gießform
für einen Deckel und »Hobel«
(Kern) mit Holzstiel; 19. Jh.,
D. der Deckelform 13 cm
Museen der Stadt Gera, Museum
für Geschichte

324 Sandsteingießform
für einen Deckel; um 1800,
D. 11,5 cm
Museen der Stadt Gera, Museum
für Geschichte

323

324

325

325 Teile einer messingnen Gießform; 2. Hälfte 18. Jh., L. 4,5 bis 7,5 cm
Museen der Stadt Gera, Museum für Geschichte

326 Messingne Gießform für einen Bandhenkel; um 1800, L. 18 cm
Museen der Stadt Gera, Museum für Geschichte

326

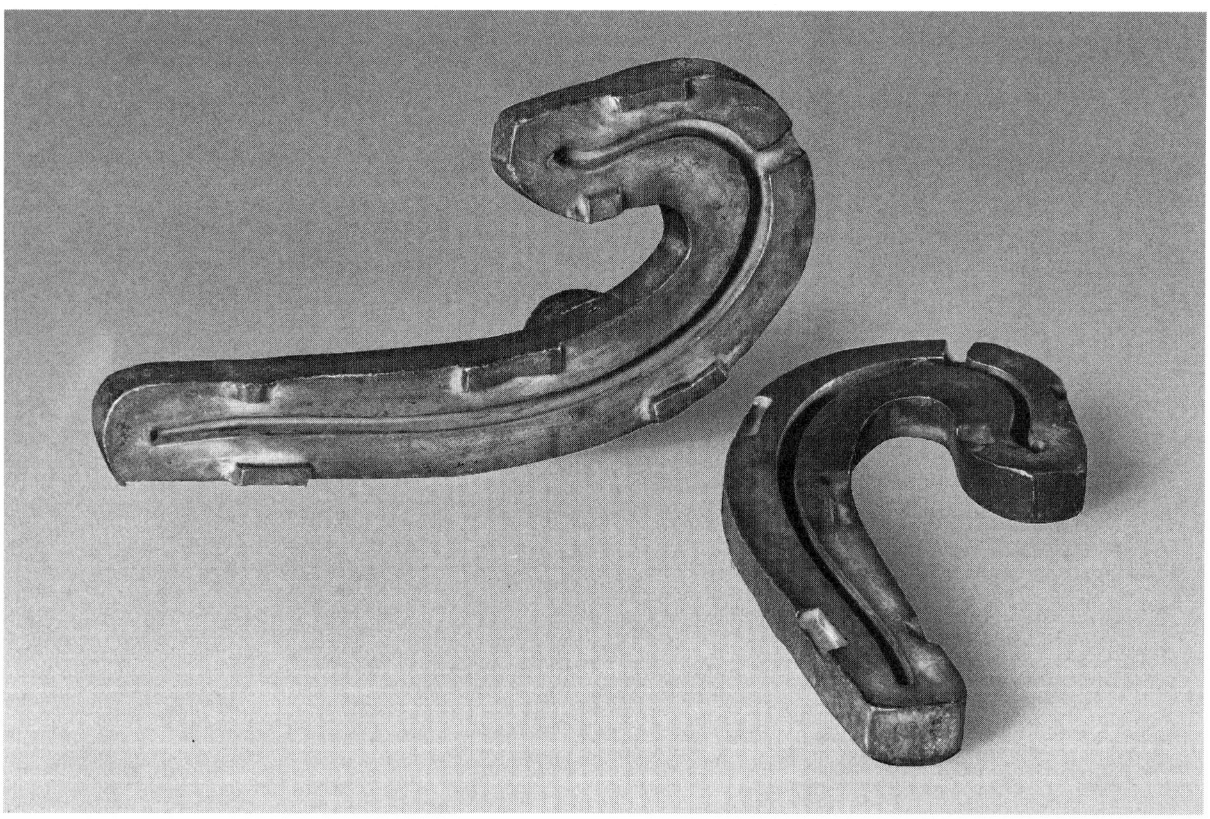

327

327 Eichmaß der Zinngießer zu Lübeck; 1633, H. 14 cm
Museum für Kunst und Kulturgeschichte der Hansestadt Lübeck

328 Schreibzeug einer unbekannten Zunft; 18. Jh., 21 × 13 cm
Museum für Thüringer Volkskunde, Erfurt

328

329

329 Urkundendose (Abb. 330), geöffnet

330 Urkundendose Baseler Provenienz; 1702, H. 8,2 cm Historisches Museum Basel

331 Strafbüchse, wohl einer Zittauer Zunft; 1773, H. 15 cm Städtische Kunstsammlungen Görlitz

330

Herrn
Gottfried
Johan
Mühle Laden
Wösserlein v. Zillau
1 7 7 3

332 Kasse der Zittauer Zinngießer; 1788, L. 24 cm
Stadtmuseum Zittau

333 Vase der Gärtner zu Rostock; 1864, H. 25,5 cm
Kulturhistorisches Museum, Rostock

334 Vase der »Kronen Todten Beliebung« zu Rostock; 1845, H. 28 cm
Kulturhistorisches Museum, Rostock

332

333

334

335 Blumentopf des »Bruch-fischer-Amts« zu Rostock; 1797, H. 24 cm
Kulturhistorisches Museum, Rostock

Leineweberhandwerks und sicher manch anderer wird man aber solche Teller nicht finden, denn hier ist das Rauchen grundsätzlich verboten; angedrohte Strafe sind zehn Mariengroschen. Andererseits besteht in verschiedenen Städten ein striktes Verbot für das Rauchen auf den Straßen, so z.B. in Berlin, wo 1810 die Polizei verkündet, Rauchen sei »auf den Straßen und Promenaden ebenso unanständig als gefährlich und dem Charakter gebildeter ordnungsvoller Stände entgegen.« Bei Verstößen ist mit Wegnahme der Pfeife, fünf Reichstaler Bußgeld oder Gefängnis bzw. »Leibstrafe« zu rechnen./22/ Da muß es die Zunftangehörigen hart treffen, wenn sie nicht einmal an ihrem Versammlungsort rauchen dürfen. Aber das ist zum Glück nicht allzu häufig. Im Gegenteil, es wird, wie erwähnt, vom 18. Jahrhundert an zunehmend mehr gestrebt, sich während oder wenigstens nach den offiziellen Zusammenkünften das Rauchen zu erlauben und das dafür erforderliche Zinngerät zu haben.
8 Die geöffnete Lade bedeutet freilich oft Rauchverbot.

Zum Spenden von Tabak, Pfeifen und entsprechendem Geschirr werden zunehmend mehr Anlässe gesucht. Als man 1747 in Zürich den Hans Jakob Schultheß-Holzhalb zum Zunftpfleger der Zunft zur Saffran wählt, steht ein Ehrenmahl an, zu dem auch Pfeifen und Tabak gegeben werden. Bei der Meisterwerdung haben viele norddeutsche Schmiede der Zunft neben der Mahlzeit eine Tonne guten Biers sowie Pfeifen und Tabak zu spendieren. Ähnliche Regelungen sind von den Bäckern bekannt. Dazu wird auf einen künftigen Bäckermeister z.B. in Emden dahingehend eingewirkt, der Zunft statt der üblichen sechs Pfund Zinn drei fertige Tabakteller zu stiften./23/ Generell sind in Norddeutschland und Skandinavien Teller mit so prächtigen Mittelfiguren üblich wie auf dem heute im Nationalmuseum Kopenhagen aufbewahrten Exemplar von
288 1773. Die in der Mitte aufgelöteten menschlichen oder Tier-Figuren si-
286 gnalisieren zumeist den als Rauchutensil bestimmten Zweck eines Tel-
297 lers; häufig sind die Personen exakt im Zeitkostüm dargestellt. Ähnlich signalisierend sind die inschriftlichen oder bildhaften Ornamente, die in der Regel eindeutig ein entsprechendes Geschirr als Tabakteller ausweisen. Ein besonders schönes und dazu noch recht frühes Beispiel liefert der
292 gefußte Teller »Der löblichen Gold und Silber Drath Zieher Geselschafft in Leipzig« von 1725, wo von den vier wiedergegebenen Männern drei als Pfeifenraucher erkennbar sind.

295 Ursprünglich ist wohl die 1730 datierte Tabakschüssel der Maurergesellen von Neustadt ein schlichtes Eßgeschirr gewesen, bis man sie durch Auflöten der Mittelfigur umfunktionierte. Die Maurer gehören übrigens zu den Zünften, die in ihre Trinkvorschriften das Pfeifenrauchen

/22/ Böhmer, G.: Die Welt des Biedermeier. – München 1968. – S. 176

/23/ Rensen, P.v.: Zinngerät der Emder Zünfte. – In: Upstaalsboomblätter für ostfriesische Geschichte und Heimatkunde. – Emden 7 (1917/18). – S. 53

einbeziehen. So lauten die sieben Grundregeln beim »Kasse überschießen«, d.h. dem Trinken von Bier zu Lasten der Gesellenkasse:

1. Trinkgefäße sind mit der rechten Hand anzufassen.
2. Beim Auf- und Absetzen ist mit dem Zeigefinger der rechten Hand auf den Tisch zu tupfen.
3. Es darf keinem in der Runde zugetrunken werden; wer getrunken hat, muß sofort absetzen.
4. Wer sitzt, muß auch sitzen bleiben.
5. Arm oder Hand sind nicht auf den Tisch zu legen; es ist frei und gerade zu sitzen.
6. Rauchende dürfen die Pfeife nicht ablegen, sondern sie ist während des Gebrauchs in der linken Hand zu halten.
7. Wenn der Wortführer Freibier aufsagt, ist der Hut mit der rechten Hand frei vom Kopf zu halten und die Pfeife mit der linken Hand an den Körper zu bringen./24/

Möglicherweise ist es ein besonderes Vorrecht zu ehrender Personen, die Pfeife auch während des Rauchens auf dem Teller ablegen zu dürfen.

Von der Lübecker Zunft der Weißgerber ist ein Tabakteller bekannt, dessen Inschrift verkündet, daß solcherart Geschirre auch als Erinnerungsgeschenk von ausscheidenden Gesellen übermittelt werden:

»Diesen Toback Töller gehöret die Weis Gerber Gesellen
verehret von Johann Friedrich Gifhorn
weil er von die Gesellen Abgedanckt hat
Lübeck d. 24. Jan. A: 1791«

Von den drei im Bild wiedergegebenen Geschirren der Gerber ist das 289
der Rostocker Zunft ehemals eine Steilwandschüssel gewesen; der Ochse 290
als Mittelfigur auf dem im Museum des Kunsthandwerks Frankfurt/ 294
Main aufbewahrten Teller ist eine unter den Gerbern sehr beliebte Symbolgestalt. In diesem Handwerk wird übrigens der Tabakteller zu einer besonderen Ehrerbietung benötigt, nämlich dem Überreichen einer mit roten oder grünen Bändchen verzierten Zigarre an einen neugemachten Gesellen. Die holt der bisherige Junggeselle von der »Dame«, d.h. der Tochter oder Magd des Herbergsvaters, auf einem besonderen Teller und präsentiert sie seinem Nachfolger. Die Zeremonie ist Ausdruck eines gewissen Luxus, denn das Rauchen der teuren Zigarren kann – wenn überhaupt – nur bei besonders großartigen Ereignissen erfolgen.

Töpfer

/24/ Wissel, R.: Des alten Handwerks Recht und Gewohnheit. Bd. II. – Berlin 1929. – S. 326

SCHILDER, VERLEIHGERÄT, VARIA

Neben dem Willkomm-Gerät und den Schleifkannen sind die Herbergsschilder und Tischzeichen solche Zinne, die nahezu ausschließlich für die Belange der Zünfte geschaffen werden. Ihre Einbindung in das Brauchtum ist allerdings bei weitem nicht so mannigfaltig wie bei Schenk- und Trinkgefäßen, so daß zwar eine größere Anzahl Stücke im Bild vorgestellt werden können, doch über den Umgang damit verhältnismäßig wenig auszusagen ist. Unter Verleihgerät werden das sogenannte Amtszinn und die Amtsformen verstanden, d.h. für das Ausleihen durch das »Amt« (die Zunft) bestimmtes Geschirr bzw. Gießformen. Natürlich sind die aus vielfältigen Materialien, jedoch nicht aus Zinn bestehenden Amtsformen kein Zunftzinn. Es wird aber zu zeigen sein, wie sehr sie unmittelbar damit verbunden sind, so daß auf eine knappe Erörterung nicht verzichtet werden kann. Verleihgerät ist so häufig benutzt und strapaziert worden, daß davon nur noch wenig bis heute erhalten blieb. Die Zunft gibt es besonders schnell zum Einschmelzen, wenn es unansehnlich geworden ist. Gießformen hat man kaum des Aufhebens für wert befunden, als es mit dem Zinngießerhandwerk zu Ende ging. Einige abschließende Bemerkungen sollen jenen Dingen gelten, die wenigstens zeitweise im Leben der Zünfte eine Rolle spielen bzw. nur bei der einen oder anderen Zunft gebraucht werden. Das sind z.B. Ladestöcke oder Losurnen. Vorzustellen sind auch Schreibzeuge, Straf- oder Sparbüchsen, die zu dem allgemein wenig beachteten Zunftzinn gehören.

Tischzeichen und Herbergsschilder

Wahrscheinlich ab dem 16. Jahrhundert geben Gebilde aus Zinn oder anderem Material über der Herberge oder einem Herbergstisch den wandernden Gesellen zu erkennen, welchen Platz sie bei der Arbeitssuche anzulaufen haben. Das Schild mit der eingravierten Benennung des Gewerks, das plastisch dargestellte Handwerkszeug oder sogar die erzählende Szene aus dem Leben des jeweiligen Handwerks haben also gewissermaßen Wegweiserfunktion. In der Anfangszeit kommt vielleicht noch insofern eine weitere Gebrauchsfunktion hinzu, als ein zugewanderter Geselle mitunter vom Herbergsvater das »Zeichen« erhält, um sich damit selbst als Arbeitssuchender auf den Weg zu den Meistern zu machen. Das Zeichen kann im einfachsten Fall eine runde Zinnscheibe mit der Aufschrift z. B. »fremder Bäcker« sein, die dann gegenüber den Meistern als Ausweis vorgewiesen wird. Ergänzt wird die Gebrauchsfunktion jahrhundertelang durch eine symbolische Bedeutung bei Zusammenkünften der Zunft – Zeichen oder Schild haben gleichsam abschirmend über der Runde zu thronen.

Zwischen Tischzeichen und Herbergsschildern ist oft nicht zu unterscheiden. Daß sie aber – zumindest hinsichtlich ihrer Größe – nicht identisch sind, belegt u. a. die Rechnung des Vaihinger Zinngießers Johann Christian Königsdörfer von 1767, in der folgende Posten und Preise aufgeführt sind:

»Auf die Herberg einen Neuen Schild ist davon samt Meßingenen Ketteln und Schraube Zusammen 3 fl 17 xr. Ferner eine Drey Mäßige Fläsche, mit einem Schnautz, wiegt 9 Pfd: 1. Vlg. á 36 xr . . . . 4 fl 52 xr 3 h. Ferner ein Becken Zeichen . . . . 28 xr . . . . Davon Habe die Alte Kannten nebst dem Schild, und Becken Zaichen erhalten, wiegt zusammen $8^1/_4$ Pfd.«/1/

Übrigens sei erwähnt, daß für die Tischzeichen auch noch die Bezeichnung Stubenzeichen bzw. Stubenschild vorkommt; in Siebenbürgen ist in diesem Zusammenhang von Nachbarschaftszeichen die Rede./2/ Wie Schild oder Zeichen aussehen, die Meister Königsdörfer für die Bäcker fertigt, geht aus der Rechnung nicht hervor. Man darf aber annehmen, daß eine plastisch gestaltete Brezel mit dabei ist, die sich als Zeichen der Bäcker besonders im 18. Jahrhundert großer Beliebtheit erfreut. Als Beispiel für ein Tischzeichen oder Herbergsschild der

/1/ Schmidt, E. E.: Vaihinger Zinngießer, ihre Marken und ihre Erzeugnisse. – In: Mitteilungsblatt des Württembergischen Museumsverbandes e. V. Stuttgart (Sonderdruck). – Stuttgart 1970/71. – S. 30

/2/ Haldner, A.: Colectia de cositoare. – Sibiu 1972. – S. 27

299 Bäcker sei auf die im Landesmuseum Joanneum Graz aufbewahrte Arbeit von 1752 verwiesen.

Herbergsschilder müssen viel öfter als Tischzeichen ausgebessert oder ersetzt werden, weil sie schneller verwittern. Deshalb wird in vielen Zünften in bestimmten Zeitabständen, oft quartalsweise, ein sogenanntes Schildergeld erhoben. Daneben praktiziert man aber auch die Möglichkeit, Geldbußen »an das Handwerksschild« zu binden. So wird bei den Zimmerern nach dem Lossprechen vom Altgesellen gefragt, ob der Junge während der Lehrzeit Strafbares begangen habe. Das wird in der Regel bejaht, und dann ist die Strafe an das Handwerksschild, aber auch »an die Lade« oder »Vertragsbier« fällig. Auch Stiftungen eines kompletten Schildes oder Zeichens kommen vor. Die Binnenschiffer auf der Oder erhalten z.B. 1653 von den Schiffern der Ostsee einen Kahn als Tisch-
301 zeichen./3/ Schließlich zeigt das Schild der Erfurter Zimmerer von 1833 durch seine Inschrift, daß noch weitere Wege möglich sind, ein neues Schild zu erhalten:

»Andenken von sämmtlichen Frauen des Zimmerer-Gewercks«.

Die Berufskollegen der Erfurter Zimmerer in Reichenbach (Vogtland) lassen sich Anfang des 19. Jahrhunderts ein Schild fertigen, dessen
300 Ornamentik charakteristisch für solche Erzeugnisse in dieser Zeit ist, vor
303 allem bezüglich der beiden rangerhöhenden Löwen. Wie sehr die Löwen
305 geschätzt sind, belegen auch die wiedergegebenen Schilder der Hafner
304 »an der Bina« von 1818, der Nagelschmiede von Vilsbiburg von 1815 so-
306 wie der Maurer in Straubing ebenfalls vom Anfang des 19. Jahrhunderts.
307 Die Hafner sind eigentlich bekannt dafür, daß sie ihre Zeichen bzw. Schilder selbst aus Ton anfertigen. Wenn darauf verzichtet und ein wesentlich teureres aus Zinn bestellt und gekauft wird, dann drückt das die besondere symbolische Wertschätzung des Schildes durch diese Zunft aus. Üblicherweise sind die Schilder beidseitig gestaltet; Beispiele dafür sind im Bild von den Hafnern (»an der Bina«) und den Nagelschmieden (Vilsbiburg) wiedergegeben. Der kunstvollen Arbeit mit zwei flankierenden Löwen, die das Schild der Straubinger Maurer widerspiegelt, stehen freilich auch außerordentlich schlichte Arbeiten gegenüber. Als Beispiel
310 sei auf die mehr als bescheiden wirkenden Schilder der Maurer, Steinhauer und Ziegeldecker in Zeitz oder auf das plastische Zeichen der
309 Schweriner Böttcher verwiesen, die wie die vorgenannten Schilder ebenfalls Anfang des 19. Jahrhunderts entstanden sind. Die Aufwertung der Schilder erfolgt u.a., indem man sie mit farbigen kleinen oder auch größeren Bändern versieht. Im Bestand der Braunschweiger Dachdecker befindet sich 1794 ein solches Stubenschild mit der Inschrift

Tuchbereiter

/3/ HINTZE, E.: Formengeschichte des schlesischen Zinns. – In: Schlesiens Vorzeit. – Breslau 1924, NF VIII. – Abb. 43

»Die semtlichen Schüber und Zuügeldecker Gülde«,/4/
die Bänder enthalten eine Reihe von Namen. Auch aus dem 17. Jahrhundert sind Zeichen bekannt, die so bescheiden wirken, daß man daraus lediglich eine Gebrauchsfunktion ableiten muß. Verwiesen sei auf das abgebildete Gesellenzeichen der Weißgerber von 1660. Wenn heute sol- 308
cherart Zeichen nicht mehr häufig anzutreffen und dafür mehr solche wie das Schild der Glocken- und Geschützgießerzunft von 1741 oder der Ba- 311
seler Schmiede (ebenfalls aus dem 18. Jahrhundert; mit zwei flankieren- 312
den Pelikanen) vorhanden sind, muß das nicht bedeuten, die schlichten Zeichen bzw. Schilder wären einstmals entsprechend selten gewesen. Trotz der gewünschten repräsentativen Wirkung läßt es die soziale Lage häufig nicht zu, eine wertvollere Arbeit zu erstehen, so daß man sich mit einem billigeren Erzeugnis abfinden muß. Natürlich erscheinen die schlichten Erzeugnisse später weniger sammelwürdig, was sich schließlich im heutigen Bestand ausdrückt.

Es ist schon darauf verwiesen worden, daß Herbergsschilder in bestimmten Zeitabständen wegen ihrer Verwitterung ausgewechselt werden müssen. Sicher wird das Auswechseln seitens der Zunftangehörigen mit Interesse zur Kenntnis genommen, aber es ist fraglich, ob der Vorgang auch mit einer Festlichkeit verbunden ist. Unbedingt geschieht das aber dann, wenn die Herberge gewechselt und damit auch das Schild überführt wird. Im Rahmen einer großen Prozession trägt man es feierlich über die Straßen und läßt es unter Trompetenschall aufhängen, um dann schließlich ein Hoch auf Schild und Zunft aufzubringen. Das Verlegen der Herberge ist offensichtlich ein so wichtiger Vorgang, daß dieses Ereignis zuweilen sogar inschriftlich festgehalten wird. Beispielsweise ist ein 1836 datiertes Schild der Schneider in Lautershausen mit der Gravur

»Zur Erinnerung an die Verlegung der Herberge
aus dem goldenen Lamm
in die goldene Krone«

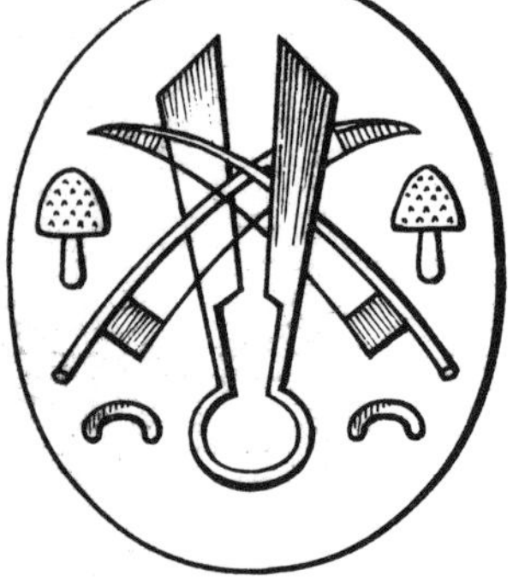

Tuchmacher

bekannt./5/ Nicht nur die dem Wetter ausgesetzten Schilder, auch die in den Stuben plazierten Zeichen haben manche äußere Einwirkungen zu überstehen. Zum Schutz vor dem Dunst wird das eine oder andere Zeichen verglast, wobei wohl damit auch erreicht werden soll, die eingravierten Namen der Zunftangehörigen jederzeit deutlich erkennen zu können. Das im Bild wiedergegebene, 1790 datierte und verglaste Gerberzei- 313
chen ist mit Eichenholz umrahmt. Die eichelartigen Zapfen an den Ecken verweisen vermutlich darauf, daß aus den Eicheln die Gerbsäure gewonnen wird. Die Ziehmesser des Gerberhandwerks in die Tatzen von Löwen zu geben ist eine beliebte heraldische Machart.

/4/ Fuhse, F.: Handwerksaltertümer. – In: Werkstücke aus Museum und Archiv der Stadt Braunschweig. – Braunschweig VII, 1935. – S. 62

/5/ Katalog der Versteigerung der »Deutschen Zunft-Abteilung des nordischen Museums zu Stockholm«. – Köln 1910. – Nr. 841

315 Das wahrscheinlich um 1790 entstandene Tischzeichen einer Schneiderzunft in Form einer Schere weist als ornamentale Zutat lediglich die Verzierung des Griffes mit Schlangenköpfen auf. Vielleicht werden bei entsprechenden Gelegenheiten noch bunte Bänder angebracht, so wie sie
314 bei den 1720 datierten Tischzeichen einer Korporation von Schneidern und Webern erhalten geblieben sind. Das eine der beiden Weberschiffchen besteht aus Holz, vermutlich ist es ursprünglich auch aus Zinn gewesen und ersetzt worden, als es verlorengegangen oder defekt geworden
318 war. Von einer Weberzunft stammt das prächtige Zeichen in Form einer Krone über drei Schiffchen (datiert 1776), die ihrerseits von Löwen gehalten werden. Die schmückenden Bänder verweisen darauf, daß sie von den Frauen »aus Freundschaft« gestiftet sind. Das Weberzeichen kommt aus dem Bestand der Erfurter Zunft. Ein weiteres ist hier von 1728 belegt, das den selbstbewußten Vers enthält:

Tuchmacher

»Der Weber Lob kan nicht vergehn.
solange der Ertkreis wird bestehn.
Des Menschen Kleit ins Grab hinein mus.
Weber Zeug und Leinwand sein.«/6/

Auf die besondere Bevorzugung des Delphins für Aufhängeösen, wie
316 sie das heute im Kunstgewerbemuseum Köln aufbewahrte Weberschiffchen zeigt, ist schon verwiesen worden. Während die Weberschiffchen
317 recht häufig als Tischzeichen vorkommen, gehört der abgebildete Hobel als Zeichen der Schreiner zu den im Zunftzinn seltenen Formen. Selten
319 aus Zinn gefertigt sind auch solche Zeichen wie das der Maurergesellen einer norddeutschen Zunft. Die 1835 datierte Arbeit spiegelt eine Begrüßungszene zwischen zwei Männern wider; die Inschrift am Sockel lautet:

»Es leben die fremden und einheimschen Maurer-Gesellen.«

Auch wenn die Zeichen und Schilder signalisierende und symbolische Funktionen vor und in der Herberge zu erfüllen haben, bedeutet das nicht, daß sie nicht noch an anderen Orten verwendet werden. So finden sich seit dem 18. Jahrhundert im Allgäu und in Oberbayern Zunftzeichen auf den Maibäumen, die mitten im Dorf aufgerichtet werden./7/ Ist ein Schornsteinfeger freigesprochen, teilt er das allen Leuten mit, indem er
322 die mit Bändern geschmückte Kratze auf einen hölzernen Stiel setzt und damit durch die Straßen läuft; sonst hängt das Zunftzeichen wohl über
321 dem Stammtisch in der Herberge. Der Schlüssel als ein Zunftzeichen der Schlosser (aber z. B. in Passau auch der Uhr- und Büchsenmacher) wird für das Bart- und Schlüsselbeißen gebraucht, das beim Gesellenmachen praktiziert wird: Dem Jungen wird im bildlichen Sinn durch dreimaliges

/6/ Kunze, H.: Das Erfurter Kunsthandwerk. – Erfurt 1929. – S. 120

/7/ Kitamura, D., Cesco, F. de: Viva Europa. (Die hundert schönsten Volksfeste). – Zürich 1980. – S. 17

Umdrehen des Schlüssels im Mund die Zunge gelöst, um nunmehr in der Runde der Gesellen mitreden zu können. Durch die in der Regel überdimensionalen Schlüssel wird das Gesellenmachen der Schlosser zu einer gefürchteten Schleiftortur.

Amtszinn und Amtsformen

In der Zunftordnung der Fischer in Frankfurt/Main von 1535 ist festgelegt, daß Nichtzünftige nicht nur die Stube, sondern auch das Inventar benutzen dürfen:

»... das man eynem erbarn onzunfftigen, der solichs begert und die zunfftmeisters darumb ersucht, schencken und mit weinholen und trinckgeschirr gewertig ... sei (soll) wie eym zunfftigen zur erhen«./8/

Im selben Jahr gibt die »Große Gilde« zu Reval (Tallinn) ihren Angehörigen, wenn sie Hochzeit halten, das Recht zur Benutzung ihrer Zinntöpfe und Kessel. Für das Ausleihen sind drei Mark zu entrichten. Schon in der ersten Hälfte des 16. Jahrhunderts ist also eine der Einnahmequellen der Zünfte das Ausleihen des zunfteigenen Zinns, des sogenannten Amtszinns. Vor allem floriert das Geschäft natürlich bei den Zinngießerzünften, die darüber hinaus ihren Angehörigen auch noch Formen für die Fertigung von Zinngerät, die sogenannten Amtsformen, zur Verfügung stellen. Das Verleihen von Amtsformen ist durch eine Reihe von Festlegungen geregelt. In der Zunft der Zinngießer zu Wismar erfolgt das 1591 beispielsweise folgendermaßen:

Jeder Zunftmeister hat bestimmte, mit seiner Marke versehene Stükke einzubringen. Dieses »Heuerzinn« wird mit dem Wappen der Zunft gekennzeichnet und dann für ein Jahr einem Meister in Obhut gegeben. Der besorgt das Ausleihen, registriert die Geldeinnahmen und verwahrt sie in der Zunftsparbüchse. Während der Fastelabendversammlung wird es dann unter allen Meistern verteilt. Ausbesserungen und Erneuerungen sind von jenem Zinngießer vorzunehmen, der seinerzeit das jeweilige Geschirr in die Zunft eingebracht hat. Übrigens ist das Amtszinn von dem Kunden im sauberen Zustand zurückzugeben, sonst wird ihm die Reinigung in Rechnung gestellt./9/ Das Amtszinn nimmt man bis gegen Ende des 17. Jahrhunderts außerordentlich rege in Anspruch. Wenige Beispiele mögen das verdeutlichen. Im Kassenbuch der Baseler Zunft »zu Saffran« finden sich in Verbindung mit dem Essen der Neujahrsgal-

/8/ Lenhardt, H.: Feste und Feiern des Frankfurter Handwerks. Ein Beitrag zur Brauchtums- und Zunftgeschichte. – Frankfurt/M. 1951. – S. 62

/9/ Warncke, J.: Die Zinngießer zu Lübeck. – Lübeck 1922. – S. 112

lerte u.a. Ausgaben für Lichtstöcke, Teller, Schüsseln, Zuber, Salzfässer »und aller leig, das man gebrucht hat«./10/ Die Älterleute der Lübecker Krämerzunft leihen sich 1596 für eine Festmahlzeit 16 Schinkenschüsseln, 10 Salsieren, 30 Teller und 6 Tafelringe aus. Um 1500 sind im Revaler (Tallinner) Kämmereibuch Ausgaben in Höhe von drei Ferding für sage und schreibe 300 Zinnbecher genannt. Die Leihgebühr ist nicht unerheblich – ein Ochse kostet um diese Zeit etwa 10 bis 12 Ferding. Die Gebühren legt oft die Obrigkeit fest, in Lübeck z.B. 1582 durch eine »Ordnung Eines Ehrbaren Rades der Stadt Lübeck wegen der Eheliken Vörlofnissen, Kösten, Ingedömpt usw.«, nach der verlangt werden darf:

»vör eine tinnern geethkanne drei pennige
vör ein tinnern vath twe pennige
vör ein salser einen penning
vör ein tinnern tellör einen penning
vör einen luchter drei pennige
vör einen tafelkrantz einen penning«./11/

Nachdem sich im 18. Jahrhundert die Erlasse zur »Abstellung des unnötigen Aufwandes bei Verlöbnissen, Hochzeiten etc.« häufen und der Zunftzwang aufgehoben wird, verliert das Amtszinn schnell an Bedeutung. Auf einem Gebiet ist freilich immer noch Geld zu machen, nämlich bei Begräbnisfeierlichkeiten, für die zinnerne Kruzifixe und Leuchter zur Verfügung gestellt werden. Ein entsprechendes Privileg hat beispielsweise die Braunschweiger Zinngießerzunft seit etwa 1735. Als sich rund 50 Jahre später die Grabefolgebruderschaft ein eigenes Kruzifix anschafft, fechten das die Zinngießer mit Erfolg an. Auch zur Wahrnehmung des weitverbreiteten Brauchs, eine Krone auf den Sarg zu setzen, dürften ent-
318 sprechende Amtszinne (»Totenkronen«) von der Art der wiedergegebenen Weberkrone verliehen werden.

An dem Ausleihen von Amtsformen sind die Zinngießer aus wenigstens zwei Gründen interessiert: Die Anfertigung bestimmter Formen ist sehr kompliziert, und die dafür erforderlichen Materialkosten sind hoch, falls das technologisch besonders brauchbare Messing verarbeitet wird.
323 Andere nutzbare Materialien sind Gußeisen, Schiefer, Sandstein, Gips
320 u.a., aber Messing führt zu besten Ergebnissen. Um die Kompliziertheit
324 zu illustrieren, sei die Schilderung von der Anfertigung einer Meisterstückform aus einer Akte von 1791 wiedergegeben:

»Das Meisterstück besteht in Formen, welche (bis 1766 aus irdenen Stücken bestehend) in den neueren Zeiten in Messing geliefert werden müssen. Der künftige Meister schneidet demnach: 1) Die Form in Holz

Tuchscherer

/10/ Wanner, G. A.: Zunftkraft und Zunftstolz. – Basel 1976. – S. 42

/11/ Warncke, J.: Die Zinngießer zu Lübeck. – Lübeck 1922. – S. 111

aus, so daß die innere Seite des Holzes oder die Höhlung die äußere Seite des Stückes wird, welches verfertigt werden soll; 2) er macht ebenfalls von Holz einen Kern, dessen äußere Seite die innere des zu verfertigenden Stückes wird; 3) um das Holz legt er feuchtes Leinen und gießt dann in den dazwischen freibleibenden Zwischenraum 4) geschmolzenes Zinn mit Blei vermengt. So entstehen die einzelnen Teile einer zinnernen Form, die demnächst 5) zusammengelötet werden. Dann dreht der künftige Meister 6) die zinnerne Form aus. Alles bisherige ist nicht nur die Grundlage, sondern auch das schwerste der ganzen Arbeit, ja es macht das wahre Meisterstück aus, nur daß es nicht aus Messing, sondern aus Zinn besteht. Denn in diese zinnerne Form läßt sich vollkommen gießen. Weil aber dieselbe nicht so dauerhaft ist wie eine von Messing, so nimmt der künftige Meister also 7) die zinnerne Form, deren einzelne Teile Patronen heißen, wieder auseinander und gibt sie dem Glockengießer. Dieser gießt nach seiner Kunst solche Stücke von Messing, die den ihm gegebenen zinnernen Patronen vollkommen gleich sind. Das Messing wird vom Amte besichtigt; 8) der künftige Meister setzt hierauf die messingnen Teile der Form zusammen, dreht sie mit dem Rade aus, gibt ihnen so die feinere Bildung und vollendet sie ganz und da nun der Guß vor sich gehen kann, so probieren die Amtsmeister die messingne Form und untersuchen dadurch das Meisterstück.«/12/

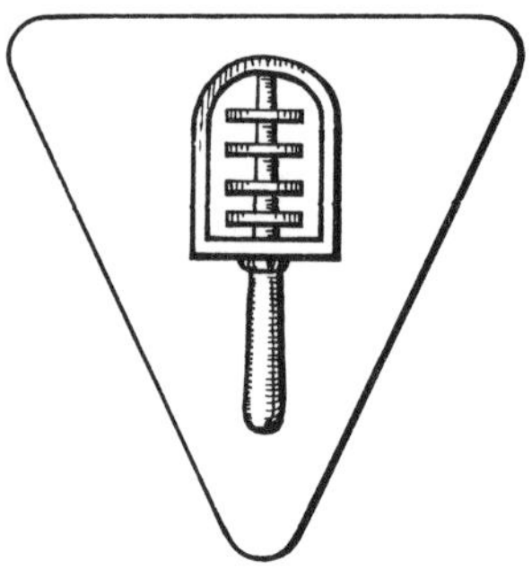

Tuchwalker

Hinsichtlich der genannten einzelnen Teile einer Form ist anzumerken, daß z. B. für einen zylindrischen Zwei-Liter-Krug 13 Formteile nötig sind, die ein Gewicht von etwa 20 Kilogramm ausmachen. Eine Messing- 325
gießform für einen Bandhenkel und einige andere Formteile sind im Bild 326
wiedergegeben. Damit alle Teile paßfähig sind, muß mit größter Sorgfalt gearbeitet werden. Manche Zinngießer verstehen sich darauf so gut, daß sie sich auf das Formenherstellen spezialisieren und sogar einen diesbezüglichen Beinamen erhalten, so z. B. der 1526 in Frankfurt/Main verstorbene Hans Beyer den Namen »Formann«.

Hinsichtlich der Kosten rechnet man um 1760 mit dem gewaltigen Betrag von 2000 Reichstalern für die notwendigen Formen einer Werkstatt./13/ Es ist also nur allzu verständlich, wenn die Zinngießerzünfte Formen für den kollektiven Gebrauch anschaffen. Schon Ausgang des 15. Jahrhunderts ist derartiges belegt. Beispielsweise sind 1489/90 im Inventarienbuch der Zinngießerzunft Londons Namen von Meistern aufgeführt, die Formen zur Verfügung gestellt haben. Vor allem für solche Gegenstände, die nicht allzu häufig bestellt werden, sind Amtsformen zweckmäßig. Das sind z. B. Nachtgeschirre (»Cammerbekken«), für die sich eine Amtsform im Besitz der Braunschweiger Zunft befindet. 1710 ist

/12/ Focke, J.: Vom bremischen Zinngießeramt. – In: Mitteilungen des Gewerbemuseums zu Bremen. – Bremen 1887. – S. 34

/13/ Sprengel, P. N.: Handwerke in Tabellen. Vierte Sammlung. – Berlin 1796. – S. 74

die Form unbrauchbar geworden und wird zum Umgießen an einen Meister gegeben. Trotz fünf Gulden Vorschuß bringt der die Arbeit nicht zuwege. Auch Gießformen für Türbänder werden selten gebraucht, und schließlich sei erwähnt, daß um 1830 der Willkomm-Pokal der Hildesheimer Maurergesellen aus einer Amtsform gefertigt wird./14/ Es sind allerdings auch Amtsformen für alltägliches, häufig gebrauchtes Gerät wie Teller, Schüsseln und Kannen bekannt, z.B. im 17. Jahrhundert in der Zunft der Zinngießer zu Kaschau (Kosice)./15/

Was das Anschaffen der Amtsformen für die Zünfte anbelangt, bestimmt man beispielsweise 1706 in Bern, daß jene für die Meisterstücke (aus Stein, Lehm oder Messing) der ganzen Zunft gehören; die Kosten für das Messing sind anteilig von jedem Meister zu tragen. Als ein Zinngießer seine Meisterform nicht zum allgemeinen Gebrauch zur Verfügung stellen will, wird ihm aufgetragen, diese entweder den Mitmeistern zu leihen oder ihnen 20 Pfund Messing und einen Geldbetrag zu geben, damit sie eine neue Form fertigen können./16/ Während in Basel die Nutzung der Amtsformen kostenlos möglich ist, hat man z. B. in Münster dafür jährlich 14 Schilling zu zahlen:

»Daß nemblich jeder Ambtsmeister undt Wittiben jährlich 14 Schill. für die Heur unseres Ambtß Formen geben müßte und selbiges Geldt zu Unterhaltunge unser Formen wiedrumb angewendet wirdt.«/17/

Die Anschaffung von Amtsformen erfolgt auch durch Ankäufe. Verwiesen sei auf die Zunft in Kronstadt (Braşov), die 1795 von Meister Christian Teutsch (der die Profession aufgibt) erwirbt:

»eine Messing Kelchfurm
eine Messing Salzfasselfurm
eine Messing holbortige Tellerfurm
eine Messing Tellerfurm glatt«./18/

Durch die genannten Maßnahmen ist immer eine beträchtliche Zahl von Amtsformen im Zunftbestand. Als sich 1880 die Rostocker Zinngießerzunft auflöst, hat sie 21 Formen, allerdings nur vier aus Messing, zwei aus Gußeisen und alles andere aus Solnhofer Stein, dem sogenannten Stechstein.

Abschließend ist noch auf ein besonderes Amtszinn zu verweisen, das zum Bestand vieler Zinngießerzünfte gehört und gewissermaßen zugleich Amtsform ist, nämlich ein Urmaß für zu eichende Geschirre.
327 Das Maß der Zinngießer zu Lübeck von 1633 mit der Inschrift:

»DIT IS DER KANNEGETER IN LUBECK
WIN VND BER MAZ«

/14/ Achilles, W.: Strukturwandel im Hildesheimer Handwerk in vorindustrieller Zeit, dargestellt am Beispiel der Bauhandwerker und Zinngießer. – In: Alt-Hildesheim. – Hildesheim 1974, H. 45. – Abb. 11

/15/ Toranová, E.: Cinařstvo na Slovensku. – Bratislava 1980. – S. 174

/16/ Brown, J. A.: Das Zinngießerhandwerk der Schweiz. – Solothurn 1930. – S. 83

/17/ Pieper-Lippe, M.: Altes münsterisches Zinn. – In: Zeitschrift Westfalen. – Münster 1958, H. 3. – S. 252

/18/ Huber, U., Oertel, G.: Siebenbürgisch-sächsisches und anderes Zinn. – Reichenberg 1936. – S. 247

wird von der Zunft gebraucht, um die von ihren Angehörigen gefertigten Gefäße zu eichen. Wenn die Zunft ein Eichmaß nicht hat, findet es sich im Bestand der Stadtverwaltung bzw. von der Obrigkeit beauftragter Eichmeister.

Varia

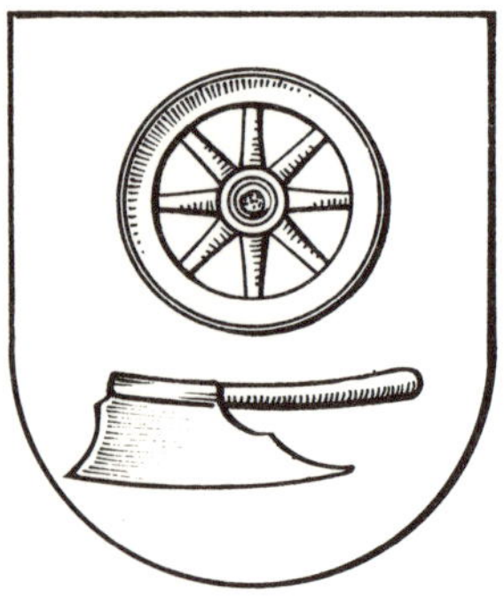

Wagner

Nicht nur die schon vorgestellten Tischzeichen können den Herbergstisch einer bestimmten Zunft kennzeichnen. Eine entsprechende Aufgabe kann auch der Ladestock (»Einladestock«, »Ordonnanzstab«) über- 226
nehmen, falls er über dem Tisch angebracht wird./19/ Sein eigentlicher Zweck ist es aber, zum Einladen der Meister anläßlich einer Versammlung gebraucht zu werden. Das erfolgt, indem ein Bote mit dem Ladestock von Werkstatt zu Werkstatt geht. Auf dem europäischen Kontinent sind nur wenige aus Zinn gefertigte Ladestöcke bekannt. Anders in England, wo sie als »Maces« bezeichnet werden. Die Bezeichnung kommt aus dem französischen la masse und bezieht sich auf einen Zeremonienstab, der in Umzügen mitgeführt wird./20/ Die prachtvolle Gestaltung der Maces bzw. deren Ornamentik deuten darauf hin, daß sie vorrangig bei Prozessionen und wohl erst in zweiter Linie als Ladestock genutzt werden. So sind welche bekannt, die ein Kreuz tragen oder wie ein Bischofsstab gekrümmt sind – z. B. nennt die Tuchmacherzunft zu Bradford sechs solcher Maces ihr eigen./21/ In Böhmen sind die Stöcke zepterartig ausgebildet und als Perula benannt. Trotz des zepterartigen Aussehens werden sie nicht vorrangig bei Prozessionen gebraucht, sondern als Ladestock im engeren Sinn und dazu noch bei Meisterpromotionen. Der neuernannte Meister erhält damit fünf symbolische Schläge, und zwar erstens im Namen der heiligen Dreifaltigkeit, dann »für seine Gnaden, den König«, zum dritten für den Herrn Vater, anschließend für die Frau Mutter und dann schließlich für Recht und Ordnung./22/ Die Schläge sind durchaus nicht zart. Der frischgebackene Meister hat sich in Vorbereitung des Zeremoniells auf eine Bank zu legen, damit er besser »bearbeitet« werden kann, also wird es sich auch hier um eine Variante des Schleifens handeln.

Während der Zusammenkünfte der Zünfte ist in der Regel ein Schreiber vonnöten. Am liebsten nimmt man dazu natürlich einen Schreibkundigen aus den eigenen Reihen, damit die »tractierten« Sachen geheim bleiben, aber es wird notfalls auch ein Schreiber gemietet. In jedem Fall

/19/ Schmidt, L.: Zunftzeichen. – Salzburg 1973. – S. 22

/20/ Boucaud, Ph., Frégnac, C.: Zinn. Die ganze Welt des Zinns von den Anfängen bis ins 19. Jahrhundert. – Bern/München 1978. – S. 122

/21/ Massé, H. J. L. J.: Chats on Old Pewter. – New York 1971. – S. 108

/22/ Hálová-Jahodová, C.: Vergessene Handwerkskunst. – Prag 1955. – S. 29

genießt der Schreiber ein gewisses Ansehen. Das drückt sich u.a. darin aus, daß er als solcher auch auf Zunftzinn inschriftlich erwähnt vorkommt. Beispielsweise lautet der Text auf einem Schenkkrug der Weber von 1691:

»DIE NAHMEN DER BEYSITZER/
HERR THOMAS STVSCHE HERR/
JOHANNES HICKE/
DIE NAHMEN DER ALTGESELLEN/
JOHANNES LANGER/
ADAM GRASSCHVTZER/
DIE NAHMEN DER VORGEHER
CASPARVS HEINRICH PAVL KVRNNICK/
DER GESELLEN SCHREIBER/
JOHANNES HEINRICH VOGEL«.

Selbstverständlich legt die Zunft auch Wert darauf, für ihren Schrei-
328 ber ein Schreibzeug zu haben, das üblicherweise aus einem Tintenfaß und der Streusandbüchse und eventuell einem Vorratsbehälter für Siegellack besteht. Die wichtigsten Dokumente werden mit besonderer
329 Sorgfalt in einer Urkundendose aufbewahrt, die alltäglichen, mit der
330 Berufsausbildung verbundenen Vorgänge werden hingegen im Gesellen- und Meisterbuch festgehalten, das wie die Urkundendose in der Lade verwahrt wird. Freilich gibt es trotz aller gewichtigen Sorgfalt auch Zeugnisse dafür, daß die Schreiber nicht immer gewissenhaft sind. Als z.B. 1803 der Zinngießer Daniel Hitz in Chur ledig gesprochen wird, ist vermerkt:

»Das Einschreiben vom Aufdingen von obigen Daniel Hitz ist durch Liederlichkeit vom alten Zunftschreiben Abis vergessen worden.«/23/

Vielleicht muß daraufhin der Schreiber Abis Geld an die »Straf-
331 büchse« zahlen. Das ist ein zylindrisches oder auch rechteckiges, als Kasse benutztes Behältnis, in das nicht nur Strafgelder kommen. Auch die mancherorts mit der »Amtskost« verbundenen Gebühren sind zuweilen ausdrücklich für die Büchse bestimmt. So verlangt man von den Leinewebern Rigas:

»eynne schyncken, thwe stücke droges fleisches, thwe methworste, einen halven ossen, vor eine marck brodt, drie tunnen beers vnd in de bussen viff marck on gelde.«/24/

Das Büchsengeld dient im allgemeinen karitativen Zwecken. Daneben gibt es selbstverständlich auch Sparkästen (etwa von der Art

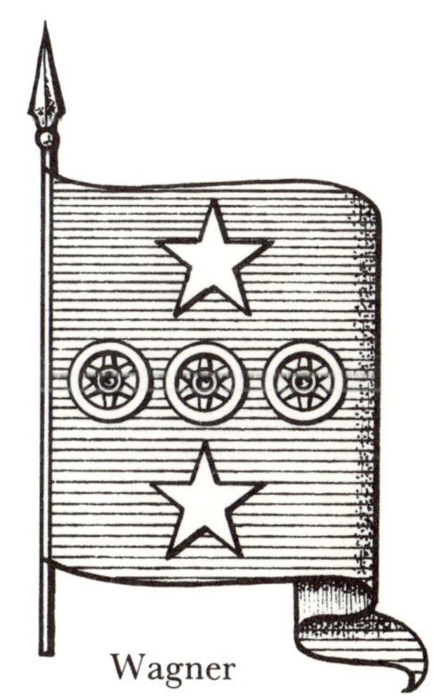

Wagner

/23/ Vital, D.: Die Churer Zinngießer. – Chur/Bottmingen/Basel 1979. – S.96

/24/ Wissel, R.: Des alten Handwerks Recht und Gewohnheit. Bd.I. – Berlin 1929. – S.181

der Zittauer Zinngießer), in die schlechthin alle Zunfteinnahmen hineinkommen und aus denen auch alle Ausgaben für jeden Zweck gezahlt werden. Erwähnt sei in diesem Zusammenhang ein Sparkasten aus dem Bestand der Rigaer Fischerzunft von 1734 mit der Inschrift: 332

»FRUH. AUFF. IHR. MANNER AUFF . . .
FANGET. FISCH . . . ZUM. VERKAUF.
DIE. WIR. KONNEN. ZU. MARCKE. BRINGEN.
UND DAS GELDT IN KASTEN KLINGEN.«

Ein den Strafbüchsen ähnliches Aussehen haben die Losurnen, die jedoch in den Zünften wie überhaupt nicht allzu häufig sind. Von den Fischern in Regensburg ist belegt, daß aus einem entsprechenden Gefäß die Fischereiplätze verlost werden./25/ Im Museum der Stadt Regensburg wird eine 1791 datierte Losurne mit folgender Inschrift aufbewahrt:

»Glück auf, Gott geb uns Glück«
auf dem Deckel,
»Dis wünscht ein jeder sich,
der hir sein Losz erwardt.
Ich aber freue mich,
wanns jeden Meister trift/
Das Er damit Zufriden,
mit dem was Ihm durch Glück
und Zufahl ist beschiden«
auf dem Leib

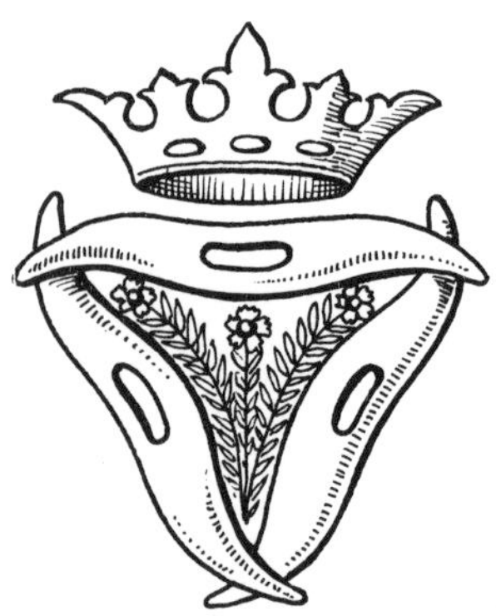

Weber

1799 stiftet hier der Vorsteher der Fischerzunft sogar ein »Glücksrad«. Das ist eine Trommel aus Holz und Glas – die Stiftung deutet darauf hin, wie wichtig das Auslosen im Leben der Zunft ist.

Das Siegel der Londoner Zinngießerzunft enthält u.a. zwei Blumenvasen, die nicht nur zu den Erzeugnissen der Zinngießer gehören, sondern auch als Zunftzinn Bedeutung haben. So darf bei Morgensprachen ein Blumenstrauß (in Norddeutschland als »Ruckelbusch« bezeichnet) auf dem Tisch nicht fehlen. Obwohl gelegentlich auch von »Würz-Töpfen« oder »Kraut-Töpfen« die Rede ist, meint man damit
immer Blumenvasen. Einige Beispiele für ihre Formgebung sind in den 333
Abbildungen wiedergegeben. Die Vasen schätzt man auch noch im 19. 334
Jahrhundert, als längst schon das preiswertere und farbenfrohe Porzel- 335
lan zu haben ist. Das mag wohl mit der Erfahrung zusammenhängen, daß sich Blumen in Zinngefäßen vergleichsweise länger frisch halten.

/25/ Gröber, K.: Alte deutsche Zunftherrlichkeit. – München 1936. – S. 67

Anhang

Glossar

Abendliche Auflagen
S. Schenken

Ältermann
S. Obermeister

Altgeselle
S. Oertengeselle

Amt
Insbesondere in Norddeutschland Bezeichnung für Zunft

Amtsform
Gießform zum Anfertigen von Zinngerät, die einer Zunft (Amt) gehört und an Zunftangehörige verliehen wird

Amtskost
Von einem jungen Meister auszurichtendes Festmahl anläßlich seiner Meisterwerdung

Amtszinn
Zum Verleihen gegen Entgelt bestimmtes Zinn aus dem Besitz einer Zunft

Aufdingen
Aufnahme der Lehre

Auflage haben
S. Morgensprache

Brüderschaft
Vor allem religiös bedingte Vereinigung bestimmter Personen

Communauté
In Frankreich Bezeichnung für Zunft

Company
In England Bezeichnung für Zunft

Einschreiben
Aufnahme eines neuen oder fremden Gesellen in die Gesellenbruderschaft, was im allgemeinen mit dem Reichen des Willkomms verbunden ist

Freimeister
Durch die Obrigkeit vom Zunftzwang befreite Meister

Freisprechen (Lossprechen)
Abschluß der Lehrlingszeit und Beginn des Gesellenstandes

Gaffel
Am Niederrhein Bezeichnung für Zunft

Germeister
Meist junger Meister, der bei Zusammenkünften die anwesenden Meister mit Speise und Trank zu versorgen hat

Gesellenbruderschaft
Allgemeine Bezeichnung für einen Gesellenverband

Gesellenmachen
S. Schleifen

Gesinnen
S. Muten

Gestaltgefäß
S. Handwerkerzeichen

Gilde
Bezeichnung für Zunft, insbesondere in den Niederlanden

Guild
In England Bezeichnung für Zunft

Handwerkerzeichen (Tischzeichen, Gestaltgefäß)
Für das jeweilige Handwerk typisches Gerät, das vor der Herberge oder über dem Stammtisch hängt (Tischzeichen) und auch als Trinkgerät (Gestaltgefäß) gefertigt sein kann

Hauptlade
S. Kreislade

Innung
Insbesondere in Mitteldeutschland Bezeichnung für Zunft

Jurande
In Frankreich Bezeichnung für Zunft

Kartusche
Einrahmendes Ornament

Knecht
In manchen Gegenden Bezeichnung für einen Gesellen

Korporation
Zusammenschluß verschiedenartiger Gewerke zu einer Zunft

Kreislade (Hauptlade)
Zunft, die gegenüber anderen Zünften eine Kontrollfunktion ausübt

Lade
Truhe, in der wichtige Zunftmaterialien aufbewahrt werden

Lossprechen
S. Freisprechen

Master
S. Obermeister

Mittel
Insbesondere in Schlesien Bezeichnung für Zunft

Morgensprache (Auflage haben)
Reguläre Zusammenkunft einer Zunft

Weinleute

Muten (Gesinnen)
Vorstellung eines sich um Meisterehren bewerbenden Gesellen vor der Zunft

Mutjahre
Wartezeit, bevor ein Geselle sich um Meisterehren bewerben darf

Namenverschenken
Scherzhafte Vergabe eines neuen Namens bei der Aufnahme eines losgesprochenen Gesellen in die Gesellenbruderschaft

Obermeister (Ältermann, Master)
Vorsteher einer Zunft, in England Master genannt

Oerten (Uerten-, Yrten-)*geselle* (Altgeselle)
Wortführer, Ältester der Gesellen

Quartalstage
Tage, zu denen sich die Zunft planmäßig zusammenfindet, um grundsätzliche Angelegenheiten zu bereden

Schau halten
Kontrolle der Materialqualität

Schaumeister (Warden, Wardein, Zinnprobierer)
Mit der Qualitätskontrolle beauftragte Person, in England Warden bzw. in Niederlanden Wardein genannt

Schenken (Abendliche Auflagen)
Zusammenkunft der Gesellen

Schleifen (Gesellenmachen)
Nach dem Freisprechen von den Gesellen getriebener Schabernack mit dem bisherigen Lehrling, ohne den dieser nicht als gleichwertig akzeptiert wird

Sozietät
Insbesondere in Norddeutschland Bezeichnung für Zunft

Tischzeichen
S. Handwerkerzeichen

Unschenk machen lassen
Verabschiedung eines jungen Meisters von der Gesellenbruderschaft mit Speise und Trank

Verleihgerät
S. Amtsformen und Amtszinn

Warden, Wardein
S. Schaumeister

Yeoman
Zunftmeister in England

Zeche
Insbesondere in Österreich, Böhmen und Mähren Bezeichnung für Zunft

Zinnprobierer
S. Schaumeister

Zunft
Vereinigung von Handwerkern auf der Basis von Statuten, in denen alle grundsätzlichen Fragen des Handwerks geregelt und von der Obrigkeit bestätigt sind

Weißgerber

Literaturhinweise[1)]

Bossard, G.: Die Zinngießer der Schweiz und ihr Werk. Bde. I u. II. – Zug 1920 u. 1934
Boucaud, Ph., Frégnac, C.: Zinn. Die ganze Welt des Zinns von den Anfängen bis ins 19. Jahrhundert. – Bern/München 1978
Brown, J. A.: Das Zinngießerhandwerk der Schweiz. – Solothurn 1930

Freudenberg, E. zu, Mondfeld, W. zu: Altes Zinn aus Niederbayern. Bde. I u. II. – Regensburg 1982 u. 1983
Frisius, F.: Der vornehmsten Künstler und Handwerker Ceremonial-Politica. – Leipzig 1705

Gahlnbäck, J.: Zinn und Zinngießer in Liv-, Est- und Kurland. – Lübeck 1929

Haedeke, H.-U.: Zinn. – München 1983

Kohlmann, Th.: Zinngießerhandwerk und Zinngerät in Oldenburg, Ostfriesland und Osnabrück (1600 bis 1900). – Göttingen 1972

Krünitz, J. G.: Ökonomisch-technologische Enzyklopädie, oder allgemeines System der Staats-, Stadt-, Haus- und Land-Wirtschaft in alphabetischer Ordnung. – Berlin 1782–1811
Kuczynski, J.: Geschichte des Alltags des deutschen Volkes. Bde. I–V. – Berlin 1980–1982

Lutz, A.: Jünglings- und Gesellenverbände im alten Zürich und im alten Winterthur. – Affoltern 1938

Massé, M. J. L. J.: Chats on Old Pewter. – New York 1971

Nadolski, D.: Altes Gebrauchszinn. – Leipzig 1983

Peesch, R.: Ornamentik der Volkskunst in Europa. – Leipzig 1981
Pieper-Lippe, M.: Zinn im südlichen Westfalen. – Münster 1974
Pieper-Lippe, M.: Zinn im nördlichen Westfalen. – Münster 1980

Rauers, F.: Kulturgeschichte der Gaststätte. Bde. I u. II. – Berlin 1941

Schmidt, L.: Zunftzeichen. – Salzburg 1973

Vital, D.: Die Churer Zinngießer. – Chur/Bottmingen/Basel 1979

Wanner, G. A.: Zunftkraft und Zunftstolz. – Basel 1976
Warncke, J.: Die Zinngießer zu Lübeck. – Lübeck 1922
Weigel, Chr.: Abbildung der Gemein-Nützlichen Haupt-Stände. Mit beygedruckter Lehr und mäßiger Vermahnung durch P. Abraham a Santa Clara. – Hall in Sachsen 1698
Welch, Ch.: History of The Worshipful Company of Pewterers of the City of London. Vol. I u. II. – London 1902
Wissel, R.: Des alten Handwerks Recht und Gewohnheit. Bde. I u. II. – Berlin 1929

Zedler, J. H.: Grosses vollständiges Universal-Lexicon Aller Wissenschaften und Künste. – Leipzig u. Halle 1732–1750

Weißgerber

/1/ Die jedes Kapitel begleitenden Quellenangaben beziehen sich auf spezielle Dinge.
Hier sind nur solche Bücher ausgewiesen, die von Nutzen sein können, wenn man sich allgemein zum Zunftwesen und zur Einbindung des Zunftzinns in die Erzeugnisse des Zinngießerhandwerks überhaupt informieren möchte.

Verzeichnis der Wappen

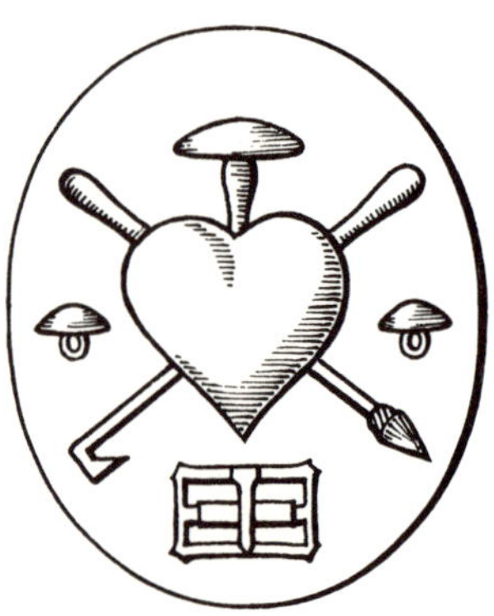

Weißmetallknopfmacher

Register[1)]

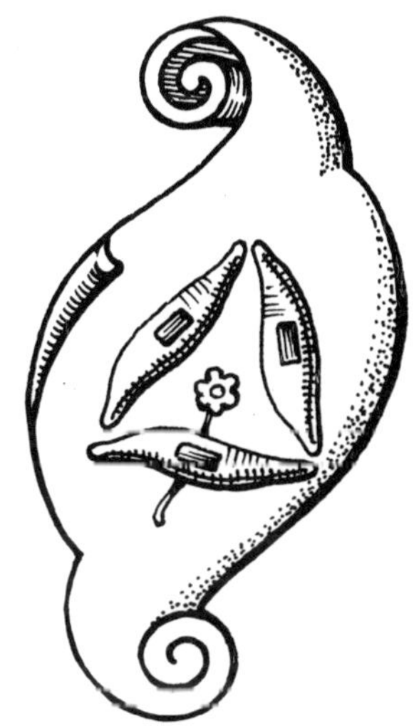

Zeugmacher

/1/ Gerade stehende Zahlen sind Seitenzahlen, schräg stehende Zahlen sind Bildnummern.

Zimmerleute

Zimmerleute

Bildnachweis

Zinngießer

So ein kannengießer meister worden.
Zum andern haben gemeine kannengießerhandtwercks-meister einhelliglichen erkandt undt mit einander beschloßen, sobaldt ein kannengießer meister worden und die articul sampt dießen ordnungen zu schweren begehrt, soll er ehe und zuvor einer gantzen meisterschafft ein mahlzeit für den meisterbraten wie dann von altem hero das handtwercksherkommen und gewonheit gewesen ist, zuhalten und zugeben schuldig sein . . .

Meisterschafft gebott belangendt.
Zum vierdten seindt die gemeinen meister unsers handtwercks ein-helliglich überkommen alß vor zeiten ein unordtnung under den meistern ist geweßen, nemlich deß gebotts halben, wann einer meisterschafft zusammen ist gebotten worden, daß mancher ein halb stundt uß ist blieben und die andern warten müeßen, so haben die gemeinen meister sich under einander verwilliget undt erkandt, so hinfürter einer gemeinen meisterschafft zusammen gebotten wirdt undt einer ein viertel stundt außbleibt, so soll er das gebottgelt aufflegen dabey dann ihme gebotten worden; so aber einem meister das gebott inn das hauß oder inn mundt verkündt wirdt undt nicht erscheint ohne erlaubnus der geschwornen, so soll er das gebottgelt wie